『죄로부터 놀라운 은혜로』에 쏟아진 찬사

"쳉은 죄와 은혜의 고전 교리를 체계적으로 재작업하는 과정으로 데려가고, 놀랍게도 이 개념들이 크리스쳔 LGBTQ 사람들을 위해 생명력을 갖고 다시 노래할 수 있는 곳에 우리를 착륙시킨다. 이 책은 진지하고 훌륭한 책이다."

— Serene Jones, 뉴욕 Union Theological Seminary 총장, 조직신학 교수

"이 재능 많은 신학자이자 교사는 왜 LGBT 사람들 (그리고 다른 사람들)이 '죄'와 '은혜'라는 말을 되찾을 필요가 있는지에 대해 쉽고 매우 설득력 있는 주장을 펼친다. 경고: 이 책을 읽는 것은 당신의 신학적이고 도덕적인 상상을 늘릴 것인데, 모두 좋은 쪽으로 그렇게 한다."

— Marvin M. Ellison, Bangor Theological Seminary 윤리학 교수

"패트릭 쳉은 크리스쳔 교회와 신학계에 귀한 선물을 주었다. 쳉의 연구는 새 세대의 신학자들 중 최고 학자들 중에 속한다. 나는 이 책 때문에 더욱 놀라운 은혜를 경험했고, 신학적으로 더 성숙하게 되었다."

— Tat-siong Benny Liew, Pacific School of Religion, 학장

"쳉은 상처받는 우리 공동체에 치유하는 신학, 대부분의 교회들이 몹시 필요로 하는 열려 있고, 긍정하고 그리스도교를 축하하는 쉬운 그리스도론 제공한다. 이 책은 모든 퀴어인, 그리고 퀴어가 아닌 사람들에도 좋은 소식이다."

— Miguel A. De La Torre, Iliff School of Theology, 사회 윤리학과 라틴학 교수, 2012 기독교윤리학회 회장

"'그리스도는 성서 속에 숨겨진 보물이다'라고 2세기 신학자인 이레니우스가 썼다. 그리스도는 보물이고, 쳉의 연구는, 하나님이 우리 모두를 사랑하시고 우리가 자유롭게 되기를 원하신다는 것을 다시 한 번 알게 해주는 LGBT 신학의 진전을 위한 보물 지도이다."

  - Susan Brooks Thistlethwaite, Chicago Theological Seminary, 신학 교수

"패트릭 쳉은 LGBTQ와 모든 크리스천을 위해 무척 필요했던 목회적 책을 냈다. 이 책은 놀랍도록 신학적이고 목회적인 탐구로서 크리스천 개개인과 회중이 영적인 발달을 조정하도록 도울 수 있다."

  - Robert E. Shore-Goss, 북 할리우드 MCC in the Valley 담임목사/신학자

"패트릭 쳉의 죄와 은혜에 대한 그리스도 중심적 신학을 읽는 행위는, 치유하는 목회적 돌봄과 정치적인 힘 실어주기 둘 다를 제공한다. 이성애 중심적으로 혐오하고 시민권을 박탈하기 위해 계속 그리스도교를 사용하는 것 때문에 상처받고, 소외되고, 또는 그저 정신이 없는 그리스도인들은 이 책을 기다려왔다."

  - Traci C. West, Drew University Theological School, 윤리학 및 아프리칸 아메리카학 교수

죄로부터 놀라운 은혜로
From Sin to Amazing Grace

죄로부터 놀라운 은혜로: 퀴어 그리스도를 찾아서

지은이/ 패트릭 쳉
옮긴이/ 유연희
펴낸이/ 김준우
초판 1쇄 펴낸날/ 2020년 4월 7일
펴낸곳/ 무지개신학연구소
http://rainbowtheology.co.kr
신고번호/ 제2017-000171호 (2017년 9월 13일)
경기도 고양시 일산동구 고봉로 32-9, 양우 331호(우 10364)
전화 031-929-5731, 5732(fax)
표지/ 디자인명작 (전화 031-774-7537)

From Sin to Amazing Grace: Discovering the Queer Christ
ⓒ 2012 by Patrick S. Cheng
All rights reserved. Korean Translation copyright ⓒ 2020 by Korea Institute of Rainbow Theology. The Korean translation right arranged with the author through Church Publishing Incorporated.
Printed in Seoul, Korea.

이 책의 한국어판 저작권은 Church Publishing Incorporated를 통해 저자와의 독점계약으로 한국어 판권을 무지개신학연구소가 소유합니다. 저작권법에 따라 국내에서 보호받는 저작물이므로 무단전재와 무단복제를 금합니다.

ISBN 979-11-963374-8-3 94230
ISBN 979-11-963374-0-7 94230 (세트)

값 14,000원

죄로부터 놀라운 은혜로
From Sin to Amazing Grace

퀴어 그리스도를 찾아서
Discovering the Queer Christ

패트릭 S. 쳉 지음　유연희 옮김

무지개신학연구소

From Sin to Amazing Grace

Discovering the Queer Christ

by

Parick S. Cheng

New York: Seabury Books, 2012.

Korean Translation by Yani Yoo

이 책은 김준형 목사(감리교 은퇴목사)의
출판비 후원으로 간행하였습니다.

Korea Institute of Rainbow Theology

성공회신학대학원(The Episcopal Divinity School)의
은혜 가득한 공동체에게

"이제껏 내가 산 것도 주님의 은혜라,
또 나를 장차 본향에 인도해주시리."

- 존 뉴튼, "나 같은 죄인 살리신"(1779)

목차

"무지개신학 시리즈"를 발간하면서 __ 11

감사의 글 __ 14

서론 __ 17

제1부: 죄로부터 놀라운 은혜로

1. 죄와 은혜에 대한 책이 왜 필요한가? __ 35
2. 죄와 은혜에 대한 기본 이해 __ 53
3. 죄와 은혜에 대해 범죄에 기초한 모델 __ 83
4. 대안: 죄와 은혜에 대해 그리스도 중심적인 모델 __ 109

제2부: 퀴어 그리스도를 찾아서

5. 모델 1: 에로틱한 그리스도 __ 133
6. 모델 2: 커밍아웃한 그리스도 __ 149
7. 모델 3: 해방자 그리스도 __ 165
8. 모델 4: 위반하는 그리스도 __ 181
9. 모델 5: 자신을 사랑하는 그리스도 __ 197
10. 모델 6: 서로 연결된 그리스도 __ 213
11. 모델 7: 혼종 그리스도 __ 231

결론 __ 253

참고문헌 __ 259

번역 노트

1. 한글 성서 인용은 『새번역』을 따랐습니다.
2. 사람 이름과 책 제목은 각주와 참고문헌에 나오는 경우, 본문에서 영문 표기를 하지 않았습니다. 한국에서 번역 출간된 책은 출판사와 연도를 밝혔습니다.

"무지개신학 시리즈"를 발간하면서

낯선 사람을 두려워하는 것은 우리의 생존본능에서 비롯되는 것이지만, 종교는 모든 사람들뿐만 아니라 삼라만상 전체가 조물주의 '한 피붙이(a kindom)'며 우리의 형제자매들이라는 사실을 일깨워줍니다.

더군다나 조물주께서 가장 사랑하시는 것이 다양성입니다. 우주에 수천 억 개의 다양한 갤럭시들을 지으시고, 은하계 안에만도 천 억 개 이상의 다양한 별들을 지으셨습니다. 또한 지구 위에 사는 개미 종자는 1만 2천 종, 파리는 8만 5천 종, 소라는 1만 8천여 종, 육지의 달팽이만 3만 5천 종, 매미는 2,500여 종, 국화는 2만여 종에 이를 만큼 엄청난 다양성을 사랑하십니다. 장미가 민들레를 혐오하거나 멸시하지 않듯이, 모든 차이는 경이로운 아름다움이며 존중받을 일이지, 결코 혐오나 차별의 조건이 아닙니다. 둘째로, 조물주께서는 모든 생명체가 각자의 잠재력과 개성을 충분히 발휘하여 주체적 존재로서 온전한 생명의 기쁨을 누리기를 원하십니다. 인간 두뇌의 발달뿐만 아니라 높은 파도 속에서 서핑을 즐기는 돌고래 떼와 둥지를 아름답게 장식하는 새들은 조물주의 이런 뜻을 잘 보여줍니다. 셋째로, 조물주께서는 우주 안의 인력의 법칙처럼 만물이 그

물망처럼 서로 연결되어 있는 친교 가운데 서로 돕기를 원하십니다. 특히 식물과 곤충의 놀라운 공진화 과정은 생명체 사이의 경이로운 친교의 원리를 여실히 보여줍니다.

이런 점에서 최근에 한국교회가 성소수자들과 난민들, 무슬림들에 대한 차별과 혐오를 앞장서서 선동하는 일은 조물주의 뜻에 정면으로 맞서 대적하는 안타까운 현실입니다. 이명박-박근혜 정권의 반민주적이며 반민족적이며 반민중적이며 반생태적 권력이 '촛불혁명'을 통해 붕괴되자, 보수세력의 결집을 획책하는 극우파의 역사적 반동에 한국교회가 무비판적으로 결탁하고 있기 때문입니다.

성소수자들과 난민들, 여성들과 장애인들이 평생 겪고 있는 숨 막히는 고통 앞에 율법을 내세우는 짓은 냉혹한 바리새파의 율법주의적 만행입니다. 예수께서는 고통당하는 이들을 무조건적으로 끌어안는 하늘 아버지의 무차별적인 사랑을 몸소 실천하심으로써, 누구나 거룩한 존재들로서 공동체 생활을 하도록 회복시켜주셨기 때문에 '구세주'가 되셨습니다. 복음주의를 표방하는 대다수 한국교회가 예수의 복음을 배반하는 율법주의 행태를 보이는 것은 신학적인 자기배반입니다. 낯선 이들에 대한 두려움과 혐오는 폭력과 전쟁의 뿌리입니다. 나치 시대처럼 대다수 기독교인들이 사회적으로 가장 취약한 사람들에 대한 인권 유린을 방관하면, 조만간 우리 모두의 인권이 유린당할 수밖에 없다는 것이 역사의 엄숙한 교훈입니다. 더군다나 무역전쟁과 전대미문의 기후붕괴로 인해 전 지구적인 식량폭동과 극우 파시즘 체제가 빠르게 다가오고 있습니다.

도도히 흐르는 인류 역사의 탁류 속에서도 온 정성 다 바쳐 생명을 낳고 키우시는 하느님은 '양심적 병역 거부자' 문제처럼 조만간 헌법재판소를 통해서, 지금 한국교회가 선동하는 온갖 혐오와 차별과 배제는 '불법'이며, '동성결혼'은 '합법'임을 선언할 날이 오도록 이끌고 계십니다. 한국교회가 그 날을 기쁨으로 맞이하도록 "무지개신학시리즈"를 통해 성경 해석의 마지막 장벽인 가부장적 이성애주의를 넘어서는 '생명과 해방의 하느님'의 장엄한 행진대열에 발맞출 때입니다.

"나는 참으로, 하느님께서는 사람을 외모로 가리지 아니하시는 분이시고, 하느님을 두려워하며, 의를 행하는 사람은 그가 어느 민족에 속하여 있든지, 다 받아 주신다는 것을 깨달았습니다."(사도행전 10:34-35)

"그리스도께서는 모든 사람들 안에 계신 분이시며, 수많은 존재들 안에 계신 분이시기 때문에, 모두가 그분 안에 포함됩니다. 아무도 버림받고 축출당하지 않습니다. 자신을 스스로 축출하는 이들 말고는.― 그들 역시 구원받을 수 있는 것은 그들 안에서 그리스도께서 죽음에서 부활하시기 때문입니다. 우리가 그리스도 안에서 하나라는 것을 깨닫는 것이 인간의 외로움을 치유하는 유일한 길입니다. 나에게는 그것이 인생의 유일한 궁극적 의미이며, 모든 생명의 의미와 목적을 주는 유일한 것이기도 합니다."

― Wendy Wright, *Caryll Houselander: Essential Writings*, 37.

감사의 글

나는 성공회신학대학원(Episcopal Divinity School)의 교수, 직원, 학생, 이사, 동문이 이 책을 쓸 수 있도록 지지하고 놀라운 은혜로 가득 찬 환경을 제공해준 것에 대해 감사드리고 싶다. 특히 앙겔라 바우어-레베스크, 크리스토퍼 두래싱, 미리엄 젤퍼, 빌 콘드랫, 콱 퓰란, 조앤 마틴, 캐터린 핸캑 랙스데일, 에드 라드먼, 수지 스나이더, 프레드리카 해리스 탐셋, 래리 윌리스, 게일 이에게 감사드리고, 열람실의 최고 사서인 어라 플루엣에게 감사드린다.

또한 이 책의 이전 판본을 읽고 듣고 코멘트를 해준 학계와 교계의 여러 동료들께 감사드린다. 레베카 앨퍼트, 엘렌 아머, 탐 보해치, 브라운더글래스, 크리스토퍼 두래싱, 노애흐 디지무라, 마빈 엘리슨, 올랜도 에스핀, 달린 가너, 베벌리 해리슨, 카터 헤이워드, 캔디 홈즈, 마크 조단, 콱 퓰란, 조앤 마틴, 케리 매스너, 크리스포퍼 모스, 짐 멀캐히, 케잇 오트, 크리스틴 패, 캐머론 파트리지, 액셀 쉬웨이거트, 밥 쇼어-고스, 수지 스나이더, 켄 스톤, 린 탄스태드, 트레이시 웨스트, 히더 와잇, 멜 와잇, 데이브 우드야드가 그런 역할을 해주었다. 특히 여러 초고 원고에 자세히 코멘트를 준 수재너 콘월, 메건 디프랜자, 토마스 요앵, 애쉴리 하니스, 질 잔슨, 캐터린 오웬스, 수 스필렉키에게 감사드린다.

　이 책은 내가 성공회신학대학원에서 2010년 현장 이야기를 진행했을 때 참가자들의 귀한 코멘트로부터 혜택을 받았다. 에모리대학교의 직원과 참가자, 밴더빌트신학대학원의 2010년 인권캠페인 여름학교의 직원과 참가자, 멕시코 아카풀코에서 열린 2010년 메트로폴리탄 공동체교회들의 총회 때 내 워크숍 참가자, 2010년 미국종교학회 연례 모임 때 『섹슈얼리티와 성스러움』(Sexuality and the Sacred) 제2판을 위한 책 패널 때 참가자와 출석자, 하버드신학대학원에서 캐머론 파트리지가 가르친 2011년 봄학기 그리스도론 세미나 학생들, 성공회신학대학원에서 2011년 봄학기에 내가 가르친 그리스도론 수업과 2011년 6월 퀴어신학과 목회돌봄 수업의 학생들, 워싱턴에서 열린 2011년 아프리카 혈통(People of African Descent) 회합 때 내 강연의 참석자들, 성누가교회에서의 2011년 프라이드 행사(Pride Evensong)의 참가자들, 데니슨대학교의 2011년 가을 사회윤리 수업과 2011년 가을 신학 수업 참석자들에게 감사드린다.

　나는 이머징 퀴어 아시아 종교학자들 그룹 동료들의 지속적인 지지에 감사드린다. 그들은 마이크 캠포스, 조 고, 엘리자벳 륭, 휴고 코르도바, 미악 시우, 래 샨 입이다. 나는 또한 페이스 칸토, 킷 체리, 메리 벳 클랙, 클레이튼 크롤리, 루이 크루, 존 이든, 다이앤 피셔, 샤론 그로브스, 메리 헌트, 마이클 켈리, 킴 리어리, 지나 매스케스메이, 메리 맥키니, 수 팩, 에이미 리벨, 조 라빈슨, 샌 라드맨, 라저 스니드, 크리스 소사, 제프리 트리스트램, 르니 워드, 모나 웨스트, 낸시 윌슨, 그리스도교회 캠브리지

공동체와 같은 다양한 다른 친구들과 현명한 사람들에게 감사드린다.

나는 Seabury Books 출판사의 멋진 편집자 데이비스 퍼킨스와 마크 대조, 빌 팰비, 라이언 매스텔러, 디어드르 모리씨, 릴리언 오트, 로라 웨스트해퍼를 포함하는 퍼킨스 팀의 재능 있는 편집, 제작, 마케팅 팀에게 감사드린다. 나는 또한 교회출판주식회사의 이사회와 랜 체이스 사장님께 감사드린다.

끝으로 나는 이십년간 남편이자 평생의 파트너인 마이클 부트로이드의 흔들림 없는 사랑과 지지에 감사하고, 우리 강아지 샤르트르, 엄마 디나, 동생 앤디, 제수씨 애비, 조카 조단과 노아를 포함하는 우리의 확대 가족, 그리고 사이버 공간과 실제 세상 속의 친구들에게 감사드린다. 물론 생각과 말과 행동에 관련된 모든 편집상의 죄는 내 책임이다.

- P.S.C.

서론

나는 중학교 때 처음으로 내가 죄인이라는 것을 알게 되었다. 나는 내가 다른 소년들에게 매력을 느끼기 시작한 것을 이해하려고 애쓰면서 지역의 공공도서관을 찾았다. 나는 독실한 가톨릭 신자라서 가톨릭 교리에 대한 참고서적을 발견하고 남몰래 '동성애' 항목을 찾아보았다. 거기서 나는 내가 죄인일 뿐 아니라 본질적으로 이상이 있다(disordered)고 배웠다.1) 나는 수치를 느끼며 책을 덮었고, 나와 하나님과의 관계는 결코 전과 같지 않았다.

내가 두려움이 아니라 사랑으로 교회에 발을 들여놓을 수 있게 되기까지는 또 다른 15년과 하나님의 놀라운 은혜가 꽤 많이 필요했다. 그 조정의 세월 동안 나는 지금의 남편인 마이클을 만나 사랑에 빠졌다. 나는 마이클을 통해 하나님의 성육신적 사랑의 힘을 그 어떤 신학 책이나 교리가 전할 수 없는 방식으로 경험했다. 이 관계의 은혜 덕에, 즉, 내가 '획득'하거나 '자격이 있어서'가 아니라, 순전히 하나님의 은혜인 이 관계

---

1) *Catechism of the Catholic Church*, 2판(Washington, DC: United States Catholic Conference, 1997)을 보라. § 2357, 566(동성의 행위를 '중대한 비행[grave depravity]'과 '본질적으로 이상이 있다[intrinsically disordered]'고 묘사).

덕에 내 눈과 귀가 다시 한 번 복음에 열렸다.

죄와 은혜에 관해서 나 자신을 포함하여 그렇게 많은 레즈비언, 게이, 양성애, 트랜스젠더(LGBT) 사람들의 트라우마적 경험을 생각할 때, 왜 우리가 이 주제에 대해 책 한 권이 필요할까? 퀴어인2)은 아예 이 주제를 완전히 무시하는 게 낫지 않을까? "하나님은 동성애자들을 미워하신다"고 외치고 동성결혼 같은 소위 역겨움(abomination)을 계속 받아들이면 우리나라가 망할 것이라고 고함치는 증오에 찬 소위 설교자들을 충분히 겪지 않았는가? 우리가 "나 같은 죄인 살리신" 찬송을 부를 때마다 정말로 우리를 '죄인(wretch)'이라고 묘사할 필요가 있을까?3)

나는 그 어느 때보다 지금 LGBT 사람들이 죄와 은혜의 문제를 정면으로 다루는 것이 중요하다고 강하게 믿는다. 이 문제에서 도망치거나 무시하는 대신에, 최근 몇 십 년간 '퀴어'라는 말을 재주장한 것과 같은 방식으로 이 교리를 우리 자신을 위해 재주장할 때이다. 이 책은 한편으로는 커밍아웃하고 자랑스런 게이 남성이고, 다른 한편으로는 조직신학자, 신학 교사, 안수받은 목사인 나의 경험을 조화시키려고 오랫동안 애쓴 결과이다.4) 참으로 퀴어 신학자로서 내 인생의 소명은 중학교 때 지역 도

---

2) 나는 이 책에서 '퀴어'라는 용어를 LGB 처럼 성 또는 젠더 정체성에 관하여 자신이 사회 규범 밖에 있다고 생각하는 사람들을 묘사하는 포괄적인 용어로 쓴다. 즉 나는 '퀴어'를 레즈비언, 게이, 양성애, 트랜스젠더, 간성, 퀴어, 퀘스처닝, 두 영(two-spirit), 같은 젠더를 사랑하는 사람들 및 앨라이(allies, 지지자)에 대한 약어로 쓴다. 신학 문맥에서 '퀴어'를 다양하게 사용하는 것에 대해서는 Patrick S. Cheng, *Radical Love: An Introduction to Queer Theology* (New York: Seabury Books, 2011), 2-8 을 보라.

3) John Newton, "Amazing Grace"(1779, 나 같은 죄인 살리신)를 보라. 이 찬송의 일부 현대판은 '죄인(wretch)'을 '영혼'으로 대체했거나 첫 소절을 바꾸었다.

서관에서 나의 퀴어됨과 크리스천 신앙이 처음 충돌했던 그 날을 이해하기 위한 시도이다.

이 책의 제1부에서는 죄와 은혜에 대해 범죄에 기초한(crime-based) 모델에서 그리스도 중심적인(Christ-centered) 모델로 가야 한다고 주장한다. 서구 그리스도교에서 죄와 은혜에 대한 전통적인 이해는 죄와 벌 개념에 중심을 두었다. 우리는 히포의 아우구스티누스의 신학 유산을 물려받은 사람들로서 죄를 범죄로 이해하고 있었다. 즉 죄는 성서의 법이든 자연법이든 하나님의 법을 범한 것이다. 우리가 알다시피 원죄 교리는, 우리의 최초의 부모인 아담과 이브가 에덴동산에서 범한 원죄, 즉 금지된 열매를 따먹은 것은 엄청난 범죄였고, 그래서 향후 모든 인류가 원죄에 '감염(infection)' 또는 '오염(taint)'은 물론 죽음의 벌을 받았다고 한다. 이 최초 타락의 결과로 우리는 손상을 입었고, 우리 스스로는 그 어떤 선도 행할 수 없다. 하나님은 이 슬픈 상태를 고치려고 예수 그리스도를 보내서 인류를 구하게 하셨다. 인간이면서 신인 존재만이 그렇게 엄청난 잘못을 바로잡을(즉, '속죄[atone]' 또는 '값을 지불할') 수 있기 때문이다. 그렇다면 은혜는 우리의 범죄를 하나님이 면죄하신 것(acquittal)이고 우리는 회복(rehabilitation)되어서 더 이상 죄짓지 않을 것이다.

우리는 죄와 은혜에 대해 범죄에 기초한 이 전통적인 모델에서 그리스도 중심적인, 그리스도론적인 모델로 가야 할 필요가 있다. 우리는 죄

---

4) 전에 이 주제를 논문 길이로 쓴 것에 대해서는 Patrick S. Cheng, "Rethinking Sin and Grace for LGBT People Today," In *Sexuality and the Sacred: Sources for Theological Reflection*, ed. Marvin M. Ellison and Kelly B. Douglas, 2nd ed. (Louisville, KY: Westminster John Knox Press, 2010), 105-18을 보라.

를 처벌을 요하는 범죄로 이해하는 대신에, 미성숙(immaturity) 또는 불완전한 성장으로, 어린이나 청소년이, 심지어 어른들조차도, 성장 과정에서 실수하는 것과 같은 식으로 이해할 필요가 있다. 간단히 말하자면, 우리가 망치는 것은 성숙의 최종 상태에 도달하지 않은 인간 존재이기 때문이다. 죄와 은혜에 대한 이 관점은 그리스도 중심적인 모델이다. 우리의 궁극적 목표, 즉 텔로스(telos)는 그리스도의 이미지 속에서 신적인 존재가 되도록 지음받은 것이기 때문이다. 그리스도는 알파(즉, 우리의 창조의 근원)일 뿐만 아니라 오메가(즉, 우리 실존의 궁극적 목표)이기도 하다.5) 그러므로 은혜는 신적인 존재가 되는(becoming divine) 것으로 볼 수 있다. 이것은 새로운 개념이 아니다. 초대교회 신학자인 리용의 이레니우스의 저술과 동방정교회의 테오시스(theosis), 즉 신화(deification, 神化) 교리에 근거를 둔다.

달리 말해서, 우리는 죄와 은혜를 각각 범죄(crime)와 면죄(acquittal)로 이해한 아우구스티누스의 모델에서, 죄와 은혜를 각각 미성숙과 신적인 존재가 되는 것으로 이해한 이레니우스의 모델로 옮겨가라는 부름을 받는다. 즉 주로 악의 명단에 의존하고 성서를 규칙의 책으로 보는 대신에, 우리는 예수 그리스도와 우리의 관계라는 빛에서, 특히 우리 자신이 처한 사회 상황의 렌즈를 통해 이해하고 해석하라는 도전을 받는다. 바울이 갈라디아 사람들에게 보낸 편지에 쓴 바와 같이, 이제는 죄와 은혜에 대해 '규율적(disciplinarian)'이거나 율법주의적 모델을 떠나서 영적으로

---

5) 계 22:13. 즉, 우리는 '세상의 창조 전에' 그리스도 안에서 선택받았고, '때가 차면' 모든 것이 그리스도 안에서 모아질 것이다. 엡 1:4, 10.

성숙하고 도전적인 죄와 은혜의 모델, 항상 그리스도를 '옷으로 입는' 모델을 포용할 때이다.6)

이 책의 제2부에서는 죄와 은혜에 대한 그리스도 중심적 모델을 다루는데, 다양한 LGBT 신학자들이 예수 그리스도를 묘사한 일곱 가지 모델을 제시할 것이다. 1960년대 이래 다양한 정체성 그룹이 자신의 사회 정황과 맥락에서 예수 그리스도에 대해 저술한 것(예들 들면, 아프리카계 미국 신학자들이 저술한 흑인 그리스도)과 같은 방식으로 LGBT 신학자들은 그리스도론에 대해 성찰해왔고 퀴어 그리스도(Queer Christ)에 대해 썼다. 퀴어 그리스도의 일곱 가지 모델은 다음과 같다.

(1) 에로틱한 그리스도
(2) 커밍아웃한 그리스도
(3) 해방자 그리스도
(4) 위반하는 그리스도
(5) 자신을 사랑하는 그리스도
(6) 서로 연결된 그리스도
(7) 혼종 그리스도(The Hybrid Christ)

나는 죄와 은혜에 대한 그리스도 중심적 모델을 다루며, 죄를 이런 퀴어 그리스도의 각 모델에 반대하는 것이라고 정의하고, 은혜를 이런 각 모델로 성장하고 일치하도록 돕는 것이라고 정의한다. 그래서 나는 다음

---

6) 갈 3:24-25, 27.

일곱 가지 치명적인 죄와 일곱 가지 놀라운 은혜를 제안한다.7)

 (1) 착취로서의 죄, 상호성으로서의 은혜

 (2) 벽장(closet)으로서의 죄, 커밍아웃으로서의 은혜

 (3) 무관심(apathy)으로서의 죄, 인권 활동(activism)으로서의 은혜

 (4) 순응(conformity)으로서의 죄, 일탈(deviance)로서의 은혜

 (5) 수치로서의 죄, 긍지로서의 은혜

 (6) 고립으로서의 죄, 상호의존으로서의 은혜

 (7) 단일성(singularity)으로서의 죄, 혼종성(hybridity)으로서의 은혜

 이 책의 각 장은 연구할 질문과 더 읽을 자료를 제시하며 마친다. 이와 같이, 이 책은 학부와 대학원 수업부터 교구와 회중의 교육 프로그램까지 많은 상황에서 사용될 수 있다. 이 책은 종교 우파가 주장하는 율법주의적 죄 관념에 대해 깊이 생각하며 대응하고자 하는 사람들, 종교적이든 아니든 같은 생각을 가진 사람들도 사용할 수 있다. 요약하자면, 나는 죄와 은혜에 대한 그리스도 중심적 모델이, LGBT 크리스천과 지지자들은 물론 과거에 그런 교리로 상처받은 사람들이 이 문제에 대해 생각할 때 훨씬 더 도움이 되는 방식이라고 강하게 믿는다.

---

7) 성 윤리 영역에서의 일곱 가지 '죄 문제'와 일곱 가지 '덕의 가능성'에 대해서는 James B. Nelson, "Where Are We?: Seven Sinful Problems and Seven Virtuous Possibilities," in Ellison and Douglas, *Sexuality and the Sacred*, 95-104를 보라

1. 이 책의 청중

나는 이 책을 공개적인 게이 신학자인 내 관점에서 썼고, 주로 LGBT 크리스천 형제자매들과 이성애자들과 시스젠더(cisgender) 지지자들8)을 염두에 두고 썼다. 특히 나는 죄와 은혜라는 교리를 가지고 나처럼 깊이 고민한 사람들을 위해 이 책을 썼다. 특히 크리스천 우파가 죄와 은혜라는 교리를 퀴어를 치유하기 위해서가 아니라 공격하기 위한 신학적 수단으로 종종 사용했기 때문이다.

그러나 나는 이 책이 LGBT 사람들만이 아니라 죄와 은혜라는 전통 교리를 이해하려고 애쓴 모든 사람들에게 큰 상관성을 갖는다고 본다. 밸러리 세이빙, 메리 데일리, 주딧 플래스코, 로즈메리 류터와 같은 페미니스트 신학자와 철학자가 지적한 바와 같이, 이 교리는 역사적으로 남성이 만든 것이고 여성에게 해를 끼치고 여성을 예속하는 데 사용되었다. 특히 이브(그리고 암시적으로 모든 여자)가 타락과 원죄에 대해 비난을 받은 정도까지 말이다. 이와 비슷하게, 아프리카계 미국인들을 비롯한 모든 유색인 공동체는 함(Ham)의 죄와 가나안(Canaan)의 저주에 대한 성서 이야기에 문자적으로 예속되었다.

그래서 이 책이 LGBT 사람들의 경험에서 죄와 은혜에 초점을 맞추기는 하지만, 다른 사람들도, 교실과 회중 및 다른 공동체에서 이 책의

---

8) '시스젠더'라는 용어는 비트랜스젠더 사람들을 가리키는데, '스트레이트 (straight, 이성애자)'가 비 LGBT 사람들을 가리키는 것과 같다. http://www. fenwayhealth.org/site/DocServer,docID=7081의 Fenway Health, "Glossary of Gender and Transgender Terms"(January 2010)을 보라(2011 년 12 월 11 일 접속).

여러 면이 각자의 구체적 상황에서 도움이 되기를 바라고 기대한다. 신학은 항상 특정 상황에서 나오지만, 좋은 신학은 보편적인 문제를 다루고 더 큰 청중에게 말할 수 있고 말해야 한다. 역사적으로 말해서, 크리스천 신학은 항상 더 큰 정치, 경제, 문화 상황에 의해 형성되었다. 1960년대와 1970년대에 남미, 흑인, 페미니스트, 그리고 여타 해방 신학들이 등장한 결과로 우리는 실로 신학의 상황적 본질에 대해 훨씬 더 잘 인식하게 되었다.

LGBT 공동체 밖에 있는 사람들은 범죄에 기초한 죄와 은혜의 모델에서 그리스도 중심적인, 그리스도론적인 모델로 가는 것이 자신의 구체적인 공동체와 상황에 도움이 될지 아마 고려할 필요가 있을 것이다. 그들은 이 책이 묘사하는 퀴어 그리스도의 일곱 가지 모델과 일곱 가지 새로운 치명적인 죄와 일곱 가지 새로운 놀라운 은혜에 관해 비슷한 점과 다른 점을 발견하는 것이 유용할 것이다. 이 모델은 제한하려는 것이 아니라, 신학적 상상력을 넓히려는 것이다. 달리 말해서, 이 모델이 우리 자신의 독특한 경험을 보여주는 출발점이나 창문이 되기를 바란다.

2. 몇 가지 정의

이 책에서 쓰는 용어에 대해 설명하는 것이 중요하다. 일반적으로 나는 'LGBT'를 레즈비언(lesbian), 게이(gay), 양성애(bisexual), 트랜스젠더(transgender) 공동체 전체를 가리키는 약어로 쓴다. 보통 레즈비언은 주로 다른 여성에게 성적으로 매력을 느끼는 여성이다. 게이는 주로 다른 남성에게 성적으로 매력을 느끼는 남성이다. 때로 '게이'는 레즈비언을 포함하여 사용하기도 한다. 양성애는 양쪽 성에 성적으로 매력을 느끼는 사람들이다. 그리고 트랜스젠더는 태어날 때 주어진 생물학적 성(가령, 여성)과는 다른 젠더 정체성(가령, 남성 젠더)으로 자신을 동일시하고 그렇게 표현하는 사람들이다. 이 다양한 용어가 사람들을 범주화하는 데 도움이 될 수 있지만, 대부분의 젠더 및 퀴어 이론가들은 섹슈얼리티와 젠더 정체성 범주는 궁극적으로 고정적이지 않은, 유동적인 개념이라고 본다.9)

나는 'LGBT'를 이 책에서 포괄적 용어로 쓰지만, 한 개의 용어로써 LGBT 공동체 안에 있는 다름과 다양성을 축소하거나 경시하지 않는다는 점을 분명히 하고 싶다. 성적 지향(즉, 'LGB')은 젠더 정체성(즉, 'T')과는 다른 문제이다. 전자는 여자, 남자, 또는 양쪽 성에 끌리는 성적인 매력에 관한 것이다. 후자는 어떻게 남성(masculine)에서 여성(feminine)으로의 젠더 연속체(gender continuum) 안에서 자신을 동일시하고, 그리고/또는 표현하는가에 관한 것이다. 그래서 어떤 남자가 게이(즉, 그는 다른 남자에게 성적으로 끌린다)이고 트랜스젠더가 아닐 수 있다(그는 태어날 때 주어진 성, 즉 남자로 동일시한다). 또는 어떤 사람이 트랜스 여

---

9) 예를 들어, 퀴어 이론가들이 주장하듯이 동성애와 이성애의 범주(즉, 선호하는 성관계 파트너의 성에 기초하여 사람들을 분류하는 것)는 19세기까지 등장하지 않았다. 즉, 고대에 사람들은 파트너 또는 파트너들의 성과 상관없이, 위(즉, 삽입하는 자) 또는 아래(즉, 삽입당하는 자) 위치에 기초하여 종종 분류되었다. 동성애를 본질주의적 입장, 즉 '그렇게 태어났다'고 하는 주장에 대해 성 긍정적으로 논박하는 입장에 대해서는 Janet R. Jakobsen and Ann Pellegrini, *Love the Sin: Sexual Regulation and the Limits of Religious Tolerance* (New York: New York University Press, 2003)을 보라.

성이고(그녀는 태어날 때 주어진 성, 즉 남자와 다르게 현재 여성이라는 젠더 정체성으로 동일시한다), 레즈비언이 아니다(즉, 그녀는 다른 남자에게 성적으로 끌린다). 더욱이 간성(intersex)의 범주도 있는데 생식 또는 성적인 해부학, 즉 염색체, 호르몬 수준, 성기, 그리고/또는 제2차 성징에서 '여자 또는 남자의 전형적인 정의에 들어맞지 않게' 태어난 경우이다.10) 이런 복잡성에도 불구하고 나는 섹슈얼리티, 젠더 정체성, 그리고/또는 생물학적 성의 관습적인 사회 규범에 맞지 않는 사람들을 가리키기 위해 'LGBT'라는 폭넓은 용어를 쓴다.11)

나는 또한 이 책에서 '퀴어'라는 말을 여러 다른 방식으로 쓴다. 첫째, 나는 '퀴어'를 포괄 용어인 'LGBT'의 약어로, 또는 어떤 경우에는 동의어로 쓴다. 그런데 어떤 면에서는 '퀴어'가 'LGBT'보다 훨씬 더 포괄적이다. 간성, 퀘스처닝, 두 영혼(two-spirit), 동성을 사랑하는 이들, 그리고 성 또는 젠더 비순응자들(non-conforming individuals), 심지어 지지자들까지 포함하기 때문이다. 둘째, 나는 '퀴어'를 사회 규범을 의도적으로 위반하거나 반대하는 실천을 가리키는 약어로도 쓴다. 예를 들어, 무언가를

---

10) The Intersex Society of North America(북미 간성학회)의 웹사이트 http://www.isna.org/faq/what_is_intersex 를 보라(2011년 12월 11일에 접속). 간성 신학에 대해서는 Susannah Cornwall, *Sex and Uncertainty in the Body of Christ: Intersex Conditions and Christian Theology* (London: Equinox, 2010); Susannah Cornwall, "*Ratum et Consummatum*: Refiguring Non-Penetrative Sexual Activity Theologically, in Light of Intersex Conditions," *Theology and Sexuality* 16.1 (2010): 77-93 을 보라.

11) LGBT 사람들과 관련된 용어에 대해 유용한 연구로는 Timothy Palmer and Debra W. Haffner, *A Time to Seek: Study Guide on Sexual and Gender Diversity*, http://www.religiousinstitute.org/sites/default 를 보라(2011년 12월 11일에 접속).

'퀴어'하게 하는 것은 특히 섹슈얼리티나 젠더 정체성의 문제에 관해 규범적이지 않거나 예상하지 않는 방식으로 읽거나 해석하는 것이다. 그래서 종교를 '퀴어'하게 하는 것은, 지배적인 종교 전통에 의해 침묵당해 온 LGBT 사람들을 포함하는 모든 소외된 사람들의 목소리와 기억을 부각시키는 것이다. 셋째, 나는 '퀴어'를 퀴어이론이라는 학문 분야를 묘사하는 데 쓴다. 퀴어이론은 남자/여자(male/female), 남성/여성(masculine/feminine), 이성애/동성애(heterosexual/homosexual)와 같은 이분법들(binaries)을 해체하거나 붕괴시키는 데 초점을 맞춘다.12) 때로 'Q'는 퀴어인을 포함하기 위해 LGBT라는 머리글자에 붙는다(즉, 'LGBTQ').

1990년대 초부터 LGBT 공동체는 '퀴어'라는 말을 재주장했고 포용했다. 즉, LGBT 공동체는 원래 상당히 모욕적인 표현으로 여겨진 그 말을 가져다가 공동체 안에 있는 엄청난 다양성(diversity)과 위반성(transgressivity)을 긍정적으로 묘사하는 말로 변화시켰다. 이 현상은, "우리가 여기 있다. 우리는 퀴어이다. 익숙해져라"(We're Here, We're Queer. Get Used it.)라는 표어를 만든 Queer Nation(퀴어 국가)과 같은 LGBT 활동가 그룹만이 아니라, 퀴어이론과 퀴어학을 연구하는 학문 안에서도 마찬가지다. LGBT 신앙공동체도 '퀴어'라는 말을 포용했다. 예를 들어, 뉴욕 메트로폴리탄 공동체교회는 "하나님은 나를 퀴어로 만드셨다"(God Made Me Queer)가 적힌 밝은 색 스티커를 매해 뉴욕시 퀴어 퍼레이드(Pride

---

12) 크리스천 신학의 맥락에서 퀴어이론에 대한 논의로는 쳉, 『급진적인 사랑: 퀴어신학 개론』(Radical Love: Introduction to Queer Theology, Seabury, 2011; 임유경 & 강주원 옮김, 무지개신학연구소, 2019), 73-81을 보라. 퀴어이론과 젠더 이론에 대한 소개로는 Riki Wilchins, Queer Theory, Gender Theory: An Instant Primer (Los Angeles: Alyson Books, 2004)를 보라.

March) 때 나누어준다. 실제로 지난 10년간 퀴어신학이라는 학문 분야에 엄청난 성장이 있었고, 나도 『급진적인 사랑』을 썼다.13)

3. 비크리스천은 어떠한가?

끝으로 이 책의 크리스천 성격에 대해 한마디 하고자 한다. 이 책은 크리스천 신학을 연구한 것이므로 크리스천 용어를 당당하게 쓴다. 나는 스스로를 크리스천 신학자로 여기는 사람으로서 크리스천 식으로 '말하고' '이야기한다.' 즉, 나는 하나님과 궁극적 실재에 대한 내 관점을 묘사하기 위해 그리스도교의 언어, 범주, 사상 형식을 쓰는 데 뜻이 있다. 그렇다고 해서 이것은 내 LGBT 자매형제들의 신앙 전통을 빼앗거나 훼손하려는 것이 아니다.

나는 많은 LGBT 상황에서, 특히 활동가 그룹에서 크리스천 담론을 경시하거나 침묵시키기까지 하는 경향이 있는 것을 보았다. 종교 우파가 종종 크리스천 담론을 가지고 LGBT 사람들을 공격하는 무기로 쓴다는 것을 고려하면 이는 놀랍지 않다. 우리 중 많은 이들은 여전히 이런 공격 때문에 상당한 감정적, 심리적 상처를 안고 있다.14) 그러나 나는 크리스

---

13) 퀴어신학의 계보에 대해서는 쳉, 『급진적인 사랑』, 59-83을 보라. 퀴어신학에 대한 다른 서평으로는 Susannah Cornwall, *Controversies in Queer Theology* (London: SCM Press, 2011); Robert E. Shore-Goss, "Gay and Lesbian Theologies," in *Liberation Theologies in the United States: An Introduction*, ed. Stacey M. Floyd-Thomas and Anthony B. Pinn (New York: New York University Press, 2010), 181-208; and Elizabeth Stuart, *Gay and Lesbian Theologies: Repetitions with Critical Difference* (Aldershort, UK: Ashgate, 2003)을 보라.

천 신학자로서 나 자신의 사회적 정황과 종교 배경에서 진정하게 글을 쓰는 데 뜻이 있다.

나는 또한 내 삶에서 다른 종교 전통에 의해 강한 영향을 받았다. 예를 들어, 내가 사랑하는 외가 조부모님은 크리스천이 아니었고, 내가 어렸을 때 부모님과 나와 남동생과 함께 사셨다. 그들은 중국의 불교, 유교, 도교 상황에서 종교적인 영향을 받았다. 내 동생 앤디는 유대인 제수씨와 결혼하고 나서 몇 년 후에 유대교로 개종했다. 나는 네히림(Nehirim: 빛) 같은 그룹의 유대인 LGBT 친구들과 신학 문제에 대해서 여러 해에 걸쳐 긴밀하게 작업했다.15) 그리고 나는 내 자신의 삶 속에서 동아시아의 영성 실천과 전통을 재주장하는 것에 대해 다른 곳에서 썼다.16) 그래서 나는 제도 그리스도교가 궁극적 실재에 대한 유일한 통로라고 생각하지 않는다. 비록 내 신학은 매우 그리스도 중심적이지만 배타주의자나 크리스천 승리주의를 표명할 의도는 없다.

나는 그리스도 중심적인 죄와 은혜의 관점에 대해, 또는 퀴어 그리스도의 다양한 모델에 대해 쓸 때, '그리스도'라는 말을 그리스도교의 역사적 신조에 표현된 것처럼 삼위일체의 고전적인 제2격보다 훨씬 더 넓은

---

14) 수잔나 콘월이 저서 *Controversies in Queer Theology*에서 LGBT 사람들이 그리스도교에 관해 느끼는 양가성(ambivalence)에 대해 도움이 되는 논의를 다루었다. 콘월은 이 책의 한 장에서 "퀴어 크리스천은 크리스천으로 남아야 할까?"라는 질문을 기탄없이 제시한다. *Controversies in Queer Theology*, 191-223 을 보라.

15) Nehirim 에 대해 더 알고 싶으면 http://nehirim.org 를 보라(2011 년 12 월 11 일 접속).

16) Patrick S. Cheng, "Reclaiming Our Traditions, Rituals, and Spaces: Spirituality and the Queer Asian Pacific American Experience," *Spiritus* 6, 2 (Fall 2006): 234-40.

의미로 쓴다. 즉, 나는 신이 인간과 교차하는 그 어떤 상황이나 만남을 묘사하기 위해 '그리스도'라는 말을 쓴다.17) 신과 인간이 2000년 전에 나사렛 예수라는 사람 안에서 독특한 방식으로 연합되었다고 나는 믿는가? 그렇다. 그러나 나는, 신이 성육할 때마다, 말씀이 육신이 될 때마다, 우리와 함께 하시는 하나님(God-with-us)을 경험할 때마다 우리가 살아계신 그리스도를 만난다고도 믿는다. 이것은 만남이 예배 장소에서 벌어질 수 있지만, 침실, 무도회장, 인터넷 공간, 섹스 클럽에서도 벌어질 수 있다.18) 바로 이런 만남 속에서 그리스도가 진정 우주적이고, 인간 실존의 알파(시작)와 오메가(끝)이기 때문이다.

학습을 위한 질문

1. 당신을 죄인이라고 부른 가장 이른 기억이 무엇인가? 어떤 느낌이 들었나? 그 경험이 교회나 신앙 공동체와의 관계를 바꾸었나?
2. 퀴어 그리스도라는 개념에 어떤 생각이 드는가? 놀라운가? 익숙한가? 혼동스러운가?

---

17) 실로 이것은 칼 바르트의 '그리스도론적 보편주의'와 일관성이 있다. 즉, 그리스도가 진실로 세상의 빛이면 그리스도는 '세속 영역이든 종교 영역이든' '어디서나 인식'될 수 있다. Colin E. Gunton, *The Barth Lectures* (London: T&T Clark, 2007), 203-04.

18) 즉, Paul J. Gorrell, "Rite to Party: Circuit Parties and Religious Experience," in *Gay Religion*, ed. Scott Thumma and Edward R. Gray (Walnut Creek, CA: AltaMira Press, 2005), 313-26; Robert E. Goss, *Queering Christ: Beyond Jesus Acted Up* (Cleveland, OH: Pilgrim Press, 2002), 56-71 ("Finding God in the Heart-Genital Conection").

3. LGBT 사람들의 관점에서 죄와 은혜를 다룬 책이 자신을 LGBT와 동일시하지 않는 사람에게 어떤 의미가 있을까?

4. 당신은 LGBT 사람들을 묘사하는데 쓴 여러 용어에 대해 얼마나 편안한가? 당신은 성적 지향, 젠더 정체성, 생물학적 성 사이의 차이를 어떻게 이해하는가?

5. '퀴어'라는 말이 어떻게 다르게 사용될 수 있을까? 당신은 과거에 '퀴어'라는 말을 사용했거나 경험했는가? 지금은 어떠한가?

6. 당신은 비크리스천 신앙 전통에 대해 어떤 경험이 있나? 당신은 비크리스천 관점과 경험을 포함하기 위해 '그리스도'라는 말을 어떻게 확장적으로 이해할 것인가?

심화 학습을 위한 자료

정의

Cheng, 『급진적인 사랑』, 26-35
Fenway Health, "Glossary of Gender and Transgender Terms"
Palmer and Haffner, *A Time to Seek*
Wilchins, *Queer Theory, Gender Theory*

퀴어 그리스도

Bohache, Christology from the Margins, 209-61
Cheng, 『급진적인 사랑』, 133-45
Goss, Queering Christ

퀴어신학

Cheng, 『급진적인 사랑』

Cornwall, *Controversies in Queer Theology*
Shore-Goss, "Gay and Lesbian Theologies"
Stuart, *Gay and Lesbian Theologies*

제1부

죄로부터

놀라운 은혜로

1장

죄와 은혜에 대한 책이 왜 필요한가?

나는 조직신학으로 박사과정을 시작하기 전에 뉴욕 메트로폴리탄공동체교회(MCCNY)에서 회중의 삶을 담당하는 부목사로 일했다. MCCNY는 놀라운 회중이었다. 예배는 감동적이었고, 음악은 마음을 드높여주었고, 설교는 강력했다. 교회는 우리 중 가장 작은 자들을 섬기는 데 헌신하고 있었다(마 25:31-46). 교회는 무료 식료품 저장실을 운영했고, 트랜스젠더 사람들과 집 없는 LGBT 청소년을 포함하여 소외된 여러 공동체를 대상으로 하는 지원 프로그램도 운영했다. MCCNY는 사회정의 문제에도 헌신했고, 예배에 젠더 포괄적인 언어를 썼으며, 인종, 민족, 문화에서 내가 경험한 가장 다양한 회중 가운데 하나였다.

그러나 MCCNY에 대해 의아하게 생각한 것 중 하나는 죄나 은혜가 강단에서 거의 다루어지지 않았다는 점이었다. 그렇다, 종교 기관이나 세속 기관 속에 있는 동성애 혐오(homophobia)라는 악에 대한 정죄는 있었다. 그렇다, 인종차별, 성차별, 가난, 폭력과 같은 구조적인 악에 대한 정죄는 있었다. 그러나 우리를 하나님과 이웃과 진정한 우리 자신과 멀어지게 만든 개인의 죄에 대한 논의는 거의 없었다. 우리를 온전하게 만든 놀라운 은혜에 대한 논의도 많지 않았다. 나는 신학 연구를 깊이 하게 되면서 담임목사님과 나를 포함하여 우리 모두가 과녁을 벗어난 방식들을 비판할 말을 찾지 못한다는 것이 더욱 더 도전으로 느껴졌다. 이것은 비단 우리의 섹슈얼리티와 젠더 정체성에 관해서만이 아니라, 우리 삶의 다른 측면에 대해서도 그러하다.

1. LGBT 사람들이 죄와 은혜를 싫어하다

MCCNY와 같은 LGBT 신앙 공동체들이 죄와 은혜라는 말을 쓰는 것을 꺼린다는 점을 고려할 때, 도대체 왜 우리는 LGBT 사람들의 관점에서 죄와 은혜에 대해 쓴 책 한 권이 필요할까? 이런 책은 LGBT 공동체가 거의 필요로 하지 않을 책인 듯하다. 일반적으로 죄와 은혜는 현대 서구 사회 전체에 인기가 아주 없는 주제이다. 1973년에 정신과 의사 칼 메닝거는 유명한 저서 『죄에 무슨 일이 일어났나?』에서 미국 문화에서 죄에 대한 말이 일반적으로 사라진 것에 대해 썼다.[1] 20년이 지난 1993년에 예일신학대학원의 신학자 데이비드 켈시는 *Theology Today*에 "죄의 교리에 무슨 일이 일어났나?"라는 비슷한 질문으로 논문을 기고했다.[2] 거의 20년이 더 지났지만 달라진 것이 별로 없다. 있다면, 우리 문

---

[1] Karl Menninger, *Whatever Became of Sin?* (New York: Bantam Books, 1973). 메닝거는, '사회적 범법'에 대한 근본 권위가 교회에서 국가로 이동했기 때문에 죄가 현대 담론에서 사라졌다고 주장했다. 즉, 우리는 죄를 범죄로 효과적으로 바꾸었고, 그래서 죄의 범주를 실제적인 관점에서 점차 의미 없게' 만들었다. Menninger, *Whatever Became of Sin?*, 29

화가 더욱 더 세속화되었고 죄에 대한 말이나 동반 주제인 은혜에 알레르기 반응을 일으킨다는 점이다.

많은 LGBT 사람들은 죄와 은혜에 대해 말하는 것을 아주 싫어한다. 우리 중 너무도 많은 이들이 이 교리로 깊이 상처를 받았기 때문에 놀랍지가 않다. 이 교리가 우리를 공격하는 데 사용된 폭력적인 방식 때문에 우리 중 많은 이들이 어린 시절의 신앙공동체를 떠났다. 우리 중 일부는 우리가 구제 불가능한 죄인이고 영원히 하나님의 구원 은혜에서 배제된다는 믿음 때문에 자살을 시도하기까지 했고, 실제 죽기도 했다.

나는 LGBT 크리스천이 죄와 은혜 문제에 대해 기껏해야 너무 많이 생각하지 않으려고 한다는 것을 발견했다. 우리 중 일부는 동성애와 젠더 베리언트(variant) 행위들이 현대 성서학에 기초할 때 죄가 아니고, 넘어가야 한다고 스스로를 설득시킨다. 또는 죄의 교리가 용도 폐기되었다고 스스로를 설득시키고, 그래서 이 주제를 경시하거나 피하는 '진보' 또는 LGBT에게 친절한 교단이나 공동체로 간다. 또는 죄에 대해 개인의 죄 문제가 아니라, (인종차별, 성차별, 동성애 혐오와 같은) 구조적인 문제로 생각한다. 물론 많은 LGBT 사람들은 교회의 죄 이야기(sin-talk)로 인해 자신이 부딪히고 겪은 고난 때문에 교회를 아예 떠난다. 그러나 죄 개념을 빼어버리고 나면 하나님의 은혜라는 교리는 별 필요가 없다.

마찬가지로 나는 LGBT 신학계도 죄와 은혜 교리에 대해 침묵하는 것에 대해 놀랐다. 지난 몇 십 년 사이에 LGBT 신학 연구가 많이 나왔지

---

2) David H. Kelsey, "Whatever Happened to the Doctrine of Sin?" *Theology Today* 50, no. 2 (July 1993): 169-178.

만, 이들 중 죄와 은혜 교리를 정면으로 다룬 것은 거의 없다.3) 실로 내가 퀴어 그리스도교와 신학에 대해 문자적으로 수백 권의 책과 논문을 읽었지만 이 교리에 대해 이렇다 할 퀴어적 성찰을 발견하지 못했다.

이런 침묵은 이해할 만하다. 앞에서 언급했듯이 많은 LGBT 사람들이 동성애 혐오적인 종교 지도자와 공동체가 죄 운운해서 깊이 상처받았기 때문이다. 더욱이 어떤 종류의 가학적 하나님(sadistic God)이 LGBT 사람들에게 동성 간의 우정과 관계를 통해 사랑, 기쁨, 평화, 인내와 같은 성령의 놀라운 열매를 주고,4) 그러면서 여전히 우리를 죄인이라고 정죄할 것인가? 여기에 은혜가 어디 있나? 이것을 어떻게 복음이라고 할 수 있나? 많은 LGBT 사람들에게는 죄와 은혜에 대해 침묵하는 것이 그저 더 쉽다.

2. 죄와 은혜에 대한 침묵을 깨기

죄와 은혜에 관해 LGBT 공동체 속에 있는 침묵에도 불구하고, 나는 우리가 LGBT 신앙인으로서 죄의 교리와 그 동반 교리인 은혜에 대해 정

---

3) 퀴어신학에 있어서의 죄 교리에 대한 개관으로는 쳉, 『급진적인 사랑』, 133-45를 보라. 루터교 관점에서 퀴어 죄에 대한 최근의 논문으로는 Mary. E. Lowe, "Sin from a Queer, Lutheran Perspective," in *Transformative Lutheran Theologies: Feminist, Womanist, and Mujerista Perspectives*, ed. Mary J. Streufert (Minneapolis, MN: Fortress Press, 2010), 71-86을 보라. 원죄를 동성 결혼에 대한 신학적 성찰의 출발점으로 삼은 최근 책으로는 Geoffrey Rees, *The Romance of Innocent Sexuality* (Eugene, OR: Cascade Books, 2011)을 보라.

4) 바울이 갈라디아 사람들에게 보낸 편지에 쓴 바와 같다. "이런 것들을 막을 법이 없습니다"(갈 5:22-23 참조).

면으로 다루어야 한다고 점점 더 확신하게 되었다. 우리는 더 이상 이 주제를 회피하거나 무시할 수 없다. 사실 죄와 은혜에 관한 LGBT 크리스천 공동체의 침묵은 궁극적으로 도움이 되지 않으며, 장기적으로 볼 때 우리에게 해를 끼칠 수 있다. 내 말은, 무엇이 소위 죄스런 동성애와 젠더 베리언트 행위인지 아닌지에 대해 몇 개 안 되는 LGBT '공포 본문(texts of terror)'에 대해 끝없이 성서 논쟁을 계속하자는 것이 아니다.5) 그보다는 우리가 죄에 대해 더 넓은 교리적 질문, 전통적으로 죄론(hamartiology: 죄를 뜻하는 그리스어 하마르티아 *hamartia*에서 유래)이라고 분류된 것을 깊이 생각하며 다루어야 한다.

그렇다면 왜 죄와 은혜에 대해 말하는 것이 LGBT 공동체에 그렇게 중요한가? 나는 우리가 왜 죄와 은혜에 대한 침묵을 깨야 하는지에 대해 적어도 네 가지 이유가 있다고 본다. 첫째, 죄 이야기는 오늘날 LGBT 사람들의 억압과 고난의 핵심에 있다. 둘째, 죄 이야기는 왜 LGBT 신앙인이 교회생활에 온전한 참여를 거부당하는지의 주요 이유이다. 셋째, 죄와 은혜의 교리를 무시하는 것은 세상의 실제 상태를 묘사하는 신학적 도구를 우리에게서 빼앗는 것이다. 넷째, LGBT 크리스천은 더 넓은 크리스천 공동체와 대화를 잘하기 위해서 더욱 온전히 발달된 죄와 은혜의 신학이 필요하다. 이 네 가지 사항을 차례로 점검해보자.

---

5) '공포 본문'이라는 표현은 필리스 트리블(Phyllis Trible)의 *Texts of Terror: Literary-Feminist Readings of Biblical Narratives* (Philadelphia, PA: Fortress Press, 1984; 최만자 역, 『성서에 나타난 여성의 희생』, 1989, 전망사)에서 나왔다. LGBT 맥락에서 이 말은, 창 19장, 레 18:22, 20:13, 롬 1:26-27, 고전 6:9, 딤전 1:10 등 동성 및 젠더 베리언트 행위의 금지를 정당화하는 데 쓰이는 몇 안 되는 성서 본문을 가리킨다. 이들 본문 외에 젠더 베리언트 행위를 정죄하는 데 쓰이는 신 22:5; 23:1 과 같은 다른 본문도 있다.

첫째로, 죄 이야기는 LGBT 사람들이 오늘날 경험하는 감정적, 영적, 심리적, 신체적 억압과 고난의 한 가운데 있다. "묻지 말고, 대답하지 말라(Don't Ask, Don't Tell)"는 정책의 폐지와 뉴욕과 같은 많은 주에서 동성결혼 합법화 등 미국에서 최근에 정치적인 진전이 있었지만(미국은 이 책 출판 후 2015년에 동성 결혼이 합법화됨—역자주) 종교 우파는 계속 동성애와 젠더 베리언트 행위를 '죄'라고 묘사하고, LGBT 사람들이 법 아래서 동등하게 보호받는 것을 부인하려고 이 죄 이야기를 사용한다. 때로 이것은 우리 공동체를 향한 잔인한 혐오 범죄와 여러 형태의 폭력을 낳을 수 있다.6)

죄는 LGBT 사람들에게 그저 추상적인 논쟁 문제가 아니다. 죄 이야기는 세계의 여러 정부가 LGBT 사람들을 박해, 투옥, 고문, 처형하는 것까지 합리화했다.7) 죄 이야기는 섹슈얼리티와 젠더 정체성 때문에 가족과 공동체와 교회로부터 정죄당한 어린 사람들과 성인들의 자살을 초래했다.8) 죄 이야기는 또한 '탈 게이(ex-gay)' 또는 "기도로 게이성을 없애기" 위한 회복 치료를 통해 성 및 젠더 정체성을 바꾸려는 불신 받은 시

---

6) 종교 불관용의 결과로 살해당한 LGBT 사람들의 이야기에 대해서는, Stephen V. Sprinkle, *Unfinished Lives: Reviving the Memory of LGBTQ Hate Crimes* (Eugene, OR: Resource Publications, 2011). 예를 들어, 한 살인자는 하나님이 "게이를 색출하여 죽이라"고 자신을 파송하셨다고 주장했다. 그는 이것이 "레위기가 말한 것과 같고" "성적인 변태들은 죽어 마땅하기" 때문이라고 했다. Sprinkle, *Unfinished Lives*, 39.

7) 국제인권감시기구의 LGBT 부문은 세계에서 벌어지는 그런 폭력을 기록한다. http://www.hrw.org/lgbt(2011년 12월 11일 접속).

8) 다음을 보라. Patrick. S. Cheng, "Faith, Hope, and Love: Ending LGBT Teen Suicide," *Huffington Post* (October 6, 2010). http://www.huffingtonpost.com/rev-patrick-s-cheng-phd/faith-hope-and-love-endin_b749160.html(2011년 12월 11일 접속).

도의 중심에 있다.9) 이런 맥락에서 은혜는 동성 또는 젠더 베리언트 행위를 삼가는 소위 '선물'의 특징을 갖는다. 이는 결국 자기를 실현한 많은 LGBT 사람들에게 비현실적일 뿐만 아니라 해를 끼칠 뿐이다.

둘째로, 죄 이야기는 LGBT 신앙인이 동성 결혼과 안수와 같은 성례전(성사)과 의식에 대한 거부를 포함하여 교회생활에 온전한 참여를 거부당하는 주요 이유이다. 우리는 일찍부터 동성애와 젠더 베리언트 행위는 죄이며, 회개하지 않고 그런 행위를 삼가지 않으면 영원한 벌로 정죄받을 것이라고 배운다. 죄 이야기는, 동성애와 젠더 베리언트 행위에 참여하는 종교 지도자들도 강제로 벽장 속에 들어가게 만든다.10) 이런 죄 이야기를 무시하거나 버린다고 해서 사라지게 하지는 못한다. 우리는 좁은 성서 논쟁과 도전을 넘어서 종교 우파가 죄 이야기를 하는 것을 더 넓은 신학 관점을 가지고 다루어야 한다. LGBT 사람들이 '퀴어'라는 말을 되찾은 것처럼, 이제는 '죄'와 '은혜'라는 말을 되찾아야 할 때다.

셋째로, 죄와 은혜의 교리를 무시하는 것은 세상의 실제 상태를 묘사하고 비판하는 신학적 도구를 우리에게서 빼앗는 것이다. 신학자 라인홀드 니버가 말하기 좋아한 것처럼, 죄의 교리는 크리스천 신앙에서 유일하게 경험적으로 입증할 수 있는 교리이다.11) 우리가 죄의 교리 없이 어떻

---

9) 탈동성애 활동의 폭로에 대해서는 Wayne R. Besen, *Anything But Straight Unmasking the Scandals and Lies Behind the Ex-Gay Myth* (Binghamton, NY: Harrington Park Press, 2003)을 보라.

10) 그런 종교 지도자들의 온라인 명단에 대해서는 http://gayhomophobe.com을 보라(2011년 12월 11일 접속).

11) Andrew S. Finstuen, *Original Sin and Everyday Protestants: The Theology of Reinhold Niebuhr, Billy Graham, and Paul Tillich in an Age of Anxiety* (Chapel Hiss, NC: The University of North Carolina Press,

게 폭력, 테러, 경제 불평등과 성적인 착취로 가득 찬 이 세상을 적합하게 묘사하고 비판할 수 있을까? 그리고 다른 한편으로, 우리가 어떻게 은혜 이야기(grace-talk) 없이 화해와 치유라는 가장 깊은 희망을 표현할 수 있을까? 예를 들어, 성공회 사제이자 저술가인 바바라 브라운 테일러는 죄의 언어를 피할 것이 아니라고 주장했다. 죄 이야기는 바로 은혜 이야기로 가게 해주는 것이기 때문이다.12)

나는 20년 이상 다양한 LGBT 공동체의 일원이었고, 커밍아웃한 게이 남성으로서 세계에 있는 나의 퀴어 자매형제들로부터 사랑과 놀라운 은혜를 너무 많이 경험했다. 그러나 나는 또한 LGBT 종교 공동체를 포함한 LGBT 세계 안에서 많은 깨어짐과 추함을 보았다. 우리가 성적인 정복을 추구할 때나, 우리 자신이 일정 정도의 힘과 성공을 획득할 때나, 우리가 외모, 부, 사회적 지위에 대한 특정 기준에 맞지 않는 사람들을 만날 때 서로를 사랑과 친절로 대하지 못하는 방식 같은 것 말이다.13) 여기서 다시금 죄와 은혜의 교리가 이 깨어진 세상을 묘사하고 비판하는 데 도움이 되는 방식일 수 있다.

넷째로, 우리 중 LGBT 크리스천은 더 넓은 크리스천 공동체와 대화를 잘하기 위해서 더욱 온전히 발달된 죄와 은혜의 신학이 필요하다. 마

2009), 69를 보라.

12) Barbara Brown Taylor, *Speaking of Sin: The Lost Language of Salvation* (Lanham, MD: Cowley Publications, 2000)을 보라.

13) 게이 남성 사이버문화 속에 있는 인종차별에 대한 묘사로는 Patrick S. Cheng, "'I Am Yellow and Beautiful': Reflections on Queer Asian Spirituality and Gay Male Cyberculture," *Journal of Technology, Theology, and Religion* 2, no. 3 (June 2011): 1-21을 보라.

켓대학교의 사회학자인 돈 문이 『하나님, 섹스, 그리고 정치』에서 지적하듯이, LGBT 사람들을 지지하는 크리스천의 근본 문제는 죄에 대해 말할 줄 모른다는 것이다. 문은 구체적으로 친LGBT 사람들이 종종 동성애 행위가 죄라는 주장에 '정면으로' 도전할 수 없다고 지적한다. 그들은 종종 "'죄가 대체 뭐야?'라고 대응하며 질문을 회피한다."14) 이렇게 죄와 은혜의 교리에 직접 개입하지 못하는 것은 문제가 될 수 있는데, 특히 복음서의 중심 주제가 화해이고, 예수 그리스도가 세리들과 죄인들과 함께 먹었다고 반복적으로 나오기에 그러하다.15) 그 결과, 많은 반LGBT 크리스천은 친LGBT 크리스천이 죄와 은혜 개념이 없고, 그래서 구원이나 예수 그리스도를 필요로 하지 않는다는 잘못된 인상을 받는다. 나는 죄와 은혜의 퀴어신학이 친LGBT 크리스천과 반LGBT 크리스천 사이의 간격을 메우는 보다 폭넓은 신학적 대화를 진전시킬 수 있다고 믿는다.

나에게 핵심적인 신학적 질문은, 어떻게 고전적인 죄 전통을 완전히 무시하지 않고서 다시 생각할 수 있을까 하는 질문이다. 즉, 어떻게 아기를 목욕물과 함께 버리지 않을 수 있을까? 어떻게 종교 우파가 우리를 정죄하려고 사용하는 단순한 죄 개념, 어떤 경우에는 비성서적이기도 한 죄 개념에 도전할 수 있을까? 어떻게 평생 상처받은 사람들에게 더 상처 주지 않고서 죄 교리가 우리 가운데 있는 악과 악마적인 것을 비판하는 방식으로 우리에게 힘을 줄 수 있을까? 어떻게 죄에 대해 더 넓은 크리스

---

14) Dawne Moon, *God, Sex, and Politics: Homosexuality ad Everyday Theologies* (Chicago: University of Chicago Press, 2004), 89.

15) 마 9:11; 막 2:16; 눅 5:30. George Carey, *Sinners: Jesus ad His Earliest Followers* (Waco, TX: Baylor University Press, 2009)를 보라.

천 신학 전통과 대화하고 그러면서 죄 이야기가 우리 공동체에 가한 고난과 수치를 영속시키지 않을 수 있을까?

3. 죄와 은혜를 다시 상상하기

LGBT 사람들을 위해 죄와 은혜를 다시 생각해야 한다는 도전은 새로운 것이 아니다. 사실 LGBT 신학자들이 반세기 이상 죄와 은혜를 다시 상상하는 작업을 해왔다. 1960년에 그리스도연합교회(UCC)의 공개적인 게이 목사인 로버트 우드는 획기적인 저서 『그리스도와 동성애』에서 게이 크리스천의 진짜 문제는 죄인 문제가 아니라 '동성애의 노예'가 되어 동성애를 합리적으로 다루지 못하는 것이라고 주장했다.16) 우드는 마지막 장에서 동성애자 독자를 향해 직접 쓴다. 그는 전부 대문자로 써서 말하기를 "죄는 동성애자인 것에 있지 않고, 동성애자로서 더 갖게 된 책임감에 스스로를 맞추지 못한 것에 있다"고 한다.17) 우드에 의하면, 은혜는 '하나님 앞에서 희망 없는 느낌'으로부터 구원받고 '특정 조건에서 동성애의 표현이 도덕적일 수 있다'는 것을 아는 것으로 이동하는 형식을 취한다.18)

약 30년이 지나 성공회 사제로 안수받은 첫 번째 공개 게이 남성인 로버트 윌리엄스는 죄와 은혜가 게이와 레즈비언에게 무슨 뜻일지를 새

---

16) 우드의 책은 주로 게이 남성에 초점을 둔다.

17) Robert W. Wood, *Christ and the Homosexual* (Some Observations) (New York: Vantage Press, 1960), 208.

18) Wood, *Christ and the Homosexual*, 211.

롭게 다시 상상했다. 윌리엄스는 1992년의 저서 『있는 그대로의 나』에서 게이 남성과 레즈비언에게 죄는 자신을 거부하는 것 또는 '이성애자가 되기를' 바라는 것으로 이해해야 한다고 주장했다. 예를 들어, '이성애자로 행동하고 그렇게 보이는' 파트너를 구하는 모든 광고는 그런 죄를 보여준다. 마찬가지로, 윌리엄스에 의하면, 많은 LGBT 사람들이 '주류로 동화되고' 싶어 하는 것, '우리가 침대에서 하는 것 말고, 너희처럼' 되고 싶어 하는 것이 '큰 죄'이다.[19] 이와 대조적으로, 은혜는 레즈비언 또는 게이가 하나님이 창조하신대로 자신을 받아들이는 것이다.

1997년에 영국 윈체스터대학교의 신학 교수이자 부총장 직무대행인 엘리자벳 스튜어트는 『종교는 퀴어한 것』에서 LGBT 사람들을 위해 죄를 다시 상상했다. 스튜어트는 구원에 대한 장에서 주장하기를, LGBT 사람들이 죄와 섹슈얼리티를 동일시하는 것에 덜 초점을 맞추고 인종차별, 성차별, 이성애주의(heterosexism)와 같은 억압적 구조에서 해방되는 것에 더 초점을 맞출 필요가 있다고 했다. 스튜어트에 의하면, LGBT 사람들에게 구원이란 개인의 죄에서 구원받는 것이라기보다는 구조적인 죄 또는 다른 성적 지향의 사람들에 대해 '사회 구조 속에 짜여 들어간' 편견에서 구원받는 것이다.[20]

LGBT 학자들은 또한 종교학의 관점에서도 죄와 은혜를 다시 상상했

---

19) Robert Williams, *Just as I Am: A Practical Guide to Being Out, Proud and Christian* (New York: HarperPerennial, 1992), 151.

20) Elizabeth Stuart, "Salvation," in *Religion is a Queer Thing: A Guide to the Christian Faith for Lesbian, Gay, Bisexual and Transgendered People*, ed. Elizabeth Stuart, Andy Braunston, Malcolm Edwards, John McMahon, Tim Morrison (Cleveland, OH: Pilgrim Press, 1997), 89.

다. 퀴어신학자인 재닛 제이콥슨과 앤 펠리그리니는 2003년 저서, 『죄를 사랑하라』에서 죄 이야기가 동성애에 관한 미국 공공정책 논쟁에서 사용된 방식을 조사하고 도전한다. 이들은 크리스천 우파가 죄 담론을 사용한 것을 비판할 뿐만 아니라, LGBT 인권옹호자들이 동성애는 선천적 특성을 갖고 있으니 처벌되어서는 안 된다고 주장하기 위해 본질주의적(essentialist) 입장, 즉 '이렇게 태어났다'는 주장을 사용한 방식도 비판한다. 제이콥슨과 펠리그리니에게는 어떻게 LGBT가 되는지는 중요하지 않다. 그들은 섹슈얼리티와 젠더 정체성이 선택이라고 해도, 그런 행동을 처벌해서는 안 된다고 주장한다. 이 학자들에게 가장 중요한 윤리적 가치는 성적 자유이고, '게이와 레즈비언 공동체 형성의 풍성한 다양성'을 포함하여 섹슈얼리티가 '가치 생산의 자리'일 수 있다고 인정하는 것이다.21)

최근 몇 년간 많은 신학자들이 죄와 은혜를 다시 상상하기 위해 퀴어 이론을 사용했다. 예를 들어, 오벌린대학교의 페미니스트 신학자 마가렛 캐미추카는 2007년의 저서, 『페미니스트 신학과 다름의 도전』에서 쇠렌 키르케고르(Søren Kierkegaard)와 여타 학자들의 연구에서 표현된 바와 같은 남성과 여성 형태의 이분법적 죄 분류에 도전하였다. 캐미추카는 권력 관계에 대해 퀴어이론가 미셸 푸코(Michel Foucault)의 연구에 의존하

---

21) Janet Jakobsen and Ann Pellegrini, *Love the Sin: Sexual Regulation and the Limits of Religious Tolerance* (New York. University Press, 2003), 17. 또한 다음을 보라. Laurel C. Schneider, "What If It Is a Choice? Some Implications of the Homosexuality Debates for Theology," in Ellison and Douglas, *Sexuality and the Sacred*, 197-204. 대안 관점에 대해서는, Jay Michaelson, *God vs. Gay?: The Religious Case for Equality* (Boston: Beacon Press, 2011), 30-40(동성애의 '자연성'에 의거한 LGBT 동등성을 주장)을 보라.

는데, 죄는 푸코의 용어로 '규율 권력과의 부당한 협력'이나 '규율 권력과의 저개발된 협력'으로 이해될 수 있다고 주장하며 성 이분법을 비판한다.22)

마찬가지로 아우구스벅대학의 퀴어신학자 메리 로우는 2010년 논문, "퀴어와 루터교 관점에서의 죄"에서 죄는 푸코의 담론 개념으로 이해될 수 있다고 주장했다. 즉, 로우는 푸코의 죄 이해가 '인종차별과 동성애 혐오에 대한 죄된 담론(sinful discourses)'을 폭로하고 "죄된 구조에 적극적으로나 소극적으로 참여하는 것으로부터 변화하기가 왜 그렇게 어려운지 설명할 수 있다"고 주장한다.23) 로우는 어떻게 개인이 죄된 담론에 의해 자유롭게 되면서 동시에 묶일 수 있는지를 설명하기 위해서 루터의 "의인이면서 동시에 죄인(simul justus et peccator)"이라는 개념, 즉 크리스천으로서 우리가 의로우면서 동시에 죄인이라는 역설적인 개념을 쓴다.

나는 캐미추카와 로우처럼 LGBT 사람들을 위한 죄와 은혜를 다시 상상하기 위해 퀴어이론을 사용하였다. 예를 들면, 나는 2011년 저서 『급진적인 사랑』에서 죄를 성적 및 젠더 본질주의적이거나 '범주들을 계속 분리하고 서로 구별하는 경계들의 강화'로 이해할 수 있다고 주장했

---

22) Margaret D. Kamitsuka, *Feminist Theology and the Challenge of Difference* (New York: Oxford University Press, 2007), 72. Margaret D. Kamitsuka, "Toward a Feminist Postmodern and Postcolonial Interpretation of Sin," *Journal of Religion* 84, no. 2 (April 2004): 179-211 도 보라.

23) Mary Lowe, "Sin from a Queer, Luthern Perspective," in *Transformative Lutheran Theologies: Feminist, Womanist, and Mujerista Perspectives*, ed. Mary J. Streufert (Minneapolis, MN: Fortress Press, 2010), 77.

다.24) 이와 대조적으로, 은혜는 급진적인 사랑 또는 '너무 극단적이어서 모든 종류의 경계를 허무는 사랑'으로 이해될 수 있다.25) 나는 또한 다른 곳에서 제안하기를, 죄는 LGBT 사람들에게 율법적 용어가 아니라, 그리스도론적인 용어로 이해될 수 있다고 제안하였다. 이것은 이 책에서 더 충분히 발전될 것이다.26)

지난 50년간 신학자들과 학자들이 LGBT 사람들을 위해 죄와 은혜를 다시 상상하는 이런 노력에도 불구하고, 죄와 은혜 교리에 대한 지속적인 성찰이 별로 없었다. 즉, 지금까지 LGBT 신학자들은 페미니스트, 우머니스트 및 다른 유색인 여성 신학자들이 1950년대 이래 연구한 것과 같은 방식으로 죄와 은혜에 대해 급진적으로 새로운 사고방식을 제시하지 않았다. 이 여성 신학자들은 죄와 은혜에 대한 신학 담론에서 코페르니쿠스적인 변화를 일으켰다. 밸러리 세이빙은 여성의 죄를 '자기의 저개발 또는 부정(underdevelopment or negation of self)'으로 정의했으며,27) 주딧 플래스코는 니버와 틸리히의 죄와 은혜 개념을 비판했고,28) 메리 데일리는 죄를 여성이 '자기 파괴에 공모(complicity in self-destruction)'하는 것으로 정의했고,29) 로즈매리 류터는 죄를 성차별로 정의했고,30)

---

24) 쳉, 『급진적인 사랑』, 125.

25) 쳉, 『급진적인 사랑』, 121.

26) Cheng, "Rethinking Sin and Grace"를 보라.

27) Valerie Saiving, "The Human Situation: A Feminine View," *Journal of Religion* 40, no. 2 (April 1960): 109.

28) Judith Plaskow, *Sex, Sin, and Grace: Women's Experience And The Theologies of Reinhold Niebuhr And Paul Tillich* (Washington, DC: University Press of America, 1980).

29) Mary Daly, *Beyond the God the Father: Toward a Philosophy of*

수잔 티슬스웨잇은 죄를 백인 여성이 '다름의 경계를 존중하지 않고 흑인 여성과 무비판적으로 연대하려는' 욕망이라고 정의했고,31) 들로리스 윌리엄스는 죄를 흑인 여성의 몸을 더럽히는 것으로 정의했고,32) 서린 존스는 페미니스트 이론을 써서 죄와 은혜라는 고전 개념을 재고했고,33) 콱퓰란은 후기식민주의 이론을 써서 같은 작업을 했다.34)

4. 범죄에서 그리스도로 이동하기

나는 이 책에서 범죄에 기초한 죄와 은혜의 모델, 즉 죄를 하나님에 대한 범죄(a crime)로 이해하고 은혜를 하나님에 의한 면죄(acquittal)와 회복(rehabilitation)으로 이해하는 것으로부터, 그리스도 중심적인 죄와 은혜의 모델로 이동할 것을 제안한다. 그리스도 중심적인 죄와 은혜의 모델에서 죄는 미성숙(immaturity)으로 이해되고, 은혜는 신화(deification,

---

Women's Liberation (Boston; Beacon Press, 1973), 51.

30) Rosemary Radford Ruether, *Sexism and God-Talk: Toward a Feminist Theology* (Boston; Beacon Press, 1983), 173-83.

31) Susan Brooks Thistlethwaite, *Sex, Race, and God: Christian Feminism in Black and White* (New York: Crossroad, 1989), 86. 타락과 이상한 세계에 대한 최근 성찰에 대해서는 Susan Brooks Thistlethwaite, *Dreaming of Eden: American Religion and Politics in a Wired World* (New York: Palgrave Macmillan, 2010)을 보라.

32) Delores Williams, "Sin, Nature, and Black Women's Bodies," in *Ecofeminism and the Sacred*, ed. Carol J. Adams (New York: Continuum, 1993), 29.

33) Serene Jones, *Feminist Theory and Christian Theology* (Minneapolis, MN: Fortress Press, 2000), 94-125.

34) Kwok Pui-Lan, *Postcolonial Imagination and Feminist Theology* (Louisville, KY: Westminster John Knox Press, 2005), 145-46.

즉 성령을 통해 그리스도의 인격 안에서 하나님처럼 되는 것)로 이해된다.35)

지난 몇 십 년간 많은 LGBT 신학자들은 퀴어 그리스도에 대해 저술했다. 즉, 그들은, 다른 정체성 집단의 신학자들이 흑인 그리스도, 페미니스트 그리스도, 아시아 그리스도 및 다른 상황적 그리스도들에 대해 저술한 것과 같은 방식으로 "너희는 나를 누구라고 하느냐?"라는 예수의 질문에 대답했다.36) 그래서 LGBT 사람들을 위한 그리스도 중심적인 죄와 은혜의 모델로 이동하는 것이 중요하게 암시하는 것은, 퀴어 그리스도를 죄와 은혜에 대한 사고의 중심에 두는 것이다. 달리 말해서, 죄와 은혜 둘 다 퀴어 그리스도의 관점에서 정의된다. 우리의 초점을 범죄에 기초한 모델에서 그리스도 중심적인 모델로 이동함으로써 우리 자신은 죄의 자리에서 하나님의 놀라운 은혜의 자리로 이동한다. 즉, 우리는 두려움과 죄책감에 시달리는 대신에, 우리의 삶의 모델을 퀴어 그리스도에 두고자 한다. 이는 우리 삶이 궁극적으로 향하는 끝이다.

---

35) 나는 범죄에 기초한 모델에서 그리스도 중심적인 모델로 이동하자고 주장할 때 이 두 모델이 서로 배타적이거나 이분법적 반대라고 주장하는 것이 아니다. 이 두 모델이 죄와 은혜에 대해 생각하는 유일한 길이라고 주장하는 것도 아니다. 예를 들어, 죄와 은혜는 '법정에서 빌려온 논리가 아니라 그 자체의 제의 논리'를 가진 희생제의의 맥락 안에서 이해될 수 있다. Mike Higton, *Christian Doctrine* (London: SCM Press, 2008), 276. 내 주장은 범죄에 기초한 모델이 죄와 은혜에 대한 서구 크리스천 담론이 수행한, 그리고 계속해서 수행하는 지배적인 역할에 대한 비판에 뿌리를 둔다.

36) 다양한 퀴어 그리스도론에 대한 개관으로는 Cheng, 『급진적인 사랑』, 133-45을 보라.

학습을 위한 질문

1. '죄'와 '은혜'라는 용어에 대해 어떻게 느끼는가? 날마다의 삶 속에서 사용하는 용어인가?
2. 왜 LGBT 사람들이나 여타 사람들이 '죄'와 '은혜'에 대한 언어를 회피한다고 생각하는가?
3. LGBT 사람들이나 여타 사람들에게 '죄'와 '은혜'에 대한 침묵을 깨는 것이 왜 중요한지 네 가지 이유를 말해보라. 이 이유가 설득력이 있다고 보는가? 왜 그렇거나 그렇지 않은가?
4. LGBT 신학자들과 지지자들은 죄와 은혜의 문제를 1960년대 이래 어떻게 다루어왔는가? 왜 이 교리에 대한 지속적인 성찰이 오늘날까지 상대적으로 적다고 보는가?
5. 범죄에 기초한 죄와 은혜의 모델에서 그리스도 중심적인 모델로 이동하는 것에 대해 어떻게 느끼는가? 이것이 죄와 은혜에 대해 생각하는 방식을 상당히 바꾸는가?
6. 이 책의 목차를 점검하라. 책의 제2부에서 퀴어 그리스도에 대한 어떤 장이 가장 흥미로운가? 가장 덜 흥미로운 장은?

심화 학습을 위한 자료

침묵을 깨기
Sprinkle, *Unfinished Lives*
Taylor, *Speaking of Sin*

죄와 은혜를 다시 상상하기
쳉, 『급진적인 사랑』, 120-32
Cheng, "Rethinking Sin and Grace"
Jakobsen and Pellegrini, *Love the Sin*
Kamitsuka, *Feminist Theology and the Challenge of Difference*
Lowe, "Sin from a Queer, Lutheran Perspective"
Rees, *The Romance of Innocent Sexuality*
Stuart, "Salvation,"
Williams, *Just as I Am*
Wood, *Christ and the Homosexual*

퀴어이론
쳉, 『급진적인 사랑』, 32-35.
Wilchins, *Queer Theory, Gender Theory*
Wilcos, "Queer Theology and te Study of Religion"

죄, 은혜, 페미니스트 신학
Daly, *Beyond the God the Father*
Jones, *Feminist Theory and Christian Theology*
Kwok Pui-Lan, *Postcolonial Imagination and Feminist Theology*
Plaskow, *Sex, Sin, and Grace*
Ruether, *Sexism and God-Talk*
Saiving, "The Human Situation"
Thistlethwaite, *Sex, Race, and God*
Williams, "Sin, Nature, and Black Women's Bodies"

2장

죄와 은혜에 대한 기본 이해

나는 퀴어 신학자로서, 종교 우파와 그들의 동성애 혐오 활동을 감시하는 LGBT 활동가들의 소식지를 구독한다. 달아오른 '문화 전쟁' 논쟁에 대해 계속 읽으며 알아챈 한 가지는, 죄와 은혜라는 복잡한 교리가 특히 섹슈얼리티와 젠더 정체성 문제라는 맥락에서 양쪽, 즉 반LGBT와 친LGBT 사람들에 의해 종종 지나치게 단순화되고 왜곡된다는 점이다. 다시 말해서, 양쪽은 죄를 하나님의 법, 즉 거의 항상 섹슈얼리티 문제에 제한되고, 성서에서 하나님이 반포하신 것이고, 무엇이 죄이고 아닌지에 대한 공식 명단을 포함하는 법에 대한 침범으로 보는 경향이 있다. 다른 한편으로, 은혜는 사람들이 죄에서 돌아서고, 하나님의 법을 앞으로 범하지 않도록 돕는 힘 또는 용기라는 선물로 이해된다. 종교 우파와 세속 좌파 둘 다 죄와 은혜에 대한 이런 정의를 질문 없이 받아들이는 듯하다.

나는 이 장에서 죄와 은혜에 대해 좀 더 다른 뉘앙스를 지닌 관점을 제시하고자 한다. 특별히 나는 어떻게 죄와 은혜의 교리가 넓은 크리스천 신학 전통에서 이해되어왔는지 서술하는 간략한 입문을 제시하고자 한다. 예를 들면, 가장 죄 많은 행위는 섹슈얼리티나 젠더 정체성 문제와 무관하다. 더욱이 죄는 전통적으로 행동이 아니라 상태로 이해되어왔다. 실상 죄에 대해 생각하는 많은 방식이 있다. 성서 자체 내에서도 그렇고, 특별히 현대 신학 영역에서 그러하다. 나는 이 입문에서 논의되는 모든 신학 입장과 동의하지 않을 수 있지만, 신학 전통이 죄와 은혜에 대해 말한 것이 무엇인지 우리 모두가 분명히 같은 이해를 갖는 것이 중요하다고 생각한다. 그런 교리의 기초를 이해하고 난 다음에야 우리는 LGBT 상황과 관련해서 이 교리들을 다시 생각할 수 있다.1)

1. 죄

죄는 가장 간단히 정의하면 하나님으로부터의 분리(separation)이다. 우리가 언쟁이나 다툼으로 인해 감정적으로나 물리적으로 사랑하는 사람으로부터 분리되는 것과 같은 방식으로, 죄는 하나님으로부터의 분리 또는 소외로 이해될 수 있다. 예를 들어, 가끔 나의 남편 마이클과 나는 둘 사이의 언쟁이나 오해 때문에 감정적으로 분리된다. 또 다른 경우에는 일과 관련된 출장 때문에 물리적으로 분리된다. 두 경우에 나는 우리가 다시 연합하기 전까지 분리와 상실의 아픔을 느낀다. 이 분리의 아픈 느낌은 죄의 상태에 있는 것이 무슨 의미인지 보여주는 창이 될 수 있다.

---

1) 죄와 은혜의 교리가 크리스천 신학 전통에서 어떻게 전개되었는지에 대한 간략한 개관에 대해서는 Louis Berkhof, *The History of Christian Doctrines* (Carlisle, PA: Banner of Truth Trust, 1937), 125-61; Bernhard Lohse, *A Short History of Christian Doctrine: From the First Century to the Present*, rev. American ed. (Philadelphia, PA: Fortress Press, 1985), 100-31 을 보라.

나는 어린 소년일 때 교회를 사랑했고 사제 말고는 되고 싶은 것이 없었다. 동네의 다른 어린이들이 경찰과 강도 놀이를 할 때 나는 엄마의 부엌에서 빵과 포도 주스로 성만찬 놀이를 했다. 청소년 때는 내가 게이라는 것을 깨달았고, 교회가 나의 섹슈얼리티 때문에 나를 거부한다는 것을 알았다. 이것은 나에게 강한 분노와 슬픔을 불러일으켰고, 교회와 그리스도교와 종교까지도 멀어지게 했다. 하나님은 나와 항상 함께 계셨고 나를 버린 적이 없다는 것을 지금은 알고 있지만, 믿음으로 돌아오기 전까지 여러 해를 세속적 광야에서 보냈다. 나는 크리스천이고 게이인 것을 화해시킬 수 없었기 때문에 하나님에게 등을 돌림으로써, 스스로를 자발적으로 하나님으로부터 분리시켰다. 나는 죄의 현실을 하나님으로부터의 분리로서 경험하고 있었다.

나는 이 장에서 죄에 관한 세 가지 주요 주제에 대해 논의할 것이다. 첫째로 나는 우리가 하나님으로부터 자신을 분리시키는 개인적인 행위, 즉 실제 죄(actual sins)에 대해 논의할 것이다. 둘째로, 나는 우리를 계속 하나님으로부터 분리시키는 물려받은 죄의 상태, 즉 원죄(original sins)에 대해 논의할 것이다. 셋째로, 나는 현대 신학의 상황에서 나온 죄의 재고(rethinking of sin)에 대해 논의할 것이다.

(1) 실제 죄: 섹스 이상의 죄

우리 대부분은 '죄'라는 말을 들을 때 보통 마음에 떠오르는 것은 실제 죄이다. 실제 죄는 우리가 하나님으로부터 자신을 분리시키는 개인적인 행위로서 절도, 거짓말, 살인과 같은 것이다. 더욱이 실제 죄에 대한 어떤 논의에서든 종종 먼저 마음에 떠오르는 것은, 전통적으로 동성애 또는 젠더 베리언트 행위를 포함하는 성적인 죄이다. 죄와 섹스를 강하게 연결하는 것은 다양한 많은 종류의 실제 죄를 종종 덮는 경향이 있다.

사실상 실제 죄는 그저 성적인 행위 그 이상과 훨씬 더 연관되어 있다. 이것은 명백한 요점인 듯하지만, 얼마나 자주 대중의 상상에서 죄가 성적인 행위, 특히 비출산적인 성적인 행위에 제한되어 있는지가 놀랍다. 비록 성서에는 31,000 구절 이상이 들어있지만 최근 몇 십 년간 크리스천 공동체들은 LGBT 사람들과 관계가 있다는 불과 6개의 구절(즉, 성서 전체의 0.02%)의 뜻에 대해 논쟁하느라 무수한 시간을 보냈다.

예를 들어, 성서에서 약 24개인 '악과 덕(vice and virtue)'의 목록을 살펴보자. 이 목록에서 죄라고 여겨지는 것의 상당수는 성적인 행위가 아니고, 절도, 거짓말, 우상숭배, 과부와 고아와 같은 가난한 사람들을 착취하는 것 등이다.2) 전통적인 죄의 다른 목록도 마찬가지이다. 십계명의 대부분은, 예를 들어 다신 숭배, 주의 이름을 헛되이 부르기, 안식일을 지키지 않는 것, 부모를 공경하지 않는 것, 살인, 절도, 거짓 증인, 이웃의 물건을 탐내는 것 등, 비성적인 죄에 초점이 맞추어져 있다.3) 마찬가지로, 7가지 치명적인 죄 중에서 하나를 제외하고, 예를 들어 나태, 질투, 탐식, 탐욕, 분노, 교만의 죄가 모두 본질상 성적인 죄가 아니다.4)

---

2) 이들 악과 덕의 완전한 목록에 대해서는 William J. Webb, *Women and Homosexuals: Explaining the Hermeneutics of Cultural Analysis* (Downers Grove, IL: InterVarsity Press, 2001), 192-94.

3) 즉, *Catechism of the Catholic Church*, §2331-2400, 560-76을 보라.

4) 물론 한 가지 예외는 정욕이다. 7가지 죄악에 대한 현대 논의로는 Aviad Kleinberg, *Seven Deadly Sins: A Very Partial List* (Cambridge, MA:

요약하면, '죄'라는 말을 들을 때 섹스가 종종 마음에 처음 떠오르지만, 십계명과 7가지 치명적인 죄와 같은 실제 죄의 전통적인 명단은 죄가 사실상 섹스보다 훨씬 많은 것을 포함한다는 것을 보여준다. 죄가 대중의 상상에서 섹스와 그토록 얽히게 된 이유 중 하나는 원죄 교리 또는 물려받은 죄 개념인데, 이제 우리가 다룰 주제이다.

(2) 원죄: 행위만이 아니라 상태도

우리는 죄가 하나님에게서 우리를 분리시키는 개인의 행위로 이루어져 있다는 것을 살펴보았다. 그러나 죄는 그런 행위에만 제한되지 않는다. 신학 전통에 의하면, 죄는 상태(a condition)이기도 하다. 이 상태를 원죄라고 하는데, 이것은 5세기 초에 북아프리카의 신학자인 히포의 아우구스티누스가 가장 강력하게 주장하였다. 원죄 교리에 의하면, 우리는 모두 우리 최초의 부모인 아담과 이브의 죄된 상태를 물려받았다. 즉, 원죄는 세대마다 성적인 행위를 통해 전해지는 상태다. 이것은 마치 우리가 원죄로 모두 '감염되는' 것과 같다. 비록 실제 죄가 원죄의 결과로 생겨날 수 있지만, 원죄는 그 자체로 상태이고 행위가 아니다.[5]

아우구스티누스에 의하면, 아담과 이브가 에덴동산에서 불순종한 결과로 우리 모두가 원죄의 벌을 받는다. 창세기 3장에는 아담과 이브가 선악의 지식나무 열매를 먹어서 하나님께 불순종한 이야기가 나온다. 이브

Belknap Press, 2008)을 보라.

[5] 초대교회에서 원죄 개념이 어떻게 발전되었는지를 개괄한 것으로는 Elain Pagels, *Adam, Eve, and the Serpent: Sex and Politics in the Early Christianity* (New York: Vintage Books, 1988)을 보라.

는 뱀에게 속아 열매를 먹었다. 뱀은 이브가 열매를 먹으면 '하나님처럼, 선과 악을 알게' 된다고 말했다.6) 이브는 아담에게도 열매를 주었다. 이 불순종의 결과로 인해 하나님은 아담과 이브에게 죽음을 포함하는 여러 벌을 내리시고 에덴동산에서 그들을 쫓아내셨다.7)

그러나 아담과 이브만 하나님이 내리신 벌의 영향을 받는 것이 아니었다. 아우구스티누스는 아담과 이브의 죄된 상태가 성관계를 통해 뒤따라오는 모든 세대에 전해졌다고 주장했다. 이것은 아우구스티누스가 로마서 5장을 (잘못) 읽은 결과였다. 로마서 5:12에서 바울은 이렇게 쓴다. "그러므로 한 사람으로 말미암아 죄가 세상에 들어왔고, 또 그 죄로 말미암아 죽음이 들어온 것과 같이, 모든 사람이 죄를 지었기 때문에 죽음이 모든 사람에게 이르게 되었습니다."8) 그러나 아우구스티누스는 원래 그리스어를 잘못 번역한 라틴어 역본에 의존하였다. "모든 사람이 죄를 지었기 때문에(그리스어로 *eph hō*)"라는 문구가 "그 안에서(in whom) 모든 사람이 죄를 지었다"로 번역되었던 것이다. 이 오역의 결과로 아우구스티누스는 우리가 모두 아담 '안에서' 죄를 지었다고 주장했다. 즉, 그의 죄가 성관계를 통해 뒤따라오는 모든 세대에 전해졌기 때문에 우리가 모두 아담 '안에서' 죄를 지었다는 것이다. (이것은 왜 예수 그리스도가 죄 없이 태어났는지를 설명한다. 즉 그가 동정녀에게서 태어났기 때문에 인간의 정액으로 '오염되지' 않았다.)

---

6) 창 3:5.
7) 창 3장.
8) 롬 5:12(강조 추가).

아우구스티누스는 『줄리안에 반대해서』에서 유아도 '악마의 힘 아래' 있다고 쓰는데, 부모의 '육욕(concupiscence),' 즉 성적인 욕망의 결과로 태어나기 때문이다. 아우구스티누스에게 성적인 기관은 "정욕이 이성보다 그들을 움직이는 힘이 더 강하기 때문에" 악하다.9) 즉 아담과 이브가 금단의 열매를 먹음으로써 하나님께 불순종한 것과 같이, (남성의) 성적 기관은 인간의 이성에 불순종한다. 어떤 때는 그것이 우리가 원하지 않는데도 활동하고, 또 어떤 때는 우리가 원하는데도 활동하지 않는다. 사실 아우구스티누스는 아담과 이브가 타락 전에는 아무런 정욕 없이 (즉, '차분한 행위'로) 출산할 수 있었다고 믿었다. 우리가 몸의 다른 기관을 마음대로 움직일 수 있듯이 말이다!10)

원죄에 대한 아우구스티누스의 주장이 영국의 수도사 펠라기우스와 그의 제자들과의 신학적 논쟁이라는 큰 맥락에서 나왔다는 사실을 이해하는 것이 중요하다. 펠라기우스는 우리 인간 존재가 행위를 통해 구원을 얻을 수 있다고 주장했다. 즉, 우리는 하나님의 계명을 따를 능력이 있고 그래서 구원받을 수 있다는 것이다. 이런 입장이 하나님의 주권을 약화시킬 것이라고 염려한 아우구스티누스는 인간 존재가 자신을 구원할 수 있는 길은 없다고 응답했다. 우리 모두가 첫 부모의 원죄로 오염되었기 때문이다.

---

9) Augustine of Hippo, *Against Julian* 4.4.34 in *St. Augustine on Marriage and Sexuality*, ed. Eizabeth Clark (Washington, DC: Catholic University Press of America, 1996), 91.

10) Augustine, *Against Julian* 4.5.35 in Clark, *St. Augustine on Marriage and Sexuality*, 91-92.

아우구스티누스는 궁극적으로 논쟁에서 이겼고 펠라기우스는 이단으로 탄핵되었다. 그러나 아우구스티누스가 원죄를 주장한 결과로 그리스도교는 인간의 섹슈얼리티에 대해 극도로 부정적인 관점을 물려받았다. 아우구스티누스는 주장하기를, 성관계를 유일하게 구원하는 은총은 결혼이라는 맥락에서의 출산이다. 그래서 그렇게 많은 크리스천이 오늘날까지 동성애 행위처럼 출산이 없는 성관계에 반대한다. 출산이 없는 성관계는 성관계를 '좋게' 만드는 유일한 근거를 없애기 때문이다. 더욱이 아우구스티누스의 원죄 주장은 유아세례를 정당화했는데, 세례는 (욕정과 같은 원죄의 영향이 아니라) 원죄의 죄책을 씻어내는 데 필수적이었다.

전통적인 원죄 교리에 의하면, 우리는 모두 원죄로 감염된다. 그와 같이 우리는 모두 하나님과 이웃을 향하는 것과는 반대로, 자신을 향해 안으로 굽어 있다(*incurvatus in se*).[11] 이것은 곧 우리가 실제 죄를 범할 성향이 있다는 것을 뜻한다. 그렇지만 우리가 모두 원죄로 오염되어 있다고 해서 더 이상 자유의지가 없다는 뜻은 아니다. 우리는 여전히 특정 행위를 하거나 하지 않을 결정을 내릴 능력이 있다. (불행히도 원죄의 오염은 불가피하게 우리가 잘못된 선택을 원하게 만드는 결과를 초래한다.) 그래서 우리는 여전히 죄 많은 행위들에 대해 책임이 있다.[12]

---

[11] *Incurvatus in se*(자신을 향해 굽는 것)에 대한 논의로는 Matt Jenson, *The Gravity of Sin: Augustine, Luther, and Barth on* Homo Incurvatus in Se (London: T&T Clark, 2006)을 보라.

[12] 원죄에 대한 개신교와 로마 가톨릭의 논의 중 상당 부분은 타락 때 잃은 것의 본질과 정도와 연관되어 있다. 일반적으로 로마 가톨릭은 인간의 본성 및 인간이 하나님의 은혜와 협동할 능력에 대해 더 낙관적인 관점을 갖는 경향이 있다.

많은 사람들은 특히 섹슈얼리티와 생식(자녀 출산)에 대한 계몽주의 이후의 과학적 이해라는 관점에서 아우구스티누스의 원죄 신학을 이해하기 어렵다고 생각한다. 그러나 현대적 관점에서 원죄를 이해하는 한 가지 가능한 방식은 찰스 다윈의 진화론을 통해 이해하는 것이다. 우리가 살펴본 대로, 원죄는 이기심 또는 '자신을 향해 굽는 것'이라는 본질적 상태로 이해할 수 있다. 이 이기심의 상태가 적자생존을 향한 유전적 성향이고, 이 성향이 번식 행위를 통해 모든 세대로 전해진다면 어떨 것인가? 이 관점에서는 원죄를 진화와 자연 선택이라는 관점에서 이해할 수 있다. 내가 이 견해에 반드시 동의하는 것은 아니지만, 이것은 원죄와 과학에 대해 몇 가지 흥미로운 질문을 제기한다.[13]

원죄에 대한 우리의 강한 매혹은 오늘날에도 계속된다. 1990년대 중반 이래, 많은 학자들이 원죄에 대해 저술했다. 그런 책으로는 헨리 블로커의 『원죄』,[14] 앤드류 핀스투언의 『원죄와 일상의 개신교인』,[15] 앨런 제이콥스의 『원죄』,[16] 이안 맥파랜드의 『아담의 타락 안에서』,[17] 마거릿 슈스터의 『타락과 죄』,[18] 그리고 태타 와일리의 『원죄』가 있다.[19] 이런

---

[13] 마조리 수하키는 원죄와 폭력에 대한 책에서 인간과 동물의 행동에 대한 많은 과학적 연구를 인용하며, "공격 본능이 우리의 진화 역사에서 나온다"는 '강한 암시'가 있다고 한다. Marjorie Hewitt Suchocki, *The Fall to Violence: Original Sin in Relational Theology* (New York: Continuum, 1994), 93.

[14] Henri Blocher, *Original Sin: Illuminating the Riddle* (Downer's Grove, IL: Intervasity Press, 1997).

[15] Finstuen, *Original Sin and Everyday Protestants*.

[16] Alan Jacobs, *Original Sin: A Cultural History* (New York: HarperOne, 2008).

[17] Ian A. McFarland, *In Adam's Fall: A Meditation on the Christian Doctrine of Original Sin* (Malden, MA: Wiley-Blackwell, 2010).

책들은 신학자들과 종교학자들이 원죄 교리에 대해 계속 흥미와 매혹을 느낀다는 것을 보여준다.

원죄와 LGBT 사람들에 대해 마지막으로 말할 것이 하나 있다. 많은 LGBT 사람들은 원죄 교리를 거부했다. 한편으로 원죄와 다른 한편으로 성적인 지향 또는 젠더 정체성 사이를 종종 비교했기 때문이다. 즉, 일부 반LGBT 사람들은, 원죄라는 '이상이 있는(disordered)' 상태처럼, LGBT 사람들이 동성애 또는 젠더 베리언트 행위를 향한 '이상이 있는' 지향이 있다고 주장했다. 달리 말해서, 이 모든 상태는 '이상이 있는' 상태이고 또한 하나님의 뜻에 반한다는 것이다.

이런 식의 주장과 관련해서 나는 이성애 역시 동성애만큼이나 많이 '이상이 있는' 상태일 수 있다고 대답할 것이다. 즉, 이성애는 쉽게 우상이 될 수 있고, '가족의 가치'는 하나님을 대체할 수 있다.[20] 예를 들어, 가족연구회, 미국가족협회, 결혼을 위한 전국기구와 같은 단체는 이성애 성관계의 우월성(the primacy of heterosexual intercourse)에 너무 고정된 나머지 낯선 이들을 환영한다는 관점에서 '우리 중 가장 작은 자'를 돌보라는 복음의 명령을 듣지 못하는 듯하다.[21] 여기서의 낯선 이들은 오늘

---

18) Marguerite Shuster, *The Fall and Sin: What We Have Become as Sinners* (Grand Rapids, MI: William B. Eerdmans Publishing, 2004).

19) Tatha Wiley, *Original Sin: Origins, Developments, Contemporary Meanings* (New York: Paulist Press, 2002).

20) 제프리 리스는 출산을 '부활 약속에 대한 대체 만족'으로서 고정하는 것을 우상으로 비판할 수 있다고 쓴다. 즉 '필멸의(mortal) 출산을 통해 필멸의 자아를 우상적으로 축하하는 것'은 이성 및 동성 부부에게 모두 해당되는 '우상의 한 형태'이다. Geoffrey Rees, *The Romance of Innocent Sexuality*, 122.

21) 마 25:31-46. Patrick. S. Cheng, "The Values Voter Summit and the

날 흔히 LGBT 사람들이다. 이들 단체는, 성서가 말하는 바, 궁극적으로 우리 신체의 몸은 종말론적 상태에서 변화될 것이고, 젠더와 결혼이 종국에는 아무 의미도 갖지 못한다는 것을 못 보는 듯하다.22) 그래서 이성애 역시 우리의 진정한 종말론적 목표인 하나님에게서 우리의 주의를 딴 데로 돌리게 할 수 있다.23)

3. 죄를 다시 생각하기: 고대와 현대의 많은 방식

그리스도교 역사 전체를 볼 때, 죄에 대해 다르게 생각하는 많은 방식이 있었다. 많은 사람들은 죄에 대해 하나의 '공식적인' 정의만이 있고, 따라서 하나의 '공식적인' 죄 명단이 있다고 생각한다. 이것은 사실이 아니다. 게리 앤더슨의 『죄』,24) 존 포트맨의 『죄의 역사』,25) 데이빗 스미스의 『고집스런 의도를 가지고』,26) 올리버 탐슨의 『죄의 역사』27)를 포함

Idolatry of 'Family Values,'" *Huffington Post* (October 13, 2011)을 보라. http://www.huffingtonpost.com/rev-patrick-s-cheng-phd/values-voter-summit_b1003623.html(2011년 12월 11일 접속).

22) 고전 15:51-54; 마 12:25.

23) 이성애가 어떻게 궁극적 종말로부터 우리의 주의를 딴 데로 돌리게 할 수 있는지에 대한 복음주의의 흥미로운 주장에 대해서는 Jenell Williams Paris, *The End of Sexual Identity: Why Sex Is Too Important to Define Who We Are* (Downer's Grove, IL: IVP Books, 2011), 37-54 ("The Trouble with Heterosexuality")를 보라.

24) Anderson, *Sin*.

25) John Portman, *A History of Sin: Its Evolution to Today and Beyond* (Lanham, MD: Rowman and Littlefield Publishers, 2007).

26) David L. Smith, *With Willful Intent: A Theology of Sin* (Wheaton, IL: BridgePoint Books, 1993).

하여 죄의 역사에 대한 최근의 많은 책은, 죄 개념이 2천 년 그리스도교 역사에 걸쳐 상당히 진화했다는 것을 보여주었다.

예를 들면, 성서 자체 안에서도 죄에 대해 여러 정의가 있다. 가령, 히브리성서만 보아도 죄를 가리키는 말이 50개가 넘는다. 죄를 가리키는 주요 히브리어 세 가지, 하타(*hata'*, 과녁을 놓치다), 페샤(*pesha*, 반역), 아본(*awon*, 도덕적 죄)은 의미와 뉘앙스가 서로 다르다.28) 마찬가지로, 신약성서에서도 죄를 가리키는 말이 여럿이다. 하마르티아(*hamartia*, 과녁을 놓치다), 파랍토마(*paraptōma*, 침해), 파라바시스(*parabasis*, 침범), 파라코에(*parakoē*, 불복종), 아디키아(*adikia*, 불의), 아세베이아(*asebeia*, 불경건), 카키아(*kakia*, 사악함), 포네로스(*ponēros*, 악함), 오페이레테스(*opheiletēs*, 채무자) 등이 있다.29) 이렇게 성서에도 죄에 대해 단일한 명단은커녕 단일한 정의조차 없다.30)

마찬가지로 분류체계, 즉 죄를 열거하고 정리하는 방식이 오랫동안 서로 다르고 많았다. 대 그레고리우스(Gregory the Great, 540-604)가 『욥기의 도덕』(*Morals on the Books of Job*)에서 설명한 일곱 가지 치명적인

---

27) Oliver Thomson, *A History of Sin* (Edinburgh: Canongate Press, 1993).
28) Robin C. Cover, "Sin, Sinners (OT)," in *Anchor Yale Bible Dictionary*, ed. David Noel Freedman (New Haven, CT: Yale University Press, 2008), 6:31-40.
29) E.P. Sanders, "Sin, Sinners (NT)," in *Anchor Yale Bible Dictionary*, 6:40-47. 죄라는 성서 용어에 대한 다른 논의에 대해서는 Millard J. Erickson, *Christian Theology*, 2nd Ed. (Grand Rapids, MI: Baker Books, 1983), 583-95; Smith, *With Willful Intent*, 153-310 을 보라.
30) 성서에서 죄의 다른 많은 모델에 대한 유용한 개관에 대해서는 Mark E. Biddle, *Missing the Mark: Sin and Its Consequences in Biblical Theology* (Nashville, TN: Abingdon Press, 2005)을 보라..

죄, 곧 교만(pride), 질투(envy), 분노(anger), 나태(sloth), 탐욕(greed), 과식(gluttony), 정욕(lust)은 가장 잘 알려진 죄의 분류체계이다.31) 다른 한편으로 토마스 아퀴나스는 『신학대전』에서 죄에 대한 논의를 믿음, 소망, 사랑이라는 세 가지 신학적 덕목과 신중(prudence), 정의(justice), 용기(fortitude), 절제(temperance)라는 네 가지 기본 덕목을 중심으로 구성했다.32) 앞에서 살펴본 바와 같이, 현재 로마 가톨릭교회의 교리문답은 죄에 대한 논의를 십계명을 중심으로 구성한다. 끝으로, 독일의 해방신학자로서 뉴욕 유니온신학대학원 교수를 역임한 도로테 죌레는 정통신학, 진보신학, 해방신학의 범주를 죄에 대해 생각하는 구성 원칙으로 사용했다.33)

현대 신학에도 죄에 대해 생각하는 서로 다른 방식이 많다. 뉴욕 유니온신학대학원에서 가르친 20세기의 위대한 신학자 라인홀드 니버(Reinhold Niebuhr)는 『인간의 본성과 운명』에서 당대 상황에 맞게 아우구스티누스의 원죄 교리를 재해석했다. 니버에게 인간 존재는 (피조물로서) 유한하고, 동시에 (영적인 존재로서) 자기 초월적이다. 우리의 자기 초월 때문에 우리는 우리의 유한성과 우리 존재의 연약함을 볼 수 있다. 이는 우리에게 불안을 가져오고, 그 결과 우리는 사회적, 경제적, 정치적 문제에 관해 거짓된 안전감을 만들기 위해 힘의 교만에 의지한다. 니버의

---

31) 일곱 가지 치명적인 죄에 대한 논으로는 Kleinberg, *Seven Deadly Sins*를 보라.

32) Thomas Aquinas, *Summa Theologiae*, Ia IIae, QQ. 1-170를 보라.

33) Dorothee Sölle, *Thinking About God: An Introduction to Theology* (Harrisburg, PA: Trinity Press International, 1990), 54-67을 보라.

학생이었던 랭든 길키가 묘사했듯이, 니버에 의하면 죄는 '우리의 유한성을 감추고 스스로를 모든 생명의 중심으로 만들어, 하나님의 자리를 차지하려는 불안한 시도'이다.34)

니버 이래로 현대 신학자들은 죄에 대해 생각하는 다양한 모델들을 제시했다. 예를 들면, 전통적으로 죄는 교만이나 과도함(overreaching)에서 나오는 것으로 이해되었다. 그러나 1950년대 이래 밸러리 세이빙과 같은 페미니스트 신학자들은, 여성에게 죄는 실상 숨는 문제 또는 충분히 높게 도달하지 않는 것이라고 주장했다.35) 1960년대 이래 제임스 콘과 구스타보 구티에레즈와 같은 해방신학자들은 죄가 인종적, 정치적, 또는 경제적 억압의 문제라고 주장했다.36) 들로리스 윌리엄스 같은 우머니스트 신학자들은 죄가 흑인 여성의 몸을 더럽힌 것이라고 주장했다.37)

최근 몇 해 동안 신학자들은 죄에 대해 생각하는 다양한 방식을 제안했다. 예를 들면, 노트르담대학교의 성서학자인 개리 앤더슨은 죄의 역사에 대해 저술하면서 빚(debt)이 역사적으로 죄의 주요 은유였다고 주장한다.38) 클레어몬트신학대학원에서 가르친 과정신학자 마조리 수하키는

---

34) Langdon Gilkey, *On Niebuhr: A Theological Study* (Chicago: University of Chicago Press, 2001), 103.

35) Goldstein, "The Human Situation," 100-12.

36) James H. Cone, *A Black Theology of Liberation*, 20th anniversary ed. (Maryknoll, NY: Orbis Books, 1990), 103-09; Gustavo Gutiérrez, *A Theology of Liberation: History, Politics, and Salvation*, trans. and ed. Caridad Inda and John Eagleson, 15th anniversary ed. (Maryknoll, NY: Orbis Books, 1988), 100-05를 보라.

37) Williams, "Sin, Nature, and Black Women's Bodies," 24-29.

38) Gary A. Anderson, *Sin: A History* (New Haven, CT: Yale University Press, 2009)를 보라.

죄의 기저에 있는 뿌리는 폭력 성향(a tendency towards violence)이라고 주장했다.39) 오하이오의 감리교신학대학원의 신학자 린다 머케댄트는 죄를 중독(addiction)으로 볼 수 있다고 주장했다.40) 칼빈신학대학원 총장을 역임한 코넬리우스 플랜팅거는 샬롬의 파손(vandalism of shalom), 영적인 부패(spiritual corruption), 기생충(parasite), 가장(masquerade), 어리석음(folly)을 포함하여 죄에 대한 많은 은유를 담은 종합적인 성무일과서(breviary)를 편찬했다.41)

이 논의의 요점은, 성서적으로나 신학적으로 죄에 대해 생각하는 방식이 많이 있다는 것이다. 죄는 성관계에 관한 것만이 아니다. 어떤 행동인 것만도 아니다. 죄는 획일적이거나 고정된 개념이 아니다. 죄는 하나님으로부터의 분리로서, 많은 형태와 여러 상황에서 죄 스스로를 드러내는 것으로 이해해야 한다.

2. 은혜

은혜는 간단히 정의하면, 우리가 하나님으로부터 한동안 분리된 후 재결합되도록 돕는 하나님의 놀라운 선물이다. LGBT 사람들에게 은혜를 비유하자면 감정적으로나 물리적으로 떨어져 있다가 친구, 연인, 또는

---

39) Suchocki, *The Fall to Violence*를 보라.
40) Linda A. Mercadante, *Victims and Sinners: Spiritual Roots of Addiction and Recovery* (Louisville, KY: Westminster John Knox Press, 1996)를 보라.
41) Cornelius Plantinga, *Not the Way It's Supposed to Be: A Breviary of Sin* (Grand Rapids, MI: William B. Eerdmans Publishing, 1995)를 보라.

가족 구성원과 화해하고 느낀 기쁨과도 같을 것이다. 예를 들어, 나는 마이클과 다투고서 화해한 후 또는 긴 출장에서 돌아온 후에 종종 평화나 안도는 말할 것도 없고 깊은 느낌의 기쁨을 경험한다. 20년에 걸친 우리의 관계 동안 나는 어떤 때는 다른 때보다 화해가 더 오래 걸리거나 화해를 얻기가 어렵다는 것을 알았다. 같은 방식으로, 은혜는 우리의 시간표에 둘 수 있는 것이 아니다. 은혜는 순전히 하나님이 주시는 선물이다.

내 자신의 삶에서 작용하는 은혜를 말하자면, 나는 로마 가톨릭교회를 떠났고 커밍아웃한 후에 세속적인 삶을 살았다. 나는 대학에서 영문학을 전공한 후, 하버드 법학전문대학원에 갔으며, 「법 리뷰」(Law Review) 학술지의 편집자로 선출되었고, 로스앤젤레스에서 연방 항소심 판사의 서기로 일했다. 나는 젊은 변호사로서 월가의 두 법률사무소에서 일하는 것을 포함하여 모든 '맞는' 일을 했다. 나는 20대 중반에 수백만 달러의 연봉을 받았고 외적인 성공의 표식을 다 가졌지만 속으로는 극도로 비어 있었고 만족이 없었다. 나에게 전환점은 어느 날 아침에 일어나, 내 가치관이 무엇인지, 내가 무엇을 하는지 모르겠다고 마이클에게 말한 때였다.

나는 그 즈음에 은혜가 내 삶에서 두 번 돌파한 것을 기억한다. 첫째로, 나는 성공회 월터 라이터 주교가 공개적인 게이 남성에게 안수를 준 것에 대해 교회 재판에서 무죄가 선고되었다는 말을 들었다. 그것은 내가 성공회에 대해 더 배우게 했고 그린위치 빌리지의 필즈의 성누가교회로 가게 했다. 거기서 결국 나는 하나님과 그리스도교 신앙과 다시 사랑에 빠졌다. 둘째로, 나는 유니온신학대학원에서 열리는 성서히브리어 여름 집중수업의 안내문이 거리 모퉁이에 붙은 것을 보았다. 나는 성서 언어에 대해 실상 아무것도 몰랐지만, 어떤 알 수 없는 이유로 그 수업을 택하고 싶은 깊은 열망을 느꼈다. 내가 전혀 몰랐던 것은, 그것이 유니온신학대학원에서 조직신학으로 박사학위를 받기까지 걸린 10년 여정의 출발점이었다는 것이다.

결국 나는 신학을 향한 사랑을 추구하기 위해 내 마음을 따랐지만, 신학자로서 내 직업적 여정이 항상 쉽지는 않았다. 특히 나는 성공이 영적인 관점에서 정의되지 않는 미국 이민자 아시아계 가정에서 자랐다. 내가 이미 법학 학위와 좋은 직업을 가졌는데 왜 신학을 하는지 부모님과 다른 가족 구성원들에게 설명하는 것이 어려웠다. 내가 박사과정을 하는 동안 아버지는 매우 아프셨고 결국 암으로 돌아가셨다. 변호사로서 상근하면서 동시에 전공 시험을 마치고 논문을 쓰고, 중요한 경력 전환을 하는 것은 도전이었다. (이즈음 나는 법률사무소를 떠나 성공회 한 부서의 변호사로 일하고 있었다.) 나는 또한 자식의 책임이라는 느낌과 씨름하고 있었는데, 이 느낌은 중국계 미국인 가정의 큰아들로서 재정적으로 더 실익이 있는 경력에 머물도록 촉구했다. 그러나 하나님의 은혜에 감사하게도 나는 신학 공부에 머무를 수 있었다.

나는 이 책을 쓰면서 성공회신학대학원에서 행복하게 가르치고 퀴어신학에 대해 쓰고 있다. 이것은 20년 전 대학을 졸업할 때 가장 엉뚱한 상상으로도 앞으로 일어날 거라 생각하지 못한 것이었다. 오랜 세월동안 분리되고 멀어진 후에 이렇게 예기치 못하게 하나님과 재결합한 것은 내 삶에서 일하시는 놀라운 은혜의 예이다.

많은 이들에게 은혜는 흐릿한 개념이다. 종종 매우 구체적이고 특정

한 형태를 띠는 죄와는 달리, 은혜는 이해하기 어려운 개념일 수 있다. 지난 몇 십 년 사이에 은혜 교리에 대한 유용한 학문적 작업이 많이 나왔다. 로저 헤이트의 『은혜의 경험과 말』,42) 제임스 카펜터의 『자연과 은혜』,43) 스티븐 더피의 『은혜의 역동성』,44) 존 하든의 『은혜의 역사와 신학』,45) 닐 오미로드의 『창조, 은혜, 그리고 구원』,46) 폴 잘의 『실천 속의 은혜』47)가 그런 저술이다. 다음 부분은 은혜의 세 가지 특정 측면에 초점을 맞춤으로써 은혜의 기본을 추출할 것이다. 첫째, 은혜는 우리를 하나님과 재결합시키는 하나님으로부터의 무료 선물이다. 둘째, 은혜는 우리의 협동을 요구하고, 여기에는 대가가 클 수 있다. 셋째, 은혜는 놀랍고, 예기치 못하고, 경이롭다. 이들 측면을 차례로 점검해보자.

(1) 하나님의 선물로서의 은혜

첫째, 은혜는 우리를 하나님과 재결합시키는 하나님으로부터의 무료 선물이다. 세상에는 하나님의 은혜가 부족하지 않다. 참으로 너무도 풍성

---

42) Roger Haight, *The Experience and Language of Grace* (New York: Paulist Press, 1979).

43) James A. Carpenter, *Nature and Grace: Toward an Integral Perspective* (New York: Crossroad, 1988).

44) Stephen J. Duffy, *The Dynamics of Grace* (Collegeville, MN: Liturgical Press, 1993).

45) John Hardon, *History and Theology of Grace: The Catholic Teaching on Divine Grace* (Ave Maria, FL: Sapientia Press, 2002).

46) Neil Ormerod, *Creation, Grace, and Redemption* (Maryknoll, NY: Orbis Books, 2007).

47) Paul F. M. Zahl, *Grace in Practice: A Theology of Everyday Life* (Grand Rapids, MI: William B. Eerdmans Publishing, 2007).

한 하나님의 은혜는 상대를 차별하지 않고 무한정 사랑을 퍼붓는 것으로 묘사될 수 있다! 하나님의 은혜는 하나님의 무한한 사랑에 기초해 있고, 그러므로 은혜가 끊임없이 피조물 속으로 흘러 들어간다. 그러나 은혜는 열심히 애쓰는 것만으로 얻을 수 있는 것이 아니다. 은혜는 또한 우리가 하나님으로부터 분리되어 있는 한 생겨나게 만들 수 있는 것도 아니다. 우리가 사랑하는 사람들과 분리되어 있을 때는 그들과의 화해를 주도할 수 있지만 하나님과는 전적으로 다른 문제이다. 하나님과의 화해는 우리 스스로 성취할 수 있는 것이 아니다. 우리는 하나님과 재결합되기 위해 하나님의 은혜가 필요하다.

전통신학의 관점에서 볼 때 우리는 모두 원죄에 사로잡혀 있기 때문에 은혜를 얻을 수 없다. 히포의 아우구스티누스가 우리의 첫 부모인 아담과 이브의 불복종 때문에 우리가 모두 원죄로 감염되어 있다고 주장한 것을 기억하라. 이 때문에 우리를 속박하는 원죄의 손아귀에서 벗어날 수 없다. 오직 하나님만이 하나님과 재결합하는 데 필수적인 은혜를 우리에게 주실 수 있다. 우리가 앞에서 보았듯이, 아우구스티누스는 영국 수도사인 펠라기우스와의 격렬한 논쟁의 결과로 원죄와 은혜의 신학을 발전시켰다. 펠라기우스는 인간 존재가 실상 자신의 도덕 훈련으로 구원에 이를 능력이 있다고 주장했다. 아우구스티누스는 우리가 모두 원죄의 속박 아래에 있고 그래서 아무도 하나님의 은혜 없이는 구원에 이를 능력이 없다고 펠라기우스를 반박했다.

많은 영적인 상담자와 신학자는 목회 상황에서의 은혜에 대해 저술했다. 그들은 주장하기를, 어떤 목회 상황에서는 우리 스스로를 치유하기 위해 할 수 있는 것이 없다고 했다. 예를 들어, 정신의학자이자 영적 상담자인 제럴드 메이는 『중독과 은혜』에서 중독을 극복하기 위해 은혜의 도움을 받을 필요에 대해 썼는데, 그렇게 하는 것은 '자율적인 의지력만으로는 불가능'하기 때문이다.48) 풀러신학대학원의 교수인 루이스 스미디스는 『수치심과 은혜』에서 수치심이나 무가치하다는 느낌을 치유하는 데 은혜가 필요하다고 썼다. 스미디스는 수치심의 치유는 '은혜의 영적 경험'으로 시작한다고 적는다.49) 끝으로, 태평양신학대학원(Pacific School of Religion)의 교수인 앤드리아 빌러와 함부르크대학교의 교수인 한스-마틴 굿만은 설교하는 순간에 어떻게 은혜가 구현될 수 있는지에 대해 썼다.50)

우리의 목적을 위해, 은혜는 하나님으로부터의 무료 선물이라는 것을 지적하는 것으로 충분할 것이다. 그리스도교 역사가 진행되는 동안 은혜 신학이 복잡하게 발달되었지만 은혜가 우리 스스로 얻을 수 있는 것이 아니라는 것이 핵심 생각이다. 은혜는 모두 하나님이 하시는 일이다. 우리가 사랑하는 사람과 분리되어 있다가 재결합할 때 기쁨을 경험하는 것과 똑같이 하나님과 재결합할 때 우리는 기쁨을 경험한다.

---

48) Gerald G. May, *Addiction and Grace: Love and Spirituality in the Healing of Addiction* (New York: HarperOne, 2008), 140. Mark R. McMinn, *Sin and Grace in Christian Counselling: An Integrative Paradigm* (Downers Grove, IL: IVP Academic, 2008)도 보라.

49) Lewis B. Smedes, *Shame and Grace: Healing the Shame We Don't Deserve* (New York: HarperSanfrancisco, 993), 105.

50) Andrea Bieler and Hans-Martin Gutmann, *Embodying Grace: Proclaiming Justification in the Real World* (Minneapolis, MN: Fortress Press, 2010)를 보라.

(2) 우리의 값비싼 협동으로서의 은혜

은혜는 하나님으로부터의 무료 선물이지만 우리가 은혜로 변화되어야 한다는 것이 요청된다. 하나님이 끝없이 주시는 은혜는 항상 거기 있어서 받으면 되지만, 그것을 받을지를 결정해야 하는 것은 우리다. 달리 말해서, 은혜는 우리가 하나님과 협동할 것을 요구한다.[51] 그러나 이 협동에는 대가가 있다. 은혜는 우리가 제자로서 그리스도를 따르고 변화될 것을 요구한다. 달리 말해서, 은혜는 우리가 받은 후에 마치 아무것도 변하지 않은 듯이 하나님으로부터 분리된 옛 생활로 돌아가는 것을 의미하지 않는다. 우리가 진정으로 은혜를 경험하기만 하면 우리의 삶은 변화된다. 우리는 더 이상 예전의 우리가 아니다. 그리고 이 변화에는 대가가 있다.

나의 경우, 내가 성공회를 발견하고 조직신학으로 박사과정을 할 때 경험한 은혜의 침입은 내 삶의 철저한 변화와 뒤집어엎기를 가져왔다. 앞

---

[51] 개신교 종교개혁 동안 주요 신학 논쟁은 아르미니우스설, 즉 인간 존재는 구원을 얻기 위해 하나님의 은혜와 협동할 수 있다는 생각에 관한 것이었다. 칼빈주의자들이 볼 때 타락은 그 어떤 선도 행할 인간의 능력을 지워버렸다. 그래서 하나님의 은혜가 없으면 우리는 무력하고, 이는 논리적으로 예정론 교리로 가게 했다. 그러나 아르미니우스설에 의하면, 인간 존재는 하나님과 협동할 수 있다. 비슷하게 로마 가톨릭 신학은, 타락이 아담과 이브에게 주신 하나님의 초자연적인 은혜만을 제거했다고 주장한다. 이 견해에 의하면 인간 존재는 타락 후에 구원을 성취하기 위해 하나님의 은혜와 협동할 자연적인 능력을 여전히 갖고 있다. 제2차 바티칸공의회 이전에 로마 가톨릭교회는 그라티아 하비투알스 산티피칸스(*gratia habituals santificans*, 습관적으로 성화하는 은혜)와 그라티아 프라에베니엔스(*gratia praeveniens*, 선행하는 은혜)와 같은 전문용어를 가진 정교한 은혜 체계가 있었다. 이전 체계에 대한 자세한 묘사로는 Georg Kraus, "Grace," in *Handbook of Catholic Theology*, ed. Wolfgang Beinert and Francis Schüssler Fiorenza (New York: Herder and Herder, 1995), 302-10을 보라.

에서 말한 것처럼, 나는 성공이 어떤 것인지에 대해 매우 세상적인 생각을 가진 이민 첫 세대 중국계 미국인 가정에서 자랐다. 나는 지난 10년에 걸쳐 내 삶이 하나님을 향해 점차 다시 방향을 설정하는 것을 보았다. 나로서는 여생 동안 계속 변호사로 사는 것이 가장 저항이 적은 길이었을 것이다. 그러나 하나님의 은혜가 신학을 추구하도록 내 삶을 헌신하는 더 도전적인 길로 가게끔 옆구리를 찌르셨다고 나는 믿는다. 지금 돌아보면 내가 겪은 모든 변화가 완전히 말이 되지만, 마이클과 나는 사실 내 삶의 매 주요 전환점(가령, 전업으로 신학대학원에 가는 것, 박사과정에 지원하는 것, 교수직에 지원하는 것 등)마다 미래에 대해 상당한 불확실성과 불안을 느꼈다. 은혜는 값비싸다.

값비싼 은혜라는 개념은 독일 목사요 신학자로서 아돌프 히틀러의 암살을 계획한 것 때문에 나찌 정권에 의해 39세에 처형을 당한 디트리히 본회퍼가 가장 분명하게 정리하였다. 본회퍼에 의하면, 은혜가 하나님으로부터의 무료 선물이지만 궁극적으로 값싼 것은 아니다. 하나님의 은혜를 받는 사람들은 그리스도의 제자가 되고 변화되도록 부르심을 받는다. 본회퍼는 은혜의 신학을 『제자도의 대가』(한국에는 『나를 따르라』로 번역됨)에서 제시한다. 그는 이렇게 적는다. "값싼 은혜는 우리 교회의 치명적인 적이다. … 값싼 은혜는 제자도가 없는 은혜요, 십자가가 없는 은혜요, 살아계시고 성육신하신 예수 그리스도가 없는 은혜이다.[52]

매사추세츠 사우스 해밀튼의 고든-콘웰신학대학원 교수인 엘딘 빌라

---

52) Dietrich Bonhoeffer, *The Cost of Discipleship* (New York: Touchstone, 1995), 43-45.

패니는 『값싼 은혜를 넘어서』에서 값비싼 은혜에 대해 썼다. 그는 크리스천 제자도에 관해서, "나한테 너무 요구하지 말라" 또는 "방해하지 말라"와 같은 태도를 거부하는 '철저한 제자도'를 주장한다.53) 빌라패니의 지적에 의하면, 우리는 "편안하고 자기만족을 위해 살라는 대중 매체의 메시지와 이미지"가 항상 퍼붓는 것을 경험한다.54) 비슷하게 존 워커는 『값비싼 은혜』에서, "우리가 미래에 하늘나라의 일을 할 때를 위해, 하나님이 예비해주실 것을 결코 신뢰하지 않고서 401k(직장 연금)를 챙기는 것"을 넘어서 위험을 감수할 필요에 대해 쓴다.55)

아이러니하게도, LGBT 사람들더러 섹슈얼리티나 젠더 정체성을 바꾸라고 요구하는 많은 근본주의적 크리스천은 값비싼 은혜에 대해 선택적 신학을 갖고 있다. 즉, 그들은 예수 그리스도를 자신의 구원자로 받아들인 후에 어떤 식으로는 삶을 변화시키지만(가령, 성 윤리 영역에서), 다른 식으로는 삶을 변화시키지 않는다(가령, 가부장제, 성차별, 동성애 혐오의 체제적 죄에 도전하는 것). 다른 한편으로, LGBT 사람들은 커밍아웃의 은혜를 받고 벽장을 떠날 때 값비싼 은혜를 종종 경험한다. 우리는 많은 LGBT 사람들이 이해할 수 없는 방식으로, 가족, 직장, 그리고 때로 우리의 신체 안전까지 잃는 위험을 감수한다.56)

---

53) Eldin Villafañe, *Beyond Cheap Grace: A Call to Radical Discipleship, Incarnation and Justice* (Grand Rapids, MI: William B. Eerdmans Publishing, 2006), 2.

54) Villafañe, *Beyond Cheap Grace*, xii.

55) Jon Walker, *Costly Grace: A Contemporary View of Dietrich Bonhoeffer's* The Cost of Discipleship (Abilene, TX: Leafwood Publishers, 2010), 29.

56) 동성애 혐오와 트랜스 혐오 때문에 살해당한 LGBT 사람들의 이야기들에 대

(3) 놀라움으로서의 은혜: 놀랍고 예기치 못한

셋째로, 은혜는 놀랍다. 전적으로 은혜는 예측할 수 없고, 놀랍고, 경이롭다. 이 생각은 존 뉴튼의 찬송가 "나 같은 죄인 살리신"에 가장 유명하게 표현되어 있다. "나 같은 죄인 살리신 주 은혜 놀라워 잃었던 생명 찾았고 광명을 얻었네." 뉴튼은 젊은 노예무역상이었는데, 기독교로 개종했고 결국 노예무역을 그만두고 성공회 사제로 안수를 받았다. 그러나 그가 노예폐지주의자가 되고 노예제에 반대하는 입장을 낸 것은 인생의 말년에서였다.57)

뉴튼의 찬송가가 암시하는 메시지는, 노예무역상이 하나님의 은혜의 놀라운 힘으로 성공회 사제가 될 수 있다면 우리 모두가 변화될 수 있다는 것이다. 많은 사람들이 뉴튼의 찬송가 첫 소절에 있는 '죄인(wretch)'이라는 말에 어려움을 느껴 다른 단어로 대체하기도 했다는 점을 지적해야겠다. 가령, "나같은 죄인 살리신"을 "나를 구하고 강하게 하신," "나와 같은 영혼을 구하신," 또는 다른 가사로 바꾸었다.58) 한편으로 나는 LGBT 사람들을 포함하여 그리스도교 때문에 상처를 받은 주변부 사람들을 치유하기 위해 가사를 바꿀 필요가 있다는 면에서 그런 변화에 감사하고 박수를 보낸다. 참으로 나는 여러 해 동안 떠나 있다가 교회에 다시 돌아왔을 때 '죄인'이라는 말을 들을 준비가 되어 있지 않았다. 그러나 나는 또한 '죄인'이 하나님 은혜의 변화시키는 힘이 얼마나 놀랍고 예기

해서는 Sprinkle, *Unfinished Lives*를 보라.
57) 존 뉴튼의 삶의 전기에 대해서는 Bernard Martin, *John Newton: A Biography* (Melbourne: William Heinemann, 1950)을 보라.
58) Shuster, *The Fall and Sin*, 100.

치 못할 수 있는 것인지 보여준다는 면에서 그 말에 감사할 수 있다. 또한 우리 중 일부만이 아니라 우리 모두를 죄인으로 다루는 것에 대해 철저히 평등하게 하는 무언가가 있다. 아이러니하게도 우리가 하나님의 은혜를 경험한 후에야 비로소 지나고 나서 보면 하나님의 은혜가 얼마나 놀랍고, 예기치 못하고, 경이롭고, 뜻밖일 수 있는지 볼 수 있다.

'놀랍다' 또는 '경이롭다'는 뜻의 그리스어 에크플레소(*ekplēssō*)는 신약성서에 13번 나오며, 예수의 치유 능력이나 "가르침에 지지를 보내지 않는 방관자들의 놀라는 반응"을 나타낸다.59) 이 단어는 마리아와 요셉이 성전에서 어린 예수가 교사들과 함께 앉아 있는 것을 발견하고 놀란 것을 묘사하는 데 쓰이고, 사도행전에서 바울이 잠시 눈이 먼 후에 예수 그리스도에 대해 가르칠 때 서기오 바울 총독의 반응을 묘사하는 데 쓰인다.60) 실로 우리는 하나님의 은혜가 바로 예수 그리스도와의 연결 때문에 놀랍다는 것을 신약성서에서 내내 상기하게 된다. 크리스천에게는 예수 그리스도가 하나님 은혜의 궁극적인 표시이다.

크리스천의 길을 걷는 우리에게 은혜는 영적인 재탄생 또는 성장을 위해 하나님으로부터 받는 외적인 '것'(예를 들면, 세례나 성만찬 같은 성례전)만이 아니라, 예수 그리스도 자신이 곧 은혜이다. 예수 그리스도는 말씀이 육신이 되신 분으로서, 우리가 자격이 없는데도 하나님으로부터 받는 궁극적인 선물이다. 성육신하신 말씀의 어머니인 마리아는 예수 그

---

59) Verlyn D. Verbrugge, ed., *New International Dictionary of New Testament Theology*, abridged ed. (Grand Rapids, MI: Zondervan, 2000), 175; 마 1:22, 6:2; 눅 9:43 을 보라.

60) 눅 2:48; 행 13:12.

리스도를 임신했을 때 문자적으로 '충만한 은혜'이다.61) 크리스천에게는 하나님의 은혜가 온전히 계시되는 것이 예수 그리스도의 성육신, 삶, 십자가 처형, 부활을 통해서다. 그래서 크리스천이 은혜의 그리스도 중심적 본성에 대해 이해하지 못한 채 은혜에 대해 말하는 것은 불가능하다. 그리고 앞에서 언급한 바와 같이 '그리스도'를 확장적이며 상징적인 용어로 (예를 들면, 그런 만남이 어디서 일어나든 신과 인간의 교차로서) 이해하는 것이 가능하다고 나는 믿는데, 그래서 종교간 만남에서나 심지어 세속적 상황에서 다른 사람들에게 말할 수 있을 것이다.

많은 대중적 복음주의 크리스천 서적은 하나님의 은혜의 놀라운 본성에 대해 썼다. 필립 얀시의 『은혜가 뭐가 그리 놀라운가?』62)와 마이클 호튼의 『놀라움을 다시 은혜에 넣으면서』 등이 있다.63) 나는 보통 그런 책을 읽지 않지만, 이런 책은 은혜가 어떻게 하나님의 사람들의 삶 속에서 역사하셨는지에 대해 강력한 이야기들을 많이 담고 있다는 점에 감사하다. 예를 들어, 얀시는 가장 친한 친구 중 하나이자 종교 우파의 선두적인 목소리의 대필 작가이자, 1991년 크리스마스 이브에 커밍아웃한 멜 화이트(Mel White)와의 관계에 대해 책에서 한 장 전체를 할애한다. 얀시는 '은혜가 치유한 눈(Grace-Healed Eyes)'이라는 장에서 화이트가 커밍아

---

61) 눅 1:28. 가브리엘 천사는 수태고지 때 마리아를 '은혜를 입은 자,' 케카리토메네로 부르며 인사한다. 이 말은 성모송(Hail Mary) 기도문에서 '충만한 은혜(full of grace)'로 번역된다.

62) Philip Yancey, *What's So Amazing About Grace?* (Grand Rapids, MI: Zondervan, 1997).

63) Michael Horton, *Putting Amazing Back into Grace: Embracing the Heart of the Gospel*, 2nd ed. (Grand Rapids, MI: Baker Books, 2002).

웃할 때 LGBT 사람들, 특히 LGBT 크리스천이 겪는 고충을 더 잘 이해하게 해주었을 뿐만 아니라, "다름이 심각하고 아마 해결할 수도 없을 때에 '다른' 사람들을 향한 나의 태도에 은혜가 어떻게 영향을 미쳐야 하는지에 대한 나의 개념에 강하게 도전했다"고 말했다.64)

나에게 "나 같은 죄인 살리신"이라는 찬송가의 가사는 세금 변호사에서 아시아계 미국인 퀴어활동가로, 영문학 전공자에서 조직신학자로 변한 내 소명의 예기치 못하고, 놀랍고, 경이로운 여정을 묘사한다. '놀라운'이라는 형용사는 크리스천 신앙과 신학에 대한 사랑에 관한 한, 내 삶에 쳐들어온 화해의 은혜의 계속되는 효과를 정확하게 묘사한다.65)

학습을 위한 질문

1. 당신은 죄를 뭐라고 정의하는가? 그 정의는 어릴 때 죄에 대해 배운 것과 다른가? 당신의 종교적 전통 또는 영적 전통은 죄를 어떻게 정의하는가?

2. 왜 죄와 섹슈얼리티 사이에 그렇게 강한 연결이 있다고 생각하는가? 성적인 죄 말고 생각나는 다른 죄는 무엇인가?

---

64) Yancey, *What's So Amazing About Grace?* 163. 멜 와잇의 이야기에 대해 더 보려면, Mel White, *Stranger at the Gate: To Be Gay and Christian in America* (New York: Plume, 1994).

65) 소명의 맥락에서 '놀라움으로서의 은혜'를 논의한 것으로는, L. William Countryman and M.R. Ritley, *Gifted By Otherness: Gay and Lesbian Christians in the Church* (Harrisburg, PA: Morehouse Publishing, 2001), 53-62를 보라.

3. 원죄를 당신 자신의 표현으로 뭐라고 묘사할 것인가? 원죄는 실제 죄와 어떻게 다른가?

4. 이성애가 어떻게 우상일 수 있는가? '가족의 가치'에 과도하게 초점을 맞추는 것은 어떻게 하나님과 우리의 관계를 앗아갈 수 있는가?

5. 이 장에서 논의한 다양한 성서적이고 신학적인 죄의 정의 중 어느 것이 가장 매력이 있는가? 가장 덜 매력적인 것은 무엇인가?

6. 당신은 은혜를 뭐라고 정의하는가? 이 정의는 어릴 때 은혜에 대해 배운 것과 다른가? 당신의 종교 전통 또는 영적 전통은 은혜를 뭐라고 정의하는가?

7. 은혜가 애써서 얻을 수 없는 선물이라는 것은 당신에게 무슨 뜻인가? 은혜에 대한 이런 이해는 중독 또는 수치라는 목회적 맥락에 어떻게 도움이 될까?

8. 하나님의 은혜에 협동할 때의 대가에 어떤 예가 있는가? '철저한 제자도'란 당신에게 무슨 뜻인가?

9. 하나님의 놀라운 은혜가 나의 삶과 내 주변 사람들의 삶 속에서 일하신 방식으로는 무엇이 있는가? 예수 그리스도는 어떻게 은혜 자체로 생각될 수 있는가?

심화 학습을 위한 자료

죄와 은혜의 교리

Berkhof, *The History of Christian Doctrines*, 125-61

Lohse, *A Short History of Christian Doctrines*, 100-31

Sölle, *Thinking About God*, 54-67, 77-94

원죄
Blocher, *Original Sin*
Finstuen, *Original Sin and Everyday Protestants*
Jacobs, *Original Sin*
McFarland, *In Adam's Fall*
Shuster, *The Fall and Sin*
Wiley, *Original Sin*

죄의 역사
Anderson, *Sin*
Nelson, *What's Wrong with Sin?*
Portman, *A History of Sin*
Smith, *With Willful Intent*
Thomson, *A History of Sin*

성서의 죄
Cover, "Sin, Sinners (OT)"
Erickson, *Christian Theology*, 583-95
Sanders, "Sin, Sinners (NT)"
Smith, *With Willful Intent*, 153-310

일곱 가지 치명적인 죄
DeYoung, *Glittering Vices*
Kleinberg, *Seven Deadly Sins*

죄에 대한 현대 신학
Anderson, *Sin*
Ellingsen, *Sin Bravely*

Mercadante, *Victims and Sinners*
Plantinga, *Not the Way It's Supposed to Be*
Suchocki, *The Fall to Violence*

은혜에 대한 개관
Carpenter, *Nature and Grace*
Duffy, *The Dynamics of Grace*
Haight, *The Experience and Language of Grace*
Hardon, *History and Theology of Grace*
Ormerod, *Creation, Grace, and Redemption*
Zahl, *Grace in Practice*

은혜와 목회적 돌봄
Bieler and Gutman, *Embodying Grace*
May, *Addiction and Grace*
Smedes, *Shame and Grace*

값비싼 은혜
Bonhoeffer, *The Cost of Discipleship*
Sprinkle, *Unfinished Lives*
Villafañe, *Beyond Cheap Grace*
Walker, *Costly Grace*

놀라운 은혜
Countryman and Ritley, *Gifted By Otherness*, 53-62
Horton, *Putting Amazing Back into Grace*
Martin, *John Newton*
Yancey, *What's So Amazing About Grace?*

3장

범죄에 기초한 죄와 은혜의 모델

나는 신학대학원 교수가 되기 전에 15년 이상 변호사로 일했다. 범죄와 형벌은 자주 내 머리 속에 있었다. 법학대학원에 다닐 때 나는 형법과 형사소송법 과목을 여럿 들었다. 법학대학원를 마치고 로스앤젤레스에서 연방 항소심재판관 사무실에서 일하면서 연방 형법에 관한 많은 사건은 물론 사형선고와 연관된 항소 사건들을 다루었다. 나는 유죄선고를 받은 죄수의 처형이 예정된 어느 밤에 미국 대법원으로부터 형의 막판 집행유예를 기다리며 회의실에 앉아 있던 때를 결코 잊지 못할 것이다. 그 집행유예는 나오지 않았다. 다른 사람을 벌하고 생명을 앗아가는 형법의 지독한 힘이 그날 밤처럼 내게 그렇게 강력하게 느껴진 적이 없었다.

죄와 은혜에 대한 전통신학은 범죄에 기초한(crime-based) 모델이다. 달리 말해서, 죄는 하나님께 범죄를 범하는 것으로 보여진다. 이 범죄 행동은 영원한 죽음이나 정죄를 포함하는 벌을 받아 마땅하다. 하나님의 은혜에 감사하게도, 특히 예수 그리스도를 통한 희생과 십자가를 통해 우리는 이 범죄를 면죄받는다. 오직 이 은혜의 선물 덕분에 우리는 하나님에 대한 범죄로부터 회복할 수 있다(즉, 더 범죄를 저지르는 것을 삼간다).

범죄에 기초한 죄와 은혜의 모델은, 동성애와 젠더 베리언트 행위에 대해 그리스도교가 다루는 모습보다 더 명백한 예는 없다. 교회사의 상당 부분 동안 그런 행위를 한 사람들은 하나님의 법을 범했다고, 그래서 벌을 받아 마땅하다고 정죄되었다. 사실상, 이 위반은 너무 끔찍하다고 여겨져서, 저지하지 않으면 창세기 19장의 소돔과 고모라 이야기의 경우처럼 그런 행위를 범한 사람들만이 아니라 전체 공동체가 하나님의 집단적인 벌을 촉발할 것이라고 보았다.

범죄에 기초한 죄와 은혜의 모델은 궁극적으로 부적합하며 또한 LGBT 사람들에게는 위험할 수도 있다. 이 장에서 나는 범죄에 기초한 죄와 은혜의 모델에 대해 설명하는 것으로 시작하겠다. 나는 어떻게 죄, 은혜, 속죄(atonement)가 이 모델 안에서 다루어지는지를 묘사할 것이다. 그런 다음 어떻게 동성애와 젠더 베리언트 행위가 하나님에 대한 범죄로 여겨졌는지, 그리고 그런 범죄에 대한 하나님의 집단적인 벌이라는 위협에 대해 다루겠다. 그리고 왜 범죄에 기초한 모델이 문제가 있으며, 왜 LGBT 사람들이 죄와 은혜에 대해 다른 모델을 찾아야 하는지에 대한 여러 이유를 제시하는 것으로 마치겠다.

1. 범죄에 기초한 모델

(1) 범죄로서의 죄

신학적으로 죄(sin)는 전통적으로 하나님에 대한 범죄(a crime)로 여겨졌다. 즉, 죄는 하나님의 신적인 법을 침해하거나 위반한 것으로 이해된다.1) 형법의 경우, 범죄는 주권 또는 국가에 대한 범법으로 이해되고 그래서 사법부는 범법자에게 벌을 내린다(예를 들면, 수감 또는 처형). 범죄의 경우에 개인 희생자 이상의 문제가 관련되어 있으므로 '잘못된 것을 바로잡기' 위해 아무리 많은 금전 배상도 적합하지 않다.2) 비유적으로, 죄가 주권자 하나님에 대한 범죄로 이해되는 정도만큼 죄인의 처벌 또한 필수적이다.

범죄에 기초한 모델은 원죄와 창세기 3장의 해석에 대한 전통신학에서 분명히 볼 수 있다. 즉, 아담과 이브는 선악의 지식나무 열매를 먹지 말라는 하나님의 명령을 받았다. 아담과 이브는 뱀에게 속아 그 열매를 먹어서 하나님의 법을 범한다. 이 범죄로 인해 그들은 벌을 받고, 에덴동산에서 쫓겨나 죽을 운명에 처해진다. 더욱이 하나님은 아담을 중노동에 처하시고, 이브는 출산의 고통을 겪게 하신다.3)

그런데 아담과 이브가 벌을 받을 뿐만 아니라, 모든 자손, 즉 우리도 이 범죄로 벌을 받는다. 우리가 앞에서 본 바와 같이, 원죄의 '감염'은 육

---

1) 예를 들면, Alan Richardson and John Bowden, eds, *The Westminster Dictionary of Christian Theology* (Philadelphia, PA: The Westminster Press, 1983), 539 (죄를 '영원한 법에 거스르는 말, 행위 또는 생각'으로 정의); Erickson, *Christian Theology* (죄를 '하나님의 법을 이루지 못하는 것'으로 정의), 595 를 보라. 나는 크리스천 신학의 역사 내내 죄를 이해하는 여러 방식이 있어 왔다(예를 들어, 제의 또는 희생 모델)는 것을 알고 있다. 그러나 여기서 범죄에 기초한 모델에 초점을 두는데, 이 모델이 서구 크리스천 전통에서 두드러지고 LGBT 사람들에게 파괴적인 영향을 미치기 때문이다.
2) 이와 대조적으로 불법행위법은 불법행위의 희생자에게 배상하도록 고안되어 있다(예를 들면, 불법행위자의 과실로 생긴 신체적인 손상).
3) 일반적으로 창 3:16-19 를 보라.

욕(즉 정욕)과 성적인 행위를 통해 다음 세대로 전해진다. 바로 이런 이유로 크리스천 전통은 섹스가 이성애 결혼에 제한된다고 주장했다. 성적인 행동의 본질적인 악은 오직 결혼 안에서의 출산 가능성 때문에 죄가 없다고 여겨진다.4)

죄가 범죄라는 수사학은 많은 크리스천 신학자의 저술에 나온다. 예를 들면, 히포의 아우구스티누스는 아담의 죄의 결과로 "아담 안에서 모두가 죽는다"고 썼고, "모든 인간 존재는, 말하자면, 하나님의 가장 높은 정의에 벌의 빚을 지고 있는 죄 덩어리이다"고 썼다.5) 마찬가지로 존 칼빈은 "하나님이 그렇게 심하게 벌하신 것이 가벼운 죄가 아니고, 혐오스런 범죄임에 틀림없고," 아담은 "우리를 그의 몰락에 연루시켜서 그와 더불어 우리를 파괴시켰다"고 썼다.6)

범죄에 기초한 죄의 모델에 대해 적어도 법적으로 훈련받은 사람의 관점에서 볼 때 한 가지 이상한 것은, 범의(*mens rea*), 즉 범죄를 저지르는 사람의 범죄 의도라는 본질적인 법리학상의 개념이 아담과 이브 및 그들의 후손에게서 충족되어 보이지 않는다. 즉, 아담과 이브가 뱀한테 속아 열매를 먹은 정도만큼 후손은 범죄 행위를 할 의도가 없었다고 주장

---

4) 흥미롭게도 원죄 교리는 실상 생산적인 이성애 섹스가 동성애 행위보다 더 죄가 된다는 놀라운 결론이 나오게 한다. 전자는 원죄를 다음 세대로 전할 잠재성을 갖는 반면, 후자는 그렇지 않기 때문이다.

5) Augustine of Hippo, *To Simplicianus* 1.2, in *Augustine in His Own Words*, ed. William Harmless (Washington, DC: Catholic University of America Press, 2010), 386-87.

6) John Calvin, *Institutes of the Christian Religion*, II.i.4, 6 in *Institutes of the Christian Religion*, ed. John T. McNeill (Louisville, KY: Westminster John Knox Press, 1960), 1:244, 248.

할 수 있다. 설사 후손이 범죄 의도를 가졌다 할지라도, 생물학적인 전이(biological transmission)를 통해 그저 이 죄를 물려받은 자손, 즉 우리들 모두에게까지 범죄 의도를 귀속시키는 것은 정당하지 않다.

신학자들은 인간 존재가 원죄에도 불구하고 여전히 자유의지를 갖고 있고, 그래서 실제 죄를 지을 수 있다고 주장함으로써 이 점에 전통적으로 대응했다. 즉, 인간 존재는 여전히 주어진 행동을 할지 말지 (예를 들면, 총의 방아쇠를 당길지 말지) 자유로이 결정할 수 있다. 원죄 때문에 잘못된 선택을 할 성향이 있다는 사실에도 불구하고 말이다. 그러나 법적으로 훈련받은 사람으로서 나는 아담과 이브의 죄에서 나온 벌의 심각성(즉, 죽음)을 합리화한다는 면에서 개인적으로 이 자유의지 논의를 매우 설득력이 있다고 생각하지 않는다.

(2) 무죄 선고와 회복(Rehabilitation)으로서의 은혜

죄를 범죄로 이해한다면, 은혜는 면죄, 또는 범죄로부터 무죄라고 선언하는 것이다. 은혜는 하나님으로부터 무료로 공적(merit) 없이 받는 선물로서, 죄인을 하나님 앞에 '정당화된다(justified)'거나 의롭다(righteous)고 선언한다. 히포의 아우구스티누스의 말로 하자면, 원죄가 우리 각 사람 안에 '범죄 본성(criminal nature)'을 만든다는 사실에도 불구하고 하나님은 우리가 받아 마땅한 벌에서 은혜로 우리를 구원하셨다. 아우구스티누스에 의하면, 은혜는 "어린이도 어른도 은혜 없이는 구원받을 수 없는" 그런 것이고 또한 "우리의 공적 때문이 아니라 거저(gratuitously) 주어지며, 이런 이유로 '은혜'라고 부른다."7)

왜 아우구스티누스는 하나님만이 우리를 원죄로부터 무죄 선고를 할 수 있다고 그토록 주장할까? 즉, 왜 하나님의 은혜라는 것만이 무죄 선고를 할까? 아우구스티누스의 원죄 교리가 영국 수도사 펠라기우스와의 논쟁에서 나왔다는 것을 기억하라. 펠라기우스는 인간 존재가 높은 도덕 기준과 완벽주의를 통해 구원을 얻을 능력이 있다고 주장했다. 아우구스티누스에게는 이런 접근방식이 하나님의 주권을 손상시키기 때문에, 우리 모두를 감염시킨 조건으로서 원죄를 주장했을 뿐 아니라 오직 하나님으로부터 올 수 있는 것으로서의 은혜도 주장했다.8)

그런데 은혜는 무죄 선고의 문제만이 아니다. 죄 많은 옛 길로부터 회복(rehabilitation)하는 문제이기도 하다. 달리 말해서, 하나님은 우리에게 은혜의 선물을 주셔서 우리가 '성화되고(sanctified),' 즉 거룩하게 되고, 옛 죄의 생활에서 돌이킬 수 있다. 무죄 선언(정당화된다, 의롭다고 인정된다)은 별도의 사건인 반면, 회복(즉 성화)은 평생 걸리는 과정이다. 형법의 관점에서 볼 때 회복 개념은 처벌 법학의 중요 개념이다. 즉, 벌은 보복, 범죄 저지, 자격 박탈, 회복 등 많은 이유로 철학적으로 정당화될 수 있다. 하나님의 은혜로 우리의 범죄가 무죄 선고를 받았기 때문에 (즉, 우리의 죄책이 씻겨나갔기 때문에), 벌에 대한 대부분의 전통적인 철학적 이유는 더 이상 적용될 수 없다. 그러나 우리는 여전히 장기적으로 보아 우리를 회복시켜줄 하나님의 은혜가 필요하다.9)

---

7) Augustine of Hippo, *On Nature and Grace* 3.3, in Harmless, *Augustine in His Own Words*, 403.
8) 펠라기우스 논쟁에 관한 토론과 본문에 대해서는 Harmless, "Controversies (IV): Against the Pelagians," in *Augustine in His Own Words*, 373-436.

(3) 벌을 대체하는 속죄(Atonement)

끝으로, 죄를 범죄로 보고 은혜를 무죄 선고와 회복으로 본다면, 속죄는 벌의 대체(penal substitution, 형벌의 대속)로 볼 수 있다. 속죄란 어떻게 예수 그리스도의 성육신, 십자가 처형, 부활이 우리가 하나님과 멀어지거나 분리된 것에서부터 화해시키는지(즉 '하나됨'[at-one-ment, 합일]으로 이끄는지)를 묘사하는 크리스쳔 신학의 교리이다. 범죄에 기초한 죄와 은혜의 모델에서 속죄는 제3의 무고한 사람(여기서는 예수 그리스도)이 죄인(곧 인류)이 감당해야 할 벌을 대신 떠맡는 것(즉 형벌의 대속)으로 이해될 수 있다.

비록 속죄에 대해서는 공식 교리가 없으며, 그리고 실상 서로 다른 모델이 많이 있지만10) 속죄에 대한 형벌 대속 모델은 가장 영향력 있는 모델이고, 범죄에 기초한 죄와 은혜의 모델과 일관성이 있다. 속죄에 대한 형벌 대속 이론은 캔터베리의 안셀무스(Anselm)과 유명한 저서, 『왜 하나님이 인간이 되셨나』의 만족이론에 뿌리를 둔다. 안셀무스는 이 책에서 성육신을 정당화하려고 했다. 그는 주장하기를, 타락 때 인간 존재가 하나님에 대해 무한히 엄청난 침해를 범했기 때문에 성육신이 필수적이었고 하나님-인간 형태(곧 예수 그리스도)의 혼종(hybrid) 존재만이 하

---

9) 벌과 회복의 철학 논의에 대해서는 Jeffrie G. Murphy, *Punishment and Rehabilitation*, 3rd ed. (Belmont, CA: Wadsworth Publishing, 1995)을 보라.
10) 이들 모델로는 초대교회의 속전(ransom) 모델, 캔터베리의 안셀무스의 만족 이론, 아벨라르(Abelard)의 도덕적 영향 모델 등이 있다. 10가지 속죄 모델에 대한 개관으로는, Peter Schmiechen, *Saving Power: Theories of Atonement and Forms of the Church* (Grand Rapids, MI: William B. Eerdmans Publishing, 2005)을 보라.

나님께 진 무한한 빚을 만족시킬수 있다고 했다. 그 어느 '일반(regular)' 인간 존재도 그런 대가를 치를 수 없다11).

안셀무스의 만족 모델(satisfaction model)은 존 칼빈과 여타 종교개혁 신학자들의 형벌 대속 모델(penal substitution model)로 변화되었다. 이 신학자들은 강조점을 만족에서부터 벌로 이동시켰다. 곧 예수 그리스도는 하나님-인간에 의해서만 갚을 수 있는 무한한 빚을 만족시킬 뿐 아니라, 인간 존재가 받게 될 벌(여기서는 죽음)을 맡으셨다. 예를 들면, 칼빈은 『기독교 강요』에서 "하나님의 의로운 심판으로부터 모든 죄인을 위협한 그 벌을 그리스도가 스스로 맡으시고 고난받으셨다"고 주장했다.12)

놀랄 것도 없이, 속죄에 대한 형벌 대속론은 범죄와 벌 개념에 근거한 것이다. 우리가 앞에서 살펴보았듯이, 하나님은 예수 그리스도 안에서 우리에게 가해질 벌을 대신 맡으셨다. 형벌 대속론도 희생(sacrifice)과 대체(substitution)라는 개념에 근거한 것이다. (곧, 다른 존재의 생명이 죄인 대신 희생될 때만 하나님의 진노가 누그러뜨려진다.)13)

---

11) Anselm of Canterbury, "Why God Became Man," in *A Scholastic Miscellany: Anselm to Ockham*, ed. Eugene R. Fairweather (Louisville, KY: Westminster John Know Press, 1956), 100-83을 보라.

12) Calvin, *Institutes of the Christian Religion*, II.xvi.2, in McNeill, *Institutes of the Christian Religion*, 1:505를 보라. 『기독교 강요』 (원광연 역, 크리스챤다이제스트 2015). 속죄에 대한 형벌 만족이론에 대해서는 Steve Jeffery, Michael Ovey, and Andrew Sach, *Pierced for Our Transgression: Rediscovering the Glory of Penal Substitution* (Wheaton, IL: Crossway Books, 2007)을 보라.

13) 편집자주: 또 다른 문제는 안셀무스의 만족설이 제1차 십자군 전쟁을 준비하던 중에 만들어졌다는 점이다. Antony W. Bartlett이 지적한 것처럼, 인간의 죄로 인해 손상된 하나님의 명예를 회복하기 위해서 예수 그리스도께서 대신 자신의 목숨을 바쳤다는 논리는 성지 예루살렘을 무슬림들에게 빼앗긴 기독교인 군주들과 하나님의 명예를 되찾기 위해 군인들은 마땅히 전쟁터에 나가 목

속죄를 위한 형벌 대속론이 가정 안에서 아동학대와 폭력을 진작시킨다고 페미니스트 신학자들의 대대적인 비판을 받았음에도 불구하고,14) 그리고 비록 형법의 맥락에서 대리 책임(vicarious liability)이라는 문제가 있는 법리학상의 개념을 전제로 하지만, 이 이론은 속죄에 대해 극도로 영향력 있는 이론으로 남아 있다. 우리의 목적을 위해 여기서는 속죄를 위한 형벌 대속론이 범죄에 기초한 죄와 은혜의 모델을 강화시킨다고 지적하는 것만으로 충분하겠다.15)

2. 범죄에 기초한 모델과 LGBT 사람들

그리스도교 역사의 상당 부분 동안, 동성애와 젠더 베리언트 행위는 교회와 국가 모두의 관점에서 범죄로 다루어졌다. 교회에 관한 한, 그런 행위는 하나님에 대한 범죄로서 심판을 부른다고 여겨졌다. 국가에 관한

숨을 바쳐야 한다는 논리였다는 점이다. *Cross Purposes: The Violent Grammar of Christian Atonement* (Harrisburg, Pa.: Trinity Press International, 2001), 103-4; Kwok Pui-lan, *Postcolonial Imagination & Feminist Theology* (Louisville, KY: Westminster John Knox Press, 2005), 13 참조.

14) 예를 들어 Joanne Carlson Brown and Carole R. Bohn, eds., *Christianity, Patriarchy, and Abuse: A Feminist Critique* (Cleveland, OH: Pilgrim Press, 1989)에 실린 논문들을 보라.

15) 나는 그리스도 사건이 하나님의 진노를 달래기 위해 대속적인 벌이라는 관점으로 그리 잘 이해될 수 없고, 그보다는 LGBT 및 여타 주변화된 사람들을 괴롭히고 희생시키는 결과를 가져오는 보편적인 희생양 메커니즘을 하나님이 거부하신다는 관점으로 이해될 수 있다고 다른 곳에서 주장했다. 곧, 예수 그리스도는 신학적으로 특별한 희생양이고, 부활을 통해서 하나님이 희생양 메커니즘을 거부하신다. 바로 이 희생양 메커니즘을 거부하심으로써 하나님은 우리를 하나님과 다시 연합하게 하는 선물 또는 은혜를 주신다. Cheng, 『급진적인 사랑』, 155-61을 보라.

한, 그런 행위는 사회에 대한 범죄로서 세속의 벌을 요한다고 여겨졌다.

범죄에 기초한 이 모델 뒤에는 하나님에 의한 집단적 처벌, 곧 집단이 벌을 받는 것에 대한 두려움이 깊이 자리잡고 있다고 나는 생각한다. 창세기 19장의 소돔과 고모라에 대한 성서 이야기를 교회가 동성 성행위에 대한 집단적 처벌로 해석하기 때문에, 많은 크리스천은 하나님이 벌하실 가능성을 막기 위해 공동체 안의 동성애와 젠더 베리언트 행위를 없앨 필요를 느꼈다.

이 장에서 나는 동성애와 젠더 베리언트 행위에 대한 성서, 신학, 역사 이야기 안에 있는 집단적 처벌이라는 개념을 추적할 것이다. 최근 몇 해 동안 집단적 책임 문제에 대해 성서적, 윤리적, 철학적 연구가 많이 있었다. 나는 이 주제가 장차 학문연구에서 더 탐구할 가치가 있다고 본다.16)

(1) 성서

성서는 범죄에 기초한 죄와 은혜의 모델을 강화하는 주요 자료 중 하나였다. 집단적 처벌 개념은 LGBT 사람들을 정죄하는 데 사용되었을 뿐만 아니라, 역사적으로 유색인과 여성을 종속시키는 데도 사용되었다. 예를 들어, 인종 우월론자들은 함이 노아에게 지은 죄 때문에 하나님이 아

---

16) Joel S. Kaminsky, *Corporate Responsibility in the Hebrew Bible* (Sheffield, UK: Sheffield Academic Press, 1995); Larry May and Stacey Hoffman, eds., *Collective Responsibility: Five Decades of Debate in Theoretical and Applied Ethics* (Lanham, D: Roman and Littlefield Publishers, 1991); Gregory F. Mellema, *Collective Responsibility* (Amsterdam, Netherlands: Rodopi, 1997)을 보라.

프리카계 사람들을 집단으로 처벌하신 결과로 흑인이 노예가 되었다고 역사적으로 정당화했다.17) 크리스천 남성은 이브가 타락에서 한 역할 때문에 하나님이 여성을 집단으로 처벌하신 결과로 여성을 이류계급으로 대한 것을 역사적으로 합리화했다.18)

아이러니하게도 성서에는 (31,000개 절 중에서) 여섯 개의 구절 정도만이 동성애와 젠더 베리언트 행위를 정죄하는 것으로 알려져 있다. 그런 금지가 오늘날 LGBT라 부르는 사람들에게 적용되는지는 분명치 않다. 많은 성서학자들은 그런 금지가 강간 및 동의가 없는 상황(가령 노예와의 성관계)에서 생겨난 것이라고 주장했다. 더 나아가 이런 학자들은 주장하기를, 그런 금지가 남자(여자가 아니다)가 다른 남자에게 굴복하는 것에 대한 가부장적 불안을 반영한다고 했다. 따라서 위의 어느 상황도 오늘날 동성 관계의 맥락에는 해당하지 않는다.

그럼에도 불구하고, 이 여섯 개 정도의 구절은 많은 반LGBT 크리스천에 의해 동성애와 젠더 베리언트 행위를 다양한 유형으로 처벌하도록 규정한 것이라고 해석되었다. 예를 들면, 레위기 18:22와 20:13은 남자와 더불어 여자의 누움을 눕는 남자에게 사형을 규정한다. 신명기 22:5는 여자가 '남자의 옷'을 입는 것을 금하고 남자가 '여자의 옷'을 입는 것

---

17) 함이 노아의 '벌거벗음을 본' 후에 노아가 함의 아들 가나안을 저주하고 가나안을 '가장 낮은 노예'로 정한 창 9:22-27을 보라.

18) Peter J. Gomes, *The Good Book: Reading the Bible with Mind and Heart* (New York: HarperSanFrancisco, 1996), 120-43; John Shelby Spong, *The Sins of Scripture: Exposing the Bible's Texts of Hate to Reveal the God of Love* (New York: HarperOne, 2005; 존 쉘비 스퐁, 김준년, 이계준 역, 『성경의 시대착오적인 폭력들』, 한국기독교연구소, 2017), 103-54를 보라.

도 금한다. 고린도전서 6:9는 말라코이(*malakoi*, 문자적으로 '부드러운 이들')와 아르세노코이타이(*arsenokoitai*, 문자적으로 'man-bedder,' 남자-침대 정리하는 이)가 하나님의 나라를 물려받지 못할 것이라고 한다. 디모데전서 1:10은 아르세노코이타이를 무법적(lawless)이라고 묘사한다.

왜 이 구절들을 오늘날의 LGBT 사람들에게 적용해서는 안 되는지에 대해 많은 책이 나왔다. 예를 들면, 레위기는 실상 제의규정에 대한 것이고, 그런 금지는 문화적으로 고대 이스라엘에 특수한 것이었다. 마찬가지로 신명기에서 이성의 옷을 입는 것을 금지하는 것도, 다른 것을 함께 섞는 것과 이스라엘과 이웃 나라 사이의 경계를 유지하는 것에 대한 고대 이스라엘의 불안을 반영한다는 주장이 나왔다. 더욱이 고린도전서와 디모데전서의 그 용어들은 동의적이거나 상호적인 성행위를 가리키지 않고, 둘 중 하나를 착취하는 관계를 가리킨다. 나는 이 논의를 깊이 다루지 않겠지만 이것이 논쟁적인 학문 영역으로 남아 있음을 인정하고 싶다.19)

그런데 나는 반LGBT로 알려진 두 가지 구절에 초점을 두고 싶다. 첫 번째는 창세기의 소돔과 고모라 이야기이며, 두 번째는 동성애와 젠더

---

19) Countryman, *Dirt, Greed, and Sex: Sexual Ethics in the New Testament and Their Implications for Today*, rev. ed. (Minneapolis, MN: Fortress Press, 2007); Tobias Stanislas Haller, *Reasonable and Holy: Engaging Same-Sexuality* (New York: Seabury Books, 2009); Daniel A. Helminiak, *What the Bible Really Says About Homosexuality*, millennium edition (Tajique, NM: Alamo Square Press, 2000; 김강일 역, 『성서가 말하는 동성애』, 해울, 2003); Michaelson, *God vs. Gay?*, 55-111 ("What the 'bad verses' really say about homosexuality"); Justin Tanis, *Trans-Gendered: Theology, Ministry, and Communities of Faith* (Cleveland, OH: Pilgrim Press, 2003; 김준우 역, 『트랜스젠더와 기독교 신앙』(한국기독교연구소, 2019), 115-64("젠더 불일치와 성서")를 보라.

베리언트 행위에 관한 로마서 구절이다. 두 군데 모두 집단적 처벌이라는 문제를 다루므로 흥미롭다. 곧, 이 두 본문 다 전체 공동체(개인과 반대로)에 대한 하나님의 처벌의 예이다. 하나님의 집단적 처벌에 대한 깊은 불안이 수백 년간 동성애와 젠더 베리언트 행위에 연관된 사람들을 박해하게 만들었다는 것이 내 주장이다.

창세기 19장에서, 두 천사가 변장한 채 소돔 도시를 방문한다. 거기서 산 지 얼마 안 되는 롯은 그들에게 밤에 묵어가라고 한다. 소돔의 (모든) 남자들은 롯의 집을 에워싸고 손님들을 좀 '알아야' 하겠으니 내놓으라고 한다. 롯은 딸들을 제공하지만 소돔의 남자들은 거절한다. 그들은 집안으로 쳐들어가려고 하지만, 눈부신 빛 때문에 눈이 멀고 그로써 손님들은 화를 면한다. 다음 날 아침, 롯과 가족은 변장한 손님들과 함께 도시를 떠난다. 그들이 떠난 후 하나님은 소돔과 고모라와 다른 자매 도시들에 불과 유황을 내리셔서 파괴하신다. 롯의 아내는 뒤를 돌아보고 소금 기둥으로 변한다. 이 이야기는 다른 사람들의 죄나 범죄 때문에 많은 사람들이 벌을 받는 집단적 처벌에 대한 고전적 예이다.[20]

소돔과 고모라 이야기 속의 집단적 처벌이라는 개념은 신약성서에서 바울이 로마인들에게 보낸 편지 1장에 다시 나온다. 이 편지에서 동성애와 젠더 베리언트 행위는 사실 우상숭배에 대한 하나님의 처벌로 묘사된다. 이방인들이 불멸의 하나님의 영광을 네발 달린 동물 또는 파충류로 바꾸었기 때문에, 하나님이 이들에게 수치스런 욕정에 내맡기는 벌을 주셨다는 말이다. 곧, 하나님은 동성애와 젠더 베리언트 행위를 이방신 숭

---

20) 창 19장.

배에 관여하고 창조주 대신 피조물을 섬긴 사람들에게 내린 처벌의 형태로 삼으신다는 말이다. 동성애와 젠더 베리언트 행위는 우상숭배의 결과로 묘사되기 때문에 로마서에도 강한 집단적 처벌 요소가 있다(롬 1:21-32).

많은 성서학자들은 소돔의 진짜 범죄가 냉대(inhospitality)였는지, 또한 로마서 1장은 유대계 크리스천들이 실상 이방인 크리스천들보다 나을 게 없다는 것을 보여주려고 바울이 놓은 수사학적 덫인지에 대해 논쟁을 벌였다. 그런데 학자들이 자세히 다루지 않은 것은, 집단적 처벌 개념을 점검하고, 어떻게 이것이 향후 크리스천 신학과 교회사에서 동성애와 젠더 베리언트 행위를 대하는 데 영향을 주었는가 하는 문제였다.

(2) 신학

그리스도교 역사 내내 많은 신학자들은 범죄에 기초한 죄의 모델로 동성애와 젠더 베리언트 행위를 정죄했다. 나는 다시 주장하건대, 이 정죄는 집단적 처벌에 대한 오랜 불안, 특히 창세기 19장의 소돔 이야기에서 묘사된 바와 같은 것의 결과이고 또한 그런 행위를 허용하면 어떻게 더 큰 사회적 처벌로 갈 수 있는지에 대한 불안의 결과이다.

우리는 여전히 오늘날 이 태도를 팻 로버트슨과 같은 텔레비전 복음주의자들에게서 볼 수 있다. 그들은 LGBT 사람들의 권리를 지지하는 미국을 하나님이 멸망시키실 것이라고 경고한다.[21]

---

21) Brian Tashman, "Robertson: God Will Destroy America for Marriage Equality"(June 27, 2011): http://www.rightwingwatch.org/content/robertson-god-will-destroy-america-marriage-equality (2011년 12월 11

동성애 행위와 집단적 처벌 사이를 가장 처음 연결한 저자 중 하나는 예수님과 바울의 동시대인이자 헬라적 유대인 저자 필로(Philo)였다. 필로 이전에 소돔의 죄에 대한 대부분의 언급은 주민의 냉대와 가난한 사람들과 어려운 사람들을 도와주지 않은 것이었다.22) 그러나 필로는 『아브라함에 대하여』에서, "이런 식으로 전체 인류를 타락시키면서" 동성애 행위에 관여한 주민들 때문에 소돔이 멸망했다고 탓하였다.23) 동성애 행위와 집단적 처벌을 연결시킨 다른 초기 본문으로는 알렉산드리아의 클레멘트와 존 크리소스톰의 저술, 그리고 『사도 헌장』이 있다.24)

동성애 행위와 집단적 처벌의 연결을 강화시킨 것은 4세기 신학자 히포의 아우구스티누스의 저술을 통해서였다. 아우구스티누스는 『하나님의 도성』에서, 소돔 주민들의 동성애 행위가 너무 만연해서 인간의 법을 효과적으로 제재했기 때문에, 하나님이 '벌'로 소돔을 파괴했다고 설명했

일 접속).

22) 겔 16:49 ("네 동생 소돔의 죄악은 이러하다. 소돔과 그의 딸들은 교만하였다. 또 양식이 많아서 배부르고 한가하여 평안하게 살면서도, 가난하고 못 사는 사람들의 손을 붙잡아 주지 않았다."

23) Philo, *De Abrahamo* 26.136-36, in *The Works of Philo*, trans. C.D. Yonge, new updated ed. (Peabody, MA: Hendrickson Publishers, Inc., 1993), 422-23 (강조 더함).

24) 알렉산드리아의 클레멘트는 『교사』(*The Instructor*)에서 주장하기를, 소돔 주민에게 벌어진 일은 "소년을 향한 미친 사랑으로 불타는" 것을 포함하는 "잘못을 한 사람들에게 대한 심판"이었다. Clement of Alexandria, *Paedagogus* 4.9 (*ANF* 2.282). 존 크리소스톰은, 소돔 주민이 "서로를 향한 정욕으로 불타 생식력이 없었기" 때문에 하나님이 "땅 그 자체가 불타버리고" 땅의 자궁이 불임이 되어 열매가 궁핍하게 만드셨다고 기록한다. John Chrysostom, *Homilies on the Statues to the People of Antioch* 19.7 (*NPNF1* 9:466-67). 『사도 헌장』(*Apostolic Constitutions*)는 "소년들을 타락시키지 말라"고 가르쳤는데, 그런 '악함'은 본성에 반하고 하나님이 보내신 불로 완전히 타버린 소돔에서 나온 것이기 때문이다. *Apostolic Constitutions* 7.2 (*ANF* 7:466).

다. 사실 이 벌은 "다가올 하나님의 심판"의 맛보기라고 했다.25) 마찬가지로 아우구스티누스는 『고백록』에서 "어느 나라의 관습이나 협약에도 불구하고" "자연에 반하는" 그 어떤 성적인 행위도 "어디서나 항상" 벌을 받아야 하는데, 이것은 하나님의 법의 문제이기 때문이라고 주장했다.26)

중세 신학자 피터 데미안은 "본성에 반하는 죄"의 "범죄적 악함"에 대해 『고모라의 책』에서 썼다.27) 하버드신학대학원의 공개 게이 신학자이자 교수인 마크 조던은 『크리스천 신학에서 남색의 발명』에서 중세에 '남색(sodomy)'이라는 말이 생겨난 것과 진화 과정을 추적했다. 조던은 데미안의 신학 작업만이 아니라 릴의 앨런, 대 알베르또, 토마스 아퀴나스의 신학 작업도 검토한다.28)

동성애 행위와 집단적 처벌에 초점을 맞추는 것은 종교개혁에도 이어졌다. 마르틴 루터는 『창세기 강의』에서 소돔 주민들이 행한 동성애 행위의 "끔찍한 죄"와 "가공할 타락"을 비판했다.29) 마찬가지로, 존 칼빈은

---

25) Augustine, *De Civitate Dei* 16.30 (*NPNF1* 2:328).

26) Augustine, *Confessions* 3.8 (15) (*NPNF1* 1:65). 아우구스티누스는 소돔 주민의 '범죄'를 남자들이 '서로 학대하는 것'을 금지하는 '하나님의 법'을 범한 것으로 묘사한다. 아우구스티누스에 의하면, '자연이 잘못된 정욕에 의해 오염' 될 때 하나님과 인간 사이의 친교가 범해진다.

27) 대미안에 의하면, 그런 행동은 '하늘 예루살렘의 시민을 지옥 같은 바빌론의 상속자'로 만든다. Peter Damian, *Liber Gomorrhianus* 1, in *Book of Gomorrah: An Eleventh-Century Treatise Against Clerical Homosexual Practices*, trans. Pierre J. Payer (Waterloo, Ontario: Wilfrid Laurier University Press, 1982), 29. 대미안에게 자연에 반하는 죄는, "하늘 본향의 벽을 뒤엎으려 하고 소돔의 새로운 방어벽을 수리하느라 바쁘다"는 면에서 "모든 악행의 심각함을 넘어선다." Damian, *Liber Gomorrhianus* 16, in Payer, *Book of Gomorrah*, 63.

28) Mark Jordan, *The Invention of Sodomy in Christian Theology* (Chicago: University of Chicago Press, 1997)을 보라.

『로마서 주석』에서 동성애 행위의 죄됨을 묘사하며 죄를 범죄적으로 이해했다. 칼빈에 의하면, 부자연스런 정욕의 "무서운 범죄"가 수간보다 더 나쁘며, 그것은 하나님이 정하신 "자연의 전체 질서를 뒤집기" 때문이다.30)

20세기에 들어와 라인홀드 니버는 『인간의 본성과 운명』에서 관능(sensuality)에 대해 논의하며 "부자연스런 정욕"의 죄에 대해 언급했다. 니버는 로마서 1장을 인용하며 동성애 행위를 "자연에 반하는" "비도덕적인 열정(vile passions)"이라고 정죄했다. 바울과 아우구스티누스처럼, 니버에게도 부자연스런 정욕은 "하나님을 거스르는 더 원초적인 반역죄"의 결과이다.31)

요약하자면, 예수의 동시대인들부터 20세기에 이르기까지 많은 신학

---

29) 루터는 소돔 사람들의 '극악무도한 행동'이 특히 수치스러운데, 그런 행동이 만연했고, 공적으로 선포되었고, 낯선 사람들을 대상으로 삼았고, 시민 정부의 붕괴를 가져올 수도 있었기 때문이라고 주장했다. Martin Luther, *Lectures on Genesis* 19.4-5 (*LW* 3:251-52, 255-56); Martin Luther, *Lectures on Romans* 1.24-25 (*LW* 25:165-66).

30) John Calvin, *Commentary on Romans* 1.26, in *Calvin's Commentaries: The Epistles of Paul the Apostle to the Romans and to the Thessalonians*, ed. David W. Torrance, trans. Ross Mackenzie (Grand Rapids, MI: William B. Eerdmans Publishing Company, 1995), 36. 칼빈은 *Commentary on Genesis*(창세기 주석)에서 소돔 주민의 이성 결핍에 초점을 둔다. 그는 그런 개인들의 '눈멀고 충동적인' 정욕에 대해 쓰고, 또 어떻게 그들이 롯의 집에 '짐승' 같이 몰려갔는지에 대해 쓴다. 칼빈에 의하면, 정욕과 수치를 모르는 것이 섞이면 모든 죄가 함께 섞이는 '비도덕적인 야만(vile barbarism)'을 낳는다. John Calvin, *Commentary on Genesis 19.4, in The Crossway Classic Commentaries: Genesis*, ed. Alister McGrath and J. I. Packer (Wheaton, IL: Crossway Books, 2001), 81.

31) Reinhold Niebuhr, *The Nature and Destiny of Man: A Christian Interpretation* (New York: Charles Scribner's Sons, 1941), 1:230.

자와 저술가는, 동성애와 젠더 베리언트 행위를 정죄하기 위해 분명 집단적 처벌을 다루는 소돔 이야기와 로마서 1장을 인용했다.32)

(3) 교회사

교회사에 관해 말하자면, 동성애와 젠더 베리언트 행위에 연관된 사람들에 대한 신체적 고문과 처형이 지진과 역병 같은 자연재해 이후에 종종 통과된 법률에 의해 공인되었다. 예를 들면, 크리스천 황제인 유스티니아누스는 자연재해에 대한 탓으로 동성애 행위에 대해 사형을 명한 칙령을 538년에 반포했다. 군사 정복, 림프절 페스트, 지진을 포함하는 다른 자연재해가 뒤따랐고, 그래서 동성애 행위를 탓하는 또 하나의 칙령이 544년에 반포되었다.33)

바이런 포니는 『동성애 혐오: 역사』에서 그리스도교 교회의 역사 속 동성애 혐오의 존재를 추적한다. 포니는 소돔 이야기를 반LGBT로 읽은 것은 주로 필로가 시작했다고 주장한다. 필로는 헬라화된 유대인 학자로서 성적인 것에 반대하는 신플라톤주의의 태도에 영향을 받았고, 유대인과 이방인 사이의 구별을 보존하고 싶어 했다.34) 그런 다음 포니는 초대

---

32) 사도시대부터 20세기 중반까지 크리스천의 동성애 혐오에 대한 간략한 요약은 Peter Coleman, *Gay Christians: A Moral Dilemma* (London: SCM Press, 1989), 89-124를 보라. 교회사 속의 동성애와 젠더 베리언트 행위에 대한 고전적 자료는 Derrick Sherwin Bailey, *Homosexuality and the Western Christian Tradition* (London: Longmans, Green, and Company, 1955)과 John Boswell, *Christianity, Social Tolerance, and Homosexuality: Gay People in Western Europe from the Beginning of the Christian Era to the Fourteenth Century* (Chicago: University of Chicago Press, 1980)을 보라.

33) Byrne Fone, *Homophobia: A History* (New York: Picador USA, 2000), 115-16을 보라.

교회부터 중세와 종교개혁까지 크리스천 신학 속에 있는 반LGBT 태도를 추적한다. 이런 태도는 14세기부터 17세기까지 플로렌스, 세비야, 제네바에서 동성애 행위와 연관된 개인들의 광범위한 박해, 고문, 처형을 초래했다.35)

또한 버내딧 브루텐과 주딧 브라운 같은 학자는 여성 사이의 동성애와 젠더 베리언트 행위와 관련해서 크리스천의 동성애 혐오를 추적했다.36) 비슷하게 베네사 셔리단과 버지니아 몰렌코트와 같은 신학자는 교회가 젠더 베리언트 사람들(예를 들면, 691년 콘스탄티노플 공의회의 이성 옷 입기 금지와 중세 교회가 이성 옷 입기와 마술을 연결한 것)을 박해한 방식을 묘사한 것과 더불어, 그들을 긍정하였다(예를 들면, 트랜스젠더 성인들의 형태로).37)

내 생각에, 동성애 혐오의 기저에 있는 것은 하나님의 처벌에 대한 두려움, 특히 소돔 이야기에서 암시된 집단적 처벌과 같은 종류이다. 우리가 앞서 살펴본 것처럼, 크리스천 로마 황제 유스티아누스는 몇 가지 자연재해가 벌어진 후 동성애 행위에 대해 사형을 채택했다. 존 보스웰이

---

34) Fone, *Homophobia*, 89-92를 보라.
35) Fone, *Homophobia*, 192-214를 보라.
36) Bernadette J. Brooten, *Love Between Women: Early Christian Response to Female Homoeroticism* (Chicago: University of Chicago Press, 1996); Judith C. Brown, *Immodest Acts: The Life of a Lesbian Nun in Renaissance Italy* (New York: Oxford University Press, 1986)을 보라.
37) Vanessa Sheridan, *Crossing Over: Liberating the Transgendered Christian* (Cleveland, OH: Pilgrim Press, 2001), 26-27; Virginia Ramey Mollenkott, *Omnigender: A Trans-Religious Approach* (Cleveland, OH: Pilgrim Press, 2001), 114-18 ("Transgender in Church History")를 보라.

지적한 바와 같이,38) 유럽에서의 동성애 혐오가 12세기 후반부에 급격히 증가하기 시작하여 림프절 페스트가 유럽에 퍼지고 있던 14세기까지 지속된 것은 놀랍지 않다. 실제로 역사 속에서 하나님의 처벌에 대한 두려움이 LGBT 사람들, 우리의 동성애와 젠더 베리언트 조상들, 유대인, 마녀 등과 같은 외부자들의 제거를 가져왔다고 나는 믿는다. 그리고 이것은 사람들이 오늘날 LGBT 사람들의 인권을 계속 반대하는 이유이다. 참으로 하나님의 심판이라는 수사학이 프레드 펠프스(Fred Phelps)와 팻 로버트슨과 같은 사람들이 말하는 반LGBT적 종교 연설의 중심에 놓여 있는 것은 놀랍지 않다.39)

앞에서 살펴본 바와 같이, 범죄에 기초한 모델이라는 맥락에서 은혜는 무죄 선고와 회복이다. LGBT 맥락에서 이것은 LGBT 사람들이 섹슈얼리티와 젠더 정체성을 '전향'하도록 돕는 탈게이 치료로 번역된다. 곧, 이 치료는 '게이 생활양식'을 떠나고 싶어 하는 사람들에게 회복의 '은혜'를 제공한다는 것이다. 비록 이 치료는 주류 정신건강 전문가들에게 신뢰받지 못하지만,40) 그들은 동성애와 젠더 베리언트 행위에 대해 범죄에 기초한 접근 아래서 계속 집요하게 그런 치료를 주장한다.

---

38) Boswell, *Christianity, Social Tolerance, and Homosexuality*, 334를 보라.
39) 하나님의 처벌 말고도, 초대교회로 추적할 수 있는 성애 혐오(erotophobia), 곧 섹슈얼리티와 성애적인 것에 대한 두려움의 문제도 있다. 성적 금욕과 초대교회에 대한 자세한 논의는 Peter Brown, *The Body and Society: Men, Women, and Sexual Renunciation in Early Christianity*, 20th anniversary ed. (New York: Columbia University Press, 2008)을 보라.
40) 탈게이 프로그램에 대한 비판은 Besen, *Anything But Straight*를 보라. The Truth Wins Out 웹사이트, http://www.truthwinsout.org (2011년 12월 11일 접속)

범죄에 기초한 죄와 은혜의 모델은 소돔과 고모라 이야기가 역사적으로 동성애 행위에 대한 하나님의 집단적 처벌로 해석되었기 때문에 LGBT 사람들에게 특별한 울림을 갖는다. 예를 들면, 소돔 이야기는 역사적으로 종종 자연재해 이후에 동성애와 젠더 베리언트 행위에 연관된 사람들에 대해 처형까지 포함하는 처벌을 합리화하는 데 쓰였다. 우리는 오늘날 크리스천 동성 결혼의 합법화처럼 LGBT 사람들에게 무언가 긍정적인 것이 일어날 때마다, 하나님이 우리를 벌하실 것이라고 예언하는 반LGBT에게서 하나님의 처벌이라는 수사학을 계속해서 본다.

3. 범죄에 기초한 모델의 문제

범죄에 기초한 죄와 은혜의 모델에는 적어도 여섯 가지 문제가 있다. (1) 그런 모델은 은혜로 의롭게 된다는 신약성서의 중심 메시지에서 주의를 딴 데로 돌리게 한다. (2) 그런 모델은 '옳고' '그른' 행동을 규정하는 데 집착하는 결과를 낳는다. (3) 그런 모델은 우리의 정의 개념을 침해한다. (4) 그런 모델은 LGBT 사람들에게 복음을 가져다주지 못한다. (5) 그런 모델은 성서적 관점에서 죄에 대해 생각하는 유일한 방식이 아니다. (6) 성서에서 벌을 받는 범죄가 오늘날 우리가 말하는 것과 같은지가 분명치 않다. 각 문제를 차례로 검토해보자.

(1) 이 모델은 은혜로만 의롭게 된다는 신약성서의 중심 메시지에서 주의를 딴 데로 돌리게 한다. 죄를 하나님의 영원한 법을 침범하는 것이라고 특징지음으로써 초점이 그런 법을 범하거나 범하지 않을 수 있는

구체적인 행위로 불가피하게 이동한다. 그런 다음 이것은 죄 많은 행위에 관여한다고 생각되는 그룹(예를 들면, LGBT 사람들)을 벌주는 데 집착하게 한다. 이것은 사실 인간 존재가 원죄의 멍에를 극복하도록 도울 수 있는 유일한 것, 곧 값없이 주시는 하나님의 은혜에 초점을 맞추는 것과 반대이다.

(2) 범죄에 기초한 모델은 '옳고' '그른' 행동을 규정하는 데 집착하는 결과를 낳는다. 특히 이것은 성서가 동성애 행위에 대해 '정말로' 뭐라고 말하는지에 대해 끝없는 논쟁과 증거본문 들이대기의 형태를 취한다. 나는 LGBT 주제에 대해 성서 연구와 주석의 중요성을 강력히 믿지만, 성서에서 하나님이 무엇을 금지하시고 허용하시는지에 대해 좁게 초점을 맞추는 것은 원죄의 더 큰 틀과 구원사에서 예수 그리스도의 신학적 중요성에서 떠나가게 한다. 곧, 말씀이 육신이 되셨을 때 인간과 하나님의 관계와 인간에 대한 하나님의 사랑이라는 계시와는 반대로 성서는 그저 규칙의 책이 된다.41)

(3) 범죄에 기초한 죄의 모델은 우리의 정의 개념을 침해한다. 앞에서 말한 것처럼, 원죄라는 전통 모델은 집단적 처벌 개념에 기초해 있다. 곧,

---

41) 최근 여러 해 동안 LGBT 성서학자들은 LGBT 공포본문과는 반대로 LGBT 경험에 근거한 LGBT 긍정적인 성서해석을 많이 출판했다. 다음은 몇 가지 예이다. Robert E. Goss and Mona West, eds., *Take Back the Word: A Queer Reading of the Bible* (Cleveland, OH: Pilgrim Press, 2000); Deryn Guest, Robert E. Goss, Mona West, and Thomas Bohache, eds., *The Queer Bible Commentary* (London: SCM Press, 2006); Teresa J. Hornsby and Ken Stone, eds., *Bible Trouble: Queer Reading at the Boundaries of Biblical Scholarship* (Atlanta: Society of Biblical Literature, 2011); Ken Stone, ed., *Queer Commentary and the Hebrew Bible* (Cleveland, OH: Pilgrim Press, 2001).

우리가 그런 행동을 하지도 않았고, 하지 않을 것이라도 우리는 조상의 행동 때문에 벌을 받는다. 더욱이 전통적인 크리스첸 속죄 개념 아래에서는, 희생 제물이 하나님의 진노에 관해 우리를 '대신하는' 것과 상당히 비슷하게 무고한 제3자(예수 그리스도)가 우리가 받을 벌을 받는다. 이 두 개념은, 범죄를 저지른 사람과 그런 범죄에 대해 벌을 받는 사람 사이에 근본적인 부조화가 있다는 면에서 매우 문제가 있다.

(4) 범죄에 기초한 죄의 모델은 LGBT 사람들에게 복음을 가져다주지 못한다. 무엇보다도 누군가를 범죄자로 낙인찍는 것은, 특히 정죄당하는 바로 그것(예를 들면, 우리의 가장 가깝고 친밀한 관계)이 사랑에 깊이 뿌리내리고 있을 때 복음을 전파하는 가장 효과적인 방식이 아니다. 둘째로, 어떤 종류의 가학적 하나님이 동성을 사랑하는 사람이나 젠더 베리언트로 만드시고, 그러고는 영원히 벌을 받으니까 그런 행동에 관여한다고 말하겠는가? 어떻게 이것이 복음인가? 그런 모델은 사랑이 아니라 두려움과 협박에 기초해 있다. 메타노이아, 곧 회심(conversion)은 하나님의 무조건적인 사랑을 경험한 후에야 비로소 일어난다. 사람들은 자신이 얼마나 끔찍한지 반복해서 듣는다면, 그들의 눈과 귀가 열리지 않게 마련이다. 그것은 분명코 예수의 방식이 아니었다.42)

(5) 범죄에 기초한 죄의 모델은 성서 관점에서 죄에 대해 생각하는 유일한 방식이 아니다. 마크 비들은 『과녁을 벗어나기: 성서 신학에서 죄와 그 결과』에서 범죄에 기초하여 죄에 접근하는 것은 죄와 성서의 복잡성을 반영하지 못한다고 주장했다. 비들에 의하면, 그런 모델은 '불충분'

---

42) Carey, *Sinners*를 보라.

하고 죄의 다른 모델로 보충될 필요가 있다.43) 곧, 죄는 그다지 "법 규율의 불순종"에 관한 것이 아니고, "하나님과의 기본적인 관계를 침해"한 것이다.44)

(6) 성서에서 벌을 받는 범죄가 오늘날 우리가 말하는 것과 같은지가 분명치 않다. 앞에서 살펴본 바와 같이, 고대에 동성애 행위에 대해 금지한 것은 강간은 물론 다른 남자에게 굴복하는 남자들(여자들이 아니라)에 대한 가부장적 두려움에 관한 것이다. 그런 행위는 오늘날 LGBT 사람들의 평등하고 합의에 의한 관계와는 매우 다르다. 실로 '동성애(homosexual, 정체성이 성적 상대의 생물학적 성에 의해 정의되는 사람)'라는 개념 자체는 19세기까지 생겨나지 않았다. 그래서 '동성애자'를 언급하는 성서 번역은 기껏해야 시대착오적이고, 최악의 경우 속이는 것이다. 종교 영역에서든 시민 영역에서든, 우리가 같은 것에 대해 말하고 있는지도 확실하지 않은데 어떻게 사람들을 벌하는 위험을 감수할 수 있을까? 이것은 어떤 범죄가 고발되었는데, 그 범죄에 대해 무고한 사람을 처형하는 것과 같다. 범죄가 애초에 근본적으로 잘못 정의되었기 때문이다.

범죄에 기초한 모델의 약점을 생각할 때 이 모델 밖에서 죄와 은혜에 대해 생각한다면 무슨 일이 벌어질까? 죄와 은혜에 대한 우리의 성찰 가운데 범죄 대신에 예수 그리스도가 있는 모델로 이동한다면 어떨 것인가? 이제 우리는 이 질문으로 향한다.

---

43) Biddle, *Missing the Mark*, 1.
44) Biddle, *Missing the Mark*, 44.

학습을 위한 질문

1. 형사 사법제도에 대해 경험한 적이 있는가? 어떤 경험이었나? 벌이 하나님과 크리스천 신학을 이해하는 데 어떤 연관이 있는가?
2. 범죄에 기초한 죄와 은혜의 모델을 묘사하라. 죄는 그런 모델에서 어떻게 이해되는가?
3. 범죄에 기초한 죄와 은혜의 모델에서 은혜는 어떻게 이해되는가?
4. 속죄란 무엇인가? 범죄에 기초한 죄와 은혜의 모델에서 속죄는 어떻게 이해되는가?
5. 성서와 신학과 교회사는 범죄에 기초한 죄와 은혜의 모델을 어떻게 강화하곤 했는가? 집단적 처벌이라는 문제가 이 모델과 어떤 연관이 있는가?
6. 범죄에 기초한 죄와 은혜의 모델의 여섯 가지 문제를 묘사하라. 이 문제 중 어느 것이 가장 골칫거리라고 생각하는가? 어느 것이 가장 덜 골칫거리인가?

심화 학습을 위한 자료

범죄에 근거한 모델
Biddle, *Missing the Mark*

속죄(Atonement)
Cheng, 『급진적인 사랑』, 155-161
Sach, *Pierced for Our Transgressions*
Schmiechen, *Saving Power*

집단 처벌

Kaminsky, *Corporate Responsibility in the Hebrew Bible*

May and Hoffmann, *Collective Responsibility*

Mellema, *Collective Responsibility*

성서와 LGBT 사람들

Countryman, *Dirt, Greed, and Sex*

Goss and West, *Take Back the Word*

Guest, Goss, West, and Bohache, *The Queer Bible Commentary*

Haller, *Reasonable and Holy*

Helminiak, *What the Bible Really Says about Homosexuality*

Hornsby and Stone, *Bible Trouble*

Michaelson, *God vs. Gay?*

Stone, *Queer Commentary and the Hebrew Bible*

Tanis, 『트랜스젠더와 기독교신앙』, 115-64

신학과 LGBT 사람들

Bailey, *Homosexuality and the Western Christian Tradition*

Boswell, *Christianity, Social Tolerance, and Homosexuality*

Coleman, *Gay Christians*, 89-124

교회사와 LGBT 사람들

Boswell, *Christianity, Social Tolerance, and Homosexuality*

Brooten, *Love Between Women*

Brown, *Immodest Acts*

Fone, *Homophobia*

Mollenkott, *Omnigender*, 114-18

Sheridan, *Crossing Over*, 26-27

4장

대안: 그리스도를 중심에 둔 죄와 은혜의 모델

마이클과 나는 2년 반 동안 비숑 프리제 강아지인 샤르트르의 아버지들로 살아왔다. 우리는 샤르트르가 불과 몇 개월일 때부터 자라고 성숙해지는 것을 보면서 그와 우리 자신에 대해 많이 배웠다. 그는 정말로 우리의 인내심을 시험할 때가 있었고 나는 내가 어렸을 때와 청소년기에 부모님이 겪으신 것에 새삼 감사하게 되었다! 물론 강아지를 기르는 것을 어린이를 기르는 것의 도전과 동일시하려는 것이 아니라, 반려동물이 종종 LGBT 가정, 특히 아이가 없는 LGBT 가정의 아주 중요한 일부라는 것을 말하려는 것이다.

샤르트르와의 경험은 나를 성장하게 하였고, 하나님의 모든 피조물의 놀라운 은혜와 아름다움을 감사하게 해주었다. 이 성숙 과정은 바울이 고린도전서 13장에서 우리가 어렸을 때는 어린이처럼 말하고 생각하고 깨닫고, 어른이 되어서는 어린이의 일을 버린다고 말한 것을 내게 상기시켜 준다.[1] 현실적으로 샤르트르처럼 우리 모두가 성숙의 과정에 있다. 우리

---

1) 고전 13:11-12.

는 모두 예수 그리스도를 얼굴을 마주하여 볼 수 있는 그 날까지는 거울로 희미하게 본다.

이 성숙이라는 생각과 전체 우주가 예수 그리스도를 향해 움직인다는 생각은 죄와 은혜에 대한 대안 모델을 제시한다. 범죄에 기초한 죄와 은혜의 모델에서 그리스도 중심의 또는 그리스도론적인 모델로 이동하면 어떨까? 다시 말해서, 창조의 텔로스(telos), 곧 목표로서 이해되는 예수 그리스도가 죄와 은혜에 대한 성찰의 중심에 있다면 어떨까? 죄가 원래 완벽 상태로부터의 타락 또는 범죄로 덜 이해되고, 영적 또는 다른 방식의 미성숙으로 이해되면 어떨까? 마찬가지로, 은혜가 범죄자의 무죄 선고나 회복으로 덜 이해되고 신화(deification) 또는 하나님처럼 되는 성장과 성숙의 과정으로 이해되면 어떨까?

나는 이 장에서 그리스도 중심적인 죄와 은혜의 모델이라고 부르는 대안 모델을 주장할 것이다. 이 모델은 동방정교회의 테오시스(theōsis), 즉 신화(神化) 개념에 기초하는데 하나님처럼 되는 과정이라고 정의된다. 곧, 죄를 처벌이 마땅한 범죄라는 관점에서 정의하지 않는다. 그보다는 죄가 인간 미성숙(immaturity)의 한 기능이라고 여겨진다. 곧, 우리는 여전히 하나님을 향해 성장 과정 중에 있고 아직 끝에 도달하지 않았다. 죄는 아담과 이브로 시작하여 미성숙한 인간 존재의 그릇된 방황으로 여겨진다. 곧, 하나님께 불순종함으로써 인간이 신화라는 마지막 목표에서 돌아서는 것이다. 이와 대조적으로 은혜는 신화 또는 성령을 통해 예수 그리스도 안에서 분명히 나타난 바와 같이 하나님을 향해 성장하는 과정이다.2)

이것은 무슨 최신 유행하는 '뉴에이지' 신학이 아니고, 고대 크리스천 전통에 실제로 뿌리를 두며, 이레니우스(Irenaeus)와 같은 초기 교회 신학자로 시작해서, 보나벤투라(Bonaventure)와 같은 중세 신학자로 이어지고, 칼 바르트(Karl Barth)와 같은 20세기 신학자가 다루었다. 이 모델에서는 범죄가 아니라, 예수 그리스도가 죄와 은혜에 대한 생각의 중심에 있다. 이것은 죄와 은혜에 대해 생각하는 일종의 코페르니쿠스적 혁명이다. 이 모델은 LGBT 사람들이 자신에게 어필하는 그리스도론을 자신을 위해 사용할 수 있게 한다. 곧 이는 죄와 은혜에 대해 정의하는 출발점으로서 LGBT 사람들의 관점에서 기록되는 그리스도론이다.

우리가 LGBT 긍정적인 그리스도론을 묘사하기 위해 '퀴어 그리스도(Queer Christ)'라는 약칭을 쓴다면, 우리는 죄와 은혜를 퀴어 그리스도라는 관점에서 정의할 수 있다. 특히 LGBT 사람들에게는 퀴어 그리스도한테 반대하는 것은 무엇이든 죄이다. 이와 대조적으로, LGBT 사람들에게는 퀴어 그리스도와 일치하고 그를 향해 성장하는 것은 무엇이든 은혜이다. 그래서 범죄에 기초한 죄와 은혜의 모델에 초점을 맞추는 대신, 이제

---

2) 많은 신학자들은 그리스도론적 성찰이라는 맥락에서 성령의 중요성에 대해 썼다. 비록 이 책의 초점은 성령론, 곧 성령에 대한 교리가 아니긴 하지만, 나는 성령에 기초한 그리스도론의 중요성을 인정한다. 예를 들면 다음과 같은 학자들이다. Wendy Farley, *Gathering Those Driven Away: A Theology of Incarnation* (Louisville, KY: Westminster John Knox, 2011), 115-32; Elizabeth A. Johnson, *She Who Is: The Mystery of God in Feminist Theological Discourse* (New York: Crossroad, 1992), 82-86, 139-40 (성령과 예수 그리스도의 탄생, 사역, 부활 사이의 관계에 대해 논의); Eugene F. Rogers, "The Spirit Rests on the Son Paraphysically," in *The Lord and Giver of Life: Perspectives on Constructive Pneumatology*, ed. David H. Jensen (Louisville, KY: Westminster John Knox, 2008), 87-95. 퀴어 성령론의 개관에 대해서는 쳉, 『급진적인 사랑』, 163-71를 보라.

우리는 퀴어 그리스도에 기초한 죄와 은혜의 모델을 구성하는 것으로 이동한다.

1. 그리스도 중심의 모델

(1) 미성숙으로서의 죄

그리스도 중심의 모델에서 죄는 범죄가 아니라 미성숙으로 이해된다. 곧, 아직 온전한 성인으로 자라지 않은 어린이나 청소년처럼 우리 인간 존재는 우리의 궁극적 목표이며 모든 것의 알파와 오메가이신 예수 그리스도를 향해 항상 성장하는 과정에 있다. 이 모델에서 타락은 범죄행위와 그에 따른 처벌이라기보다는 여전히 성장 과정에 있는 아담과 이브라는 미성숙한 인간 존재의 행위로 이해된다. 마찬가지로 죄는 계속해서 그리스도의 모습으로 형성되는 미성숙한 인간 존재의 그릇된 방황으로 이해할 수 있다.

예를 들면, 내 삶에서 나는 영적 성장과 권위와의 관계에서 미성숙의 죄를 경험했다. 내가 어렸을 때에는 하나님을 이해하는 데서 권위의 외적 원천(예를 들면, 교회의 가르침이나 성서적 증거본문을 묻지도 않고 따른 것)에 대부분 의존했다. 나는 영적 성장에서 성숙하면서 나 자신의 내적인 나침반을 내 삶을 향한 하나님의 뜻의 반영으로서 신뢰하기 시작했다. 몇 년 전에 나는 뉴욕시의 예수회 교구인 성 프란시스 자비에르 교회(St. Francis Xavier Church)를 통해 거의 일 년 동안 성 이그나티우스의 영적 수련(Spiritual Exercises of St. Ignatius) 과정에 참여했다. 처음에 나는 이

프로그램의 열쇠인 내 가장 깊은 열망 안에서 하나님의 뜻을 찾는다는 개념이 상당히 마음에 걸렸다.3) 이제 나는 그 가르침의 진리를 인정한다. 나는 내부가 아니라 외부에 있는 권위의 원천에만 의존할 때 사실상 하나님으로부터 가장 분리되어 있다. 이것은 두려움과 불확실의 시간 동안, 밖이 아니라 내 안에서 하나님을 발견하는 중요성을 잊을 때 종종 일어난다.

죄에 대해 생각하는 이 그리스도 중심적 접근방식은 창세기 3장의 에덴동산 이야기를 동방정교회가 해석한 것과 일치한다. 이 해석에 따르면, 아담과 이브는 원래 상태의 완전에서 많이 타락했다기보다는 성장 과정에 있었고, 이는 오늘날 인류에게 이어진다. 세상에 죽음이 들어온 것은 처벌로 이해되기보다는, 미성숙한 존재의 계속적인 고통의 끝으로 이해된다. 인간은 마지막 날에 다시 한 번 하나님과 얼굴을 맞대고 보게 될 것이다. 신학자 제임스 카펜터가 묘사했듯이, 타락은 은혜를 잃어서 생긴 것이 아니다. 그저 "은혜의 효과가 줄어든(a diminution of the effect of grace)" 것이다.4) 아담과 이브는 결코 하나님께 버림받거나 은혜를 잃지 않는다.5) 에덴동산 이야기를 이렇게 다르게 읽은 결과, 인간 존재는 원죄로 인해 감염되었다기보다는 우주의 궁극적 완성이신 예수 그리스도를

---

3) 물론 하나님의 뜻에 관해 자기기만의 위험이 있다. 그래서 바로 공동체 맥락 안에서 영적인 방향 또는 분별이 보호 장치로서 특히 중요한 이유이다. 영성, 섹슈얼리티, 욕망 사이의 관계에 대한 논의로는 Philip Sheldrake, *Befriending Our Desires* (London: Darton, Longman and Todd, 2001)을 보라.

4) James A. Carpenter, *Nature and Grace: Toward an Integral Perspective* (New York: Crossroad, 1988), 30.

5) Carpenter, *Nature and Grace*, 31.

향한 성장의 길을 따라 계속 간다. 그래서 죄는 이 모델에서 미성숙 상태로 남아 있는 것이요, 예수 그리스도 안에 있는 하나님의 계시라는 은혜를 인정하기를 거부하거나 돌아서는 것이다. 그리스도 중심의 죄와 은혜 모델에서 출발점은 그리스도론이지, 독립적인 죄의 교리가 아니다.

(2) 신화(Deification)로서의 은혜

죄를 미성숙으로 정의한다면, 은혜는 그리스도 중심의 모델에서 신화, 곧 신적인 존재로 되는 것으로 이해될 수 있다.6) 앞에서 말한 바와 같이, 동방정교회의 신화(*theōsis*)는 범죄에 기초한 원죄 교리보다 인간 상황에 대해 훨씬 더 낙관적인 관점을 갖는다. 우리 인간은 첫 부모의 원죄 아래 속박된 타락한 존재로 여겨지는 대신에, 예수 그리스도 안에서 성령을 통해 하나님을 향해 항상 성장하는 불완전한 인간으로 여겨진다. 비록 우리는 하나님에게서 떠나 방황하고 때때로 길을 잃어서 그 결과, 죄나 하나님으로부터의 분리 상태에 있을 수 있지만, 우리는 결국 길을

---

6) 신화, 곧 테오시스(*theōsis*)의 교리에 대해 도움이 되는 소개로는 다음을 보라. Michael J. Christensen and Jeffrey A. Wittung, eds., *Partakers of the Divine Nature: The History and Development of Deification in the Christian Traditions* (Grand Rapids, MI: Baker Academic, 2007); Farley, *Gathering Those Driven Away*, 169-86; Stephen Finlan and Vladimir Kharlamov, eds., *Theōsis: Deification in Christian Theology*, vol. 1 (Eugene, OR: Pickwick Publications, 2006); Veli-Matti Kärkkäinen, *One with God: Salvation as Deification and Justification* (Collegeville, MI: Liturgical Press, 2004); Vladmir Kharlamov, ed., *Theōsis: Deification in Christian Theology*, vol. 2 (Eugene, OR: Pickwick Publications, 2011); Norman Russell, *The Doctrine of Deification in the Greek Patristic Tradition* (Oxford, UK: Oxford University Press, 2004); Norman Russell, *Fellow Workers with God: Orthodox Thinking on Theosis* (Crestwood, NY: St. Vladmir's Seminary Press, 2009).

찾아 집으로 갈 것이다.

신화, 곧 신적인 존재로 되는 과정으로서의 은혜 개념은 시 82:6(하나님께서 말씀하셨다. "너희는 모두 신들이고, '가장 높으신 분'의 아들들이다.")7)과 베드로후서 1:4("[여러분이] 하나님의 성품에 참여하는 사람이 되게 하시려는 것입니다.")과 같은 성서 본문에 기초해 있다.8) 신화는 또한 신학적으로 하나님이 예수 그리스도 안에서 인간이 되셨고 그래서 인간이 신이 될 수 있었다는 신적인 교환의 교차대구(chiastic)9) 개념에 기초해 있다. 곧, 인간의 본성은 근본적으로 성육신과 그리스도 사건에서 변화되었다. 하나님은 하나님 자체에서 신성을 비우셨고(곧, 케노시스, *kenōsis*), 그래서 인성이 신성으로 채워질 수 있었다. 3세기 신학자인 알렉산드리아의 아타나시우스(Athanasius)의 표현으로, 하나님이 "인간이 되신 것은 우리가 신이 될 수 있도록" 하신 것이다.10)

앞에서 이미 살펴본 바와 같이, 아담과 이브처럼 우리가 우리의 신화라는 궁극적인 목표(곧, 예수 그리스도처럼 되는 것)에서 뒤돌아서거나 반대함으로써 영적으로 미성숙한 채로 있을 때는 언제든 죄가 발생한다. 이와는 대조적으로, 우리가 예수 그리스도처럼 됨으로써 진정한 본성의 온전함으로 성장할 때는 언제든 은혜이다. 이 성장의 과정에서 우리는 변화되고 "하나님의 본성에 참여하는 자"가 된다.11) 미시건주 디트로이트

---

7) 시 82:6.
8) 벧후 1:4.
9) 여기서 '교차대구(chiastic)' 구조는 신과 인간이 상징적으로 교차 혼합한 것을 가리킨다. 곧, 신이 인간이 되고, 다른 한편으로 인간이 신이 된다.
10) Russell, *Fellow Workers with God*, 39 (Athanasius, *On the Incarnation* 5:7)을 보라.

에 있는 성심신학대학원(Sacred Heart Major Seminary)의 신학 교수인 대니얼 키팅은 『신화와 은혜』에서 은혜와 신화 사이의 친밀한 연결에 대해 썼다. 키팅에 의하면, 신화 교리는 "우리가 본성에 의해서가 아니라 은혜에 의해서 신들이 된다"고 확증한다.12)

더욱이 은혜는 단지 그리스도 안에서 성숙을 향해 성장하는 과정만이 아니다. 테오시스 교리는 예수 그리스도(성육화된 말씀과 하나님의 계시로서)가 은혜 자체라고 인정한다. 곧, 우주의 궁극적 성취로서의 예수 그리스도는 하나님의 모든 선물 중 가장 공적 없이 주시는 선물이다. 테오시스 교리 속의 예수 그리스도의 중심성이라는 관점에서 보면, 신화는 그리스도를 중심에 둔, 죄와 은혜의 모델을 위한 유용한 신학적 자원이다.

(3) 신생(renewal)으로서의 속죄

속죄는 그리스도 중심의 죄와 은혜의 모델이라는 관점에서 다른 의미를 갖는다. 속죄(at-one-ment, 곧 인간과 하나님의 합일)를 벌의 대속으로만 이해하는 대신에, 속죄를 우주의 신생(renewal)으로 이해할 수 있다. 우리가 길을 잃었기 때문에 하나님이 예수 그리스도를 보내셨고, 그분 안에서 모든 것이 창조되었고 "모든 것이 지탱되는"13) 피조물들을 "한 데 모아" 새롭게 태어나도록 하신다.14)

---

11) 벧후 1:4.
12) Daniel A. Keating, *Deification and Grace* (Ave Maria, FL: Sapientia Press, 2007), 92.
13) 엡 1:10.
14) 골 1:16-17.

달리 말해서, 예수 그리스도는, 우리가 길을 잃은 후 하나님께 돌아가는 길을 찾도록 돕는 위치추적기(GPS)에 입력하는 주소 또는 최종 목적지와 같다. 피조물들은 그리스도 사건을 통해 신생되고, 예수 그리스도는 우리를 집에 돌아가도록 이끄는 북극성이다. 그리스도 사건은 예수 그리스도가 우리의 첫 부모가 지은 범죄에 대한 벌을 궁극적으로 갚는 (실상 성육신을 이상하게 타락에 의존하게 만드는) 벌의 거래가 아니다. 그보다 그리스도 사건은 아담과 이브가 미성숙한 방황으로 하나님에게서 분리된 후에 하나님이 피조물들을 신생하신 것이다. 더욱이 모든 것이 때가 차면 그리스도 안에 함께 모일 것이므로15) 성육신은 처음부터 하나님의 계획의 일부였고, 타락이 있든 없든 일어날 일이었다. 예수 그리스도는 알파와 오메가요, 그리스도는 은혜의 궁극적인 현현이며 우리 모두가 향하는 목표이다.16)

2. 그리스도 중심적인 모델의 역사

그리스도 중심의 죄와 은혜의 모델은 어디에서 왔을까? 범죄에 기초한 전통적인 죄와 은혜의 모델에 대한 대안을 구성하기 위해서 우리는 먼저 그리스도 중심적인 모델의 신학적 뿌리를 살펴보아야 한다. 우리는 이 모델이 동방정교회 크리스천 신학 개념인 테오시스에 근거를 둔다는 것을 보았다. 여기서는 그리스도 중심의 죄와 은혜의 모델의 자원이 될

---

15) 엡 1:10.
16) 속죄 이론에 대한 재생 모델을 다룬 책으로는 Schmiechen, *Saving Power*, 169-221 ("The Renewal of Creation")을 보라.

수 있는 세 명의 신학자, (a) 리용의 이레니우스(Irenaeus of Lyons), (b) 보나벤투라(Bonaventure), (c) 칼 바르트(Karl Barth)의 작업을 살펴보고자 한다.

(1) 리용의 이레니우스

그리스도 중심의 죄와 은혜의 모델을 위한 한 자원은 2세기 신학자 리용의 이레니우스로서 그는 『이단에 반대하여』에서 영지주의 이단을 반박한 것으로 가장 잘 알려져 있다. 이레니우스는 이 책에서 예수 그리스도가 하나님의 모습과 닮은 가장 충만한 표현(the fullest expression)이라고 이해했다. 이레니우스는 인간의 육체를 포함한 피조물들을 본질적으로 악하다고 생각한 대신에 근본적으로 선하다고 보았다. 아담은 영지주의자들이 주장한 것처럼 어떤 악한 창조신에 의해 만들어지지 않았다. 오히려 아담은 신약성서의 똑같은 하나님에 의해 창조되었고, 비록 불완전할지라도 선재(先在)하는 그리스도의 모습에 따라 지어졌다. 이레니우스의 표현처럼, "세상을 만드신 창조주는 유일한 하나님이고, 만물의 모양(model)과 모습(figure)이 그로부터 받았고, 그분밖에는 아무도 없다."17)

이레니우스가 볼 때, 아담과 이브의 불순종은 원래의 완전 상태에서의 범죄나 처참한 타락이 아니다. 아담과 이브는 아직 예수 그리스도의

---

17) Irenaeus, *Against Heresies* 2.16.3 (강조 더함). Eric Osborn, *Irenaeus of Lyons* (Cambridge, UK: Cambridge University Press, 2001), 60. 구원에 대한 하나님의 계획과 창조에 대한 이레니우스의 관점에 대해서는 Denis Minns, *Irenaeus: An Introduction* (London: T&T Clark International, 2010), 31-45, 69-95를 보라. Osborn, *Irenaeus of Lyons*, 51-73, 95-140을 보라. M.C. Steenberg, *Irenaeus on Creation: The Cosmic Christ and the Saga of Redemption* (Leiden, Netherlands: Brill, 2008)도 보라.

수준을 충분히 얻지 못한 미성숙한 피조물이었다. 달리 말해서, 아담과 이브는 그리스도의 모습에 따라 지어졌지만, 어린이나 청소년처럼 아직 충분히 발달되지 못했다. 이레니우스에 의하면, 인간은 시간이 흐르며 성숙한다. "하나님은 인간을 만드시고, 성장하고 크도록 하셨다... 인간은 창조되는 과정 안에 있다."18)

침례교신학대학원의 성서학자이자 『과녁을 놓침』의 저자인 마크 비들은 이레니우스의 관점에서 타락은 성숙의 과정을 그저 '방해'한 것이고, 그래서 타락 이후 그들의 상태는 "발달이 억제된" 상태였다고 지적한다. 아담과 이브의 죄는 선악의 지식의 나무 열매를 "너무 일찍" 맛보았다는 것이다. 곧, 그들은 "아직 그 지식을 가질 만큼 충분히 성숙하지 못했다."19)

마찬가지로, 뉴욕시의 제너럴신학대학원 교수를 역임한 제임스 카펜터는, 타락의 부정적 효과가 동방정교회의 타락 이해에서 제한되었고 지적했다. 곧, "아담은 타락으로 상처를 입지만 무참히 실패하지는 않는다. 그는 발을 헛디디고 크게 비틀거리고 방향을 잃는다."20) 이렇게 동방정교회의 신학은 "구원의 은혜(grace of redemption)"의 신학으로 이해할 수 있다.21) 카펜터에게 동방정교회의 신학은 특히 "포용성과 관대함"이라는 면에서 "엄청나게 매력적"이다.22)

---

18) Irenaeus, *Against Heresies* 4.11.1-2 (강조 더함), in Minns, *Irenaeus*, 84-85.
19) Biddle, *Missing the Mark*, 5.
20) Carpenter, *Nature and Grace*, 31.
21) Carpenter, *Nature and Grace*, 34.

요약하자면, 하나님의 모습과 닮음은 하나님이 내내 계획하신 그리스도 사건에서만 온전히 계시된다. 이레니우스에 의하면, 예수 그리스도는 아담의 반복(recapitulation) 또는 강조(restatement)이다. 곧, "(인간의) 이 성숙 과정의 목표는 알파와 오메가인 그리스도이다."23) 이레니우스는 예수 그리스도가 하나님의 구원 계획의 중심이라고 이해했다. 창조와 구원은 함께 묶여 있다. 하나님은 인간을 선재하는 그리스도의 모습에 따라 지으셨고, 예수 그리스도는 창조가 궁극적으로 향하는 목표이다. 이레니우스에 의하면, 예수 그리스도는 "우리를 그분으로 만들기 위해 우리가 되셨다."24) 이런 이유로, 이레니우스는 그리스도 중심의 죄와 은혜의 모델을 위한 도움이 되는 자원이다.

(2) 보나벤투라

그리스도 중심의 죄와 은혜의 모델을 위한 둘째 자원은 13세기 신학자 보나벤투라이다. 보나벤투라는 다른 중세 프란치스코회 신학자들처럼 매우 그리스도 중심적인 신학으로 잘 알려져 있다. 보나벤투라에 의하면, 예수 그리스도는 "율법과 신구약성서에 따라 사도적이든 예언자적이든 모든 진짜 교리의 근원"이다.25) 더욱이 예수 그리스도는 모든 지식의 중

---

22) Carpenter, *Nature and Grace*, 34.
23) Biddle, *Missing the Mark*, 5.
24) Irenaeus, *Against Heresies* 5, pref., in Russell, *Fellow Workers with God*, 38.
25) Bonaventure, "Christ, The One Teacher of All," in *Bonaventure, Mystic of God's Word*, ed. Timothy J. Johnson (Hyde Park, NY: New City Press, 1999), 154-55.

심에 있다. "하나님의 아들이요 교사인 그리스도가 없다면 그 무엇도 만물을 완전히 알 수 있게 하지 못한다."26)

이레니우스의 신학에서처럼 예수 그리스도는 보나벤투라의 신학의 중심에 있다. 특히 보나벤투라는 예수 그리스도를 창조와 우주의 마지막 목적으로 이해한다. 가톨릭연합신학대학원의 조직신학 교수인 재커리 헤이즈는 보나벤투라에게 있어서 "그리스도 안에서 변화된 세상은 하나님의 창조적인 사랑이 모든 영원부터 의도하는 것"이라고 말한다.27) 달리 말해서, 인간 존재가 죄를 지어서 성육신이 벌어진 것이 아니라, 성육신이 창조된 질서의 신적인 생명을 나누려는 하나님의 더 큰 계획의 일부였기 때문이다.28)

포담대학교의 철학교수인 크리스토퍼 컬린은, 보나벤투라의 신학이 말하는 예수 그리스도 및 은혜와 신화 사이의 관계에 대해 저술했다.29) 컬린에 의하면, 보나벤투라는 인간 존재의 목표를, 죄로 손상된 영혼을 회복하기 위하여 "신 같은(deiformed)" 또는 "하나님 같은(God-formed)" 존재가 되는 것이라고 이해한다.30) 이런 회복이나 변화는 우리가 "예수 그리스도의 삶을 세부사항에서도" 모방할 때 벌어진다. 그리스도를 모방

---

26) Bonaventure, "Christ," Johnson, *Bonaventure*, 155.

27) Zachary Hayes, *The Gift of Being: A Theology of Creation* (Collegeville, MN: Liturgical Press, 2001), 107.

28) 헤이즈는 여기서 존 던스 스커터스(John Duns Scotus)의 연구를 두고 우주 신학의 프란시스코 전통을 '가장 분명히 표현'했다고 인용한다. Hayes, *The Gift of Being*, 107.

29) Christopher M. Cullen, *Bonaventure* (Oxford: Oxford University Press, 2006), 156.

30) Cullen, *Bonaventure*, 148.

함으로써 우리는 "믿음과 사랑으로 (그리스도를) 자유로이 받아들이는 사람들 안으로 흐르는" "은혜와 덕"을 받는다.31)

그래서 다른 그리스도 중심적인 신학들의 경우처럼 보나벤투라에게 죄는 예수 그리스도 안에 있는 하나님의 계시를 따르기를 거부하거나 돌아설 때 발생한다. 워싱턴연합신학대학원의 교회사 교수인 아일리아 델리오는 보나벤투라에게는 죄가 "선(the good)에서 돌아서는 것과 무(nothingness)로 향하는 것"이라고 썼다.32) 곧, 하나님은 비록 성육신 안에서 우리를 향하시지만, 우리는 죄 속에서 하나님으로부터 돌아선다. 이와 대조적으로, 은혜는 예수 그리스도 안에 있는 하나님을 향하는 자유의 선물이다. 보나벤투라에게는 "그리스도에게 전적으로 향하는 것(total turning to Christ)"이 바로 은혜이고 우리를 회복시키는 것이다.33)

(3) 칼 바르트

그리스도 중심의 죄와 은혜의 모델을 위한 세 번째 자원은 20세기의 위대한 신학자 칼 바르트이다. 예수 그리스도가 바르트 신학의 중심에 있기 때문에, 그를 비방하는 자들은 "그리스도 일원론(christomonism)"이라고 부를 정도이고,34) 그래서 죄와 은혜에 대한 바르트의 신학도 매우 그

---

31) Cullen, *Bonaventure*, 148.
32) Ilia Delio, *The Humility of God: A Franciscan Perspective* (Cincinnati, OH: St. Anthony Messenger Press, 2005), 61.
33) Ilia Delio, Simply *Bonaventure: An Introduction to His Life, Thought, and Writings* (Hyde Park, NY: New City Press, 2001), 79.
34) Karl Barth, "A Theological Dialogue," *Theology Today* 19, no.2 (July 1962): 171-77. 이 글에서 바르트는 1962년 프린스턴신학대학원에서의

리스도 중심적이다. 구체적으로, 바르트는 화해 교리를 다루는 『교회 교의학』 4권에서 죄와 은혜에 대해 논의한다.

바르트에 따르면, 죄는 하나의 교리로서 독립적으로 존재하지 않는다. 곧, 죄는 예수 그리스도와의 관계로만 이해될 수 있다. 달리 주장하는 것, 예를 들어 단독적인 죄론(harmatiology), 곧 죄의 교리를 설명하는 것은 죄의 한 형태 자체가 될 것이다.35) 그래서 바르트는 전통적인 교의(dogma) 범주인 죄로 시작하는 대신에 그리스도론으로 시작한다. 바르트는 세 가지 형태의 죄를 요약하는데, 각각 하나님이 예수 그리스도 안에서 하신 일에 반대한 결과이다.

첫째, 죄는 인간 존재가 예수 그리스도의 인격 안에서(곧, 성육신과 십자가에서) 하늘에서 내려오시는 하나님의 겸비(humiliation)에 반대하여 자신을 높이는 고전적인 교만(pride)의 형태를 취할 수 있다. 그러나 교만은 죄의 유일한 표명이 아니다. 둘째로, 죄는 예수 그리스도 안에서(곧, 부활과 승천에서) 높여진 하나님의 고양(exaltation)에 반대하여 자신을 낮추는 태만(sloth)의 형태도 취할 수 있다. 죄의 이런 형태는 여성의 죄를 자기포기(self-abnegation)나 숨는 것(hiding)으로 생각한 밸러리 세이빙 같은 페미니스트 신학자들이 저술한 것과 비슷하다. 셋째로, 죄는 거짓됨(falsehood)의 형태를 취할 수도 있는데, 이것은 예수 그리스도 안에서의 하나님의 진실(truth)과 반대된다.

Warfield Lectures에서 제기된 질문에 대답하며 그리스도 일원론에 대해 말한다. "그리스도 일원론(이것은 끔찍한 표제어이다)은 내 오랜 친구가 만든 말인데 누군지 이름을 밝히지는 않겠다." Barth, "A Theological Dialogue," 172.
35) Karl Barth, *Church Dogmatics* IV/1 (Edinburgh: T&T Clark, 1956), 389를 보라.

이처럼 바르트의 저술에서 죄의 세 가지 형태인 교만, 태만, 거짓됨은 예수 그리스도 안에서 하나님의 계시와 반대되는 것으로 정의된다. 교만은 내려오시는 그리스도와 반대로 정의되고, 태만은 부활하신 그리스도와 반대로, 거짓은 진실한 그리스도와 반대로 정의된다. 다른 한편으로 은혜는 인간을 예수 그리스도 안에서 하나님 자신과 화해시키는 하나님의 자유로운 행위라는 형태를 취한다. 은혜는 예수 그리스도 안에 있는 하나님의 겸비와 고양과 진실 등 삼중적 형태를 취한다. 요약하자면, 바르트는 죄와 은혜를 결정하는 데 그리스도 중심의 모델을 사용하고, 이 모델은 우리가 범죄 중심적인 죄와 은혜의 모델을 재고하려고 할 때 유용할 수 있다.36)

어떤 이들은 바르트가 『교회 교의학』 III/4권에서 남녀 상보성(male-female complementarity)을 논하며 동성애 행위를 비판했기 때문에, 바르트 신학을 사용하느냐고 물을 수 있다.37) 그러나 바르트가 생애 말년에 마음을 바꾼 것을 기억해야 한다. 바르트의 조수였던 에버하르트 부쉬

---

36) 바르트의 화해 교리에 대한 개관으로는 Karl Barth, *Church Dogmatics* IV/1, 79-154를 보라. 바르트의 삼중 묘사에 대한 유용한 요약으로는 Matt Jenson, *The Gravity of Sin: Augustine, Luther and Barth on* Homo Incurvatus in Se (London: T&T Clark, 2006), 130-87을 보라. Allen Jorgenson, "Karl Barth's Christological Treatment of Sin," *Scottish Journal of Theology* 54, no.4 (2001): 439-62도 보라. 은혜에 대한 논의와 바르트의 신학과 윤리에 대해서는 G.C. Berkouwer, *The Triumph of Grace in the Theology of Karl Barth: An Introduction and Critical Appraisal* (Grand Rapids, MI: Wm. B. Eerdmans Publishing, 1956); Daniel L. Migliore, "Commanding Grace Karl Barth's Theological Ethics," in Commanding Grace: Studies in Karl Barth's Ethics, ed. Daniel L. Migliore (Grand Rapids, MI: Wm. B. Eerdmans Publishing, 2010), 1-25를 보라.

37) Karl Barth, *Church Dogmatics* III/4 (Edinburgh: T&T Clark, 1961), 165-66.

(Eberhard Busch)는 1968년의 편지에서 바르트가 "자신이 이전에 부수적으로 코멘트한 것에 오늘날 완전히 만족하지는 않고 지금이라면 좀 다르게 말할 것이다"라고 썼다. 부쉬는 바르트가 "의사들과 심리학자들과의 대화에서 그 현상(동성애)에 대해 새롭게 판단하고 설명할 수 있게 되었다"라고 썼다.38)

3. 퀴어 그리스도의 놀라운 은혜

그러면 그리스도 중심적인 죄와 은혜의 모델을 가지고 무엇을 할 것인가? 이 대안적 모델은 어떻게 죄와 은혜에 관해 LGBT 크리스천 또는 모든 크리스천의 생각을 바꿀 것인가? 나에게 그리스도 중심적인 모델의 중요성은, 죄와 은혜에 대해 신학적 성찰을 위한 출발점으로서 그리스도론을 사용한다는 점이다. 죄를 범죄적 침해로 보거나 은혜를 무죄 선고 또는 죄인의 회복으로 보기보다는 그리스도 중심적인 죄와 은혜의 모델은 예수 그리스도로부터 시작한다.

이렇게 그리스도로 향하는 것은, LGBT 사람들이 죄와 은혜에 대한 성찰의 출발점으로서 퀴어 그리스도론들(queer christologies)을 사용하게 허용하므로 중요하다. 지난 몇 십 년 동안 많은 LGBT 신학자들은 LGBT 또는 퀴어 그리스도에 대해 저술했다. 이런 저술로는 로버트 쇼어-고스의 『그리스도를 퀴어링하기: '예수는 행동했다'를 넘어서』39)와 토마스

---

38) Karl Barth, "Freedom for Community," in *Theology and Sexuality: Classic and Contemporary Readings*, ed. Eugene F. Rogers, Jr. (Oxford, UK: Blackwell Publishers, 2002), 115.

보해치의 『주변부로부터의 그리스도론』40)이 있다. 곧, 이 신학자들은 예수께서 제자들에게 물은 질문, "너희는 나를 누구라 하느냐?"에 대답했다.41) 퀴어 그리스도는, 1960년대 이래 다양한 그룹이 핵심 그리스도론적 질문에 대한 대답을 서술하면서 생겨난 상황적(contextual) 그리스도론의 연장이다.42) 퀴어 그리스도론은 하나님의 놀라운 은혜의 표현이고 그래서 이 그리스도론은 죄와 은혜에 대한 LGBT 성찰을 위해 적합한 출발점이다.

이 책의 둘째 부분에서 나는 LGBT 신학자들의 퀴어 그리스도론적인 성찰에 기초하여 퀴어 그리스도의 일곱 가지 모델을 제안할 것이다.

(1) 에로틱한 그리스도(The Erotic Christ)

(2) 커밍아웃한 그리스도(The Out Christ)

(3) 해방자 그리스도(The Liberator Christ)

---

39) Goss, *Queering Christ*.

40) Thomas Bohache, *Christology from the Margins* (London: SCM Press, 2008). 퀴어 그리스도론의 개관에 대해서는 Cheng, *Radical Love*, 133-45를 보라.

41) 막 8:29.

42) 흑인 및 페미니스트 그리스도론을 포함하여 현대 그리스도론의 개관에 대해서는 Veli-Matti Kärkkäinen, *Christology: A Global Introduction* (Grand Rapids, MI: Baker Academic, 2003)을 보라. Robert J. Schreiter, ed., *Faces of Jesus in Africa* (Maryknoll, NY: Orbis Books, 1991) (아프리카 그리스도론); Harold J. Recinos and Hugo Magallanes, eds., *Jesus in the Hispanic Community: Images of Christ from Theology to Popular Religion* (Louisville, KY: Westminster John Knox Press, 2009) (라티노/나 그리스도론); R. S. Sugirtharajah, *Asian Faces of Jesus* (Maryknoll, NY: Orbis Books, 1993) (아시아 그리스도론).

(4) 위반하는 그리스도(The Transgressive Christ)

(5) 자신을 사랑하는 그리스도(The Self-Loving Christ)

(6) 서로 연결된 그리스도(The Interconnected Christ)

(7) 혼종 그리스도(The Hybrid Christ)

샐리 맥페이그가 신학 모델에 대한 영향력 있는 저서에서 쓴 바와 같이, 이 모델들은 상호 배타적이 되도록 의도한 것들이 아니며 퀴어 그리스도에 대해 생각하는 유일한 방식들로 의도한 것들도 아니다.43) 그보다 이 모델들은 LGBT 관점에서 그리스도론에 대해 생각할 수 있도록 돕는 분석 도구이다.

퀴어 그리스도의 일곱 가지 모델에 기초하여 나는 일곱 가지 치명적인 퀴어적 죄를 제안한다.

(1) 착취

(2) 벽장

(3) 무관심

(4) 순응

(5) 수치

(6) 고립

(7) 단일성

---

43) Sallie McFague, *Models of God: Theology for a Ecological, Nuclear Age* (Philadelphia, PA: Fortress Press, 1987; 정애성 옮김, 『어머니·연인·친구』, 뜰밖, 2006), 31-40.

이런 죄들은, 인간 존재가 위의 일곱 가지 모델에 나오는 퀴어 그리스도에 반대함으로써 발생한다.

따라서 거꾸로 나는 일곱 가지 놀라운 퀴어적 은혜를 제안한다.

(1) 상호성
(2) 커밍아웃
(3) 활동
(4) 일탈
(5) 긍지
(6) 상호의존
(7) 혼종성

이런 은혜들은 위의 일곱 가지 모델의 퀴어 그리스도를 따르는 것이 뜻하는 것에서부터 나온다. 이제 이 책의 2부로 가서 퀴어 그리스도의 일곱 가지 모델이라는 면에서 무엇을 발견할 수 있는지 살펴보자.

학습을 위한 질문

1. 여러분은 자신의 삶과 주변에 가까운 사람들의 삶에서 어떻게 성장과 성숙을 경험했는가? 어떻게 이 경험이 인간의 성숙에 대해 조명해줄 수 있는가?
2. 범죄 중심의 모델과 반대로 그리스도 중심의 죄와 은혜의 모델에서는

죄를 어떻게 이해할 수 있는가? 영적인 미성숙을 경험한 방식으로는 무엇이 있는가?

3. 신화(神化, deification)란 무엇인가? 동방정교회의 테오시스(*theōsis*) 교리가 죄와 은혜에 대한 우리의 생각에 어떤 도움을 줄까?

4. 그리스도 중심의 죄와 은혜의 모델에서는 속죄에 대해 어떻게 다르게 생각할 수 있을까?

5. 리용의 이레니우스, 보나벤투라, 칼 바르트는 우리가 그리스도 중심의 죄와 은혜의 모델을 구성할 때 어떻게 도움이 될까?

6. 퀴어 그리스도론은 무엇인가? 퀴어 그리스도의 일곱 가지 모델 중 어느 것이 가장 매력이 있는가? 이런 모델에 상응하는 치명적인 죄와 놀라운 은혜는 무엇인가?

심화 학습을 위한 자료

신화(Deification or *Theōsis*)
Christensen and Wittung, *Partakers of the Divine Nature*
Farley, *Gathering Those Driven Away*, 169-86
Finlan and Kharlamov, *Theōsis*, vol. 1
Kårkkåinen, *One with God*
Keating, *Deification and Grace*
Kharlamov, *Theōsis*, vol. 2
Russell, *Fellow Workers wth God*
Russell, *The Doctrine of Deification in the Greek Patristic Tradition*

리용의 이레니우스
Biddle, *Missing the Mark*, 5-7

Carpenter, *Nature and Grace*, 18-36
Minns, *Irenaeus*
Osborn, *Irenaeus of Lyons*
Steenberg, *Irenaeus on Creation*

보나벤투라
Cullen, *Bonaventure*
Delio, *Simply Bonaventure*
Delio, *The Humility of God*
Hayes, *The Gift of Being*
Johnson, *Bonaventure*

칼 바르트
Barth, *Church Dogmatics* III/4
Barth, *Church Dogmatics* IV/1
Barth, "Freedom for Community"
Berkouwer, *The Triumph of Grace in the Theology of Karl Barth*
Jenson, *The Gravity of Sin*, 130-87
Jorgenson, "Karl Barth's Christological Treatment of Sin"
Migliore, "Commanding Grace"

퀴어 그리스도론
Bohache, *Christology from the Margins*
쳉, 『급진적인 사랑』, 133-45
Goss, *Queering Christ*

제2부

퀴어 그리스도를 찾아서

5장

모델 1: 에로틱한 그리스도

나는 이 책의 제1부에서 죄와 은혜에 대해 생각할 때 범죄에 기초한 모델에서 그리스도 중심의 모델로 이동하자고 제안했다. 나는 리옹의 이레니우스의 그리스도 중심적 신학에서 가져온 동방정교회 전통과 보나벤투라와 칼 바르트의 그리스도 중심적 신학의 예와 같은 서구 전통에 기초한 그리스도 중심의 모델이, LGBT 사람들이 죄와 은혜에 대해 생각할 때, 훨씬 더 유용한 방식이라고 주장했다.

이 책의 제2부에서는 이 그리스도 중심적인 죄와 은혜의 접근방식으로부터 고려한 일곱 가지 새로운 치명적 죄(seven new deadly sins)와 일곱 가지 새로운 놀라운 은혜(seven new amazing grace)를 제안할 것이다. 나는 LGBT 신학자들의 그리스도론적 성찰에 기초해서 일곱 가지 퀴어 그리스도 모델을 설명하는 것에서 시작하고자 한다.

(1) 에로틱한 그리스도
(2) 커밍아웃한 그리스도

133

(3) 해방자 그리스도

(4) 위반하는 그리스도

(5) 자신을 사랑하는 그리스도

(6) 서로 연결된 그리스도

(7) 혼종 그리스도

그런 다음 나는 퀴어 그리스도의 각 모델과 관련하여 죄와 은혜를 정의할 것이다. 퀴어 그리스도의 일곱 가지 모델 중 첫 번째, 에로틱한 그리스도에서부터 시작하겠다.

1. 에로틱한 그리스도

그리스도 중심의 죄와 은혜의 모델 중 첫 번째는 에로틱한 그리스도이다. 많은 이들에게 에로틱한 그리스도라는 개념은 놀랍고 예기치 못한 것일 수 있는데, 예수 그리스도가 보통 에로틱하지 않은 용어로 생각되기 때문이다. 참으로 많은 이들에게 영성과 섹슈얼리티는 서로 배타적 영역에 존재하고, 에로틱한 그리스도에 대해 생각하는 것이 신성모독일 것이다. 그러나 LGBT 신학자들의 중요한 공헌 중 하나는 성스러운 것과 섹슈얼리티라는 두 영역을 함께 생각했고, 많은 신학자들이 그리스도론적 성찰에서 에로틱한 그리스도에 대해 저술했다.[1]

---

1) 성스러운 것과 섹슈얼리티를 합친 연구로는 다음 모음집이 있다. Ellison and Douglas, *Sexuality and the Sacred*; Marvin M. Ellison and Sylvia Thorson-Smith, eds., *Body and Soul: Rethinking Sexuality as Justice-Love*

에로틱한 것이란 무엇인가? 흑인 레즈비언 페미니스트 저자인 오드리 로드는 유명한 논문, "에로틱한 것의 사용"에서 에로틱한 것은 덜 노골적인 포르노와 같은 것이 아니라, 다른 사람과의 깊은 관계와 그를 향한 그리움이다. 로드에게 에로틱한 것은 다른 사람과의 '깊은 나눔'에서 나오는 힘이다. 이것은 우리 자신의 욕망을 인정하고 존중하는 것이다. 이것은 또 다른 사람, 곧 친구, 연인, 가족 구성원을 체현된/구체적인 몸을 지닌(embodied) 사람으로 인정하고 존중하는 것이다. 에로틱한 것은 다른 사람을 '만족의 대상'으로 이용하기보다는 다른 사람의 '만족 속에서 우리의 기쁨을 나누는 것'이다.2)

에로틱한 그리스도는, 육신이 되신 말씀으로서 예수 그리스도가 우리를 향한 하나님의 가장 깊은 욕망들의 체현이라는 사실에서 나온다. 예수 그리스도는 니케아 신조의 말에 의하면, 하나님이 자기만족을 위해서가 아니라 "우리를 위해 그리고 우리의 구원을 위해" 하늘에서 내려오셨다. 복음서에서 예수는 신체 접촉을 포함하여 자신과 접하는 모든 사람들에게 사랑과 욕망을 반복적으로 보인다. 또한 사람들을 살리는 것은 물론3) 질병과 장애를 치유하는4) 방식으로서 만지는 방식을 사용한다. 그리고 제자들의 발을 씻기고,5) 마지막 만찬에서 사랑하는 제자가 가슴에 가까

(Cleveland, OH: Pilgrim Press, 2003); James B. Nelson and Sandra P. Longfellow, eds., *Sexuality and the Sacred: Sources for Theological Reflection* (Louisville, KY: Westminster/John Knox Press, 1994).

2) Audre Lorde, "Uses of the Erotic: The Erotic as Power," in Ellison and Douglas, *Sexuality and the Sacred*, 75, 77을 보라.

3) 막 5:35-43(야이로의 딸); 눅 7:11-17(나인성 과부의 아들).

4) 마 9:29(두 시각 장애인의 눈을 만짐); 막 7:31-37(언어 장애가 있는 청각 장애인의 귀와 혀를 만짐).

이 기대게도 하신다.6)

거꾸로 예수는 자신을 접하러 오는 많은 사람들에게 신체적으로 접촉된다. 예수의 힘이 자신을 치유하리라는 희망을 가진 혈루병 앓는 여자가 예수를 만진다.7) 베다니의 여자는 비싼 향료를 예수에게 붓는다.8) 겟세마네 동산에서 유다는 예수에게 입을 맞춘다.9) 십자가 처형 다음에 사람들은 예수의 몸을 씻고 장례를 준비한다.10) 예수는 부활 후에 도마가 못 자국에 손가락을 대고 옆구리에 손을 대도록 허락한다.11) 이 모든 신체 접촉은 에로틱한 그리스도를 통해 우리를 향한 하나님의 사랑과 하나님을 향한 우리의 상호적인 사랑을 나타낸다.

레즈비언 신학자이자 성공회 사제인 카터 헤이워드는 예수 그리스도의 삶, 죽음, 부활의 "급진적으로 상호적인 특성"의 맥락에서 에로틱한 그리스도에 대해 썼고, 헤이워드에게 에로틱한 것은 상호 관계에 있는 힘이며, 그녀의 그리스도론은 이 주제에 초점을 맞춘다. 헤이워드는 『예수를 옳은 사람들에게서 구하기』에서 예수 그리스도의 중요성은, 다른 사람들을 (신체적으로나 다른 식으로) 만진 방식에만 있지 않고, 그가 만난 사람들에 의해 "치유되고 해방되고 변화된" 방식에도 있다고 주장한다.

---

5) 요 13:1-20.
6) 요 13:23.
7) 막 5:28-34.
8) 막 14:3-6.
9) 마 26:49.
10) 마 27:59(아리마대의 요셉); 요 19:40(니고데모).
11) 요 20:24-29.

상호 관계에 있는 이 힘은 하나님과 예수 그리스도와 성령 사이의 삼위일체 관계 안에만 있는 것이 아니다. 이 힘은 "사랑하고, 안고, 그리워하고, 상실한" 적이 있는 우리 모두의 안에 있다.12)

메트로폴리탄공동체교회의 레즈비언 목회자인 키트리지 체리는 에로틱한 그리스도에 대해 방대하게 썼다. 체리는 『감히 모험하는 예술』을 출판했는데, 에로틱한 그리스도를 묘사하는 현대 예술의 이미지들을 다룬다.13) 예를 들면, 이런 이미지에는 뉴욕시의 미술가 더글라스 블랜차드(Douglas Blnachard)의 그림, 곧 게이 예수 그리스도가 체포되고, 고문당하고, 처형당하는 십자가의 길에 대한 퀴어 해석을 포함한다. 다른 이미지로는 거의 벌거벗은 예수와 유다가 열정적으로 포옹하는 베키 제인 해럴슨(Becky Jayne Harrelson)의 "유다의 키스"가 있다. 이들과 다른 많은 작품은 체리의 웹사이트와 블로그, "Jesus in Love(사랑 속의 예수)"에서 볼 수 있다.14)

게이 남성 신학자들, 특히 로마 가톨릭으로 자란 사람들도 에로틱한 그리스도에 대해, 가장 흔하게는 에로틱한 욕망의 대상인 예수 그리스도라는 관점에서 저술했다. 예를 들면, 콘코디아대학교의 게이 종교학 교수인 도날드 보이스버트는 『신성함과 남성 욕망』에서 에로틱한 그리스도에

---

12) Carter Heyward, *Saving Jesus from Those Who Are Right: Rethinking What It Means to Be Christian* (Minneapolis: Fortress Press, 1999), 74. 또한 Carter Heyward, *Touching Our Strength: The Erotic As Power and the Love of God* (New York: HarperSanFrancisco, 1989)도 보라.

13) Kittredge Cherry, *Art That Dares: Gay Jesus, Woman Christ, and More* (Berkeley, CA: Androgyne Press, 2007).

14) "Jesus in Love" 웹사이트, http://www.jesusinlove.org(2011년 12월 11일 접속).

대해 한 장을 할애했다. 거기서 보이스버트는 어렸을 때부터 십자가에 달린 예수 그리스도의 몸에 대해 가진 "특별한 매혹"에 대해 말한다. 보이스버트에게 "십자가에 달린 예수의 멋지고 영광스런 몸"은 그와 다른 게이 남성들이 "주님과 에로틱하고 영적인 친밀함의 행동으로 들어갈" 수 있는 공간을 만든다.15)

마찬가지로 게이 신학자이자 메트로폴리탄공동체교회의 목회자인 로버트 쇼어-고스는 젊은 예수회 신참으로서 "근육질의 잘생긴 수염 있는 벌거벗은 예수"와 예수의 "헝크러진 털이 있는 가슴"에 자신의 얼굴을 묻는 것을 기도 속에서 상상한 것에 대해 에세이에서 썼다. 쇼어-고스는 예수회 사제로서 예수를 연인으로 상상했다. 그는 "예수의 연인"으로서 "한 남자와 사랑에 빠지는 것"으로 전개하는 것이 자연스런 진전이었다. 나중에 쇼어-고스는 첫 번째 연인 프랭크와 성관계를 가졌을 때 성관계를 영적 교감(communion)으로서 경험했다.16)

요약하자면, LGBT 신학자들은 에로틱한 그리스도에 대해 관계로서의 힘과 성적인 욕망이라는 관점에서 썼다. 이것은 육신이 되신 말씀으로서 특히 그리스도 중심의 죄와 은혜의 모델에서 예수 그리스도가 우리를 향한 하나님의 가장 깊은 욕망들의 성육신적 표현이라는 사실에서 나온다. 이 모델을 딛고서 이제 에로틱한 그리스도의 맥락에서 죄와 은혜가 어떠할지 논의하기로 한다.

---

15) Donald L. Boisvert, *Sanctity and Male Desire: A Gay Reading of Saints* (Cleveland, OH: Pilgrim Press, 2004), 170-71.
16) Goss, *Queering Christ*, 10, 18, 22.

2. 착취로서의 죄

에로틱한 그리스도라는 관점에서 죄는 무엇인가? 우리가 죄를 예수 그리스도 안에 있는 하나님의 계시에 반대되는 것으로 정의한 것을 기억하라. 에로틱한 그리스도가, 우리와의 관계 속에 있고 싶은 하나님의 가장 깊은 욕망이라면, 죄는 그 욕망의 반대, 또는 착취(exploitation)로 이해할 수 있다. 착취는 상호성의 결핍, 또는 다른 사람의 성적이거나 다른 필요와 욕구에 대한 관심의 결핍이다. 곧, 다른 사람이 그저 목표의 대상과 수단으로 보인다. 착취는 마틴 부버가 말한 "나와 당신(I-Thou)"이라는 관계의 반대이다.17)

착취의 핵심 측면은 합의(consent)와 연관이 있다. 합의는 LGBT의 성적인 관계에서 핵심 윤리 규범이다. 진정한 합의는 상호적이거나 양방의 동의여야 한다. 착취는 다른 사람이 성적인 행동 또는 관계에 합의할 능력을 존중하기를 거부하는 것이다. 착취의 죄는, 나이, 정신 장애, 마음 상태(예를 들면, 취한 상태), 또는 힘(예를 들면, 일터에서 직원과 상사) 때문이든 다른 사람이 성적인 관계에 합의하지 않거나 합의할 수 없을 때 발생한다. 또한 착취의 죄는 존재하는 관계의 맥락에서 한 사람이 관계 밖의 성적인 활동에 관여하고 싶어 하고 다른 사람은 그런 활동에 합의하지 않을 때 발생할 수 있다. 물론 이런 문제는 LGBT 공동체에만 제한되지 않지만, 그럼에도 불구하고 착취의 죄라는 맥락에서 이런 문제를 인식하는 것이 중요하다.

---

17) Martin Buber, *I and Thou* (Edinburgh: T&T Clark, 1937)을 보라.

착취의 다른 측면은 상대를 그저 성적 만족감의 대상으로 대하는 것과 연관이 있다. 어떤 사람들, 특히 섹스 중독 및 낮은 자존감으로 고투하는 사람들은 익명의, 안전하지 않은 마약에 의한 만남과 연관되고, 이 만남에서는 자기만족이 유일한 관심은 아닐지 몰라도 주요한 관심이다. 섹스 중독자의 상대 또는 상대들은 자극을 위한 대상으로 축소되고 온전한 인간 존재로 보이지 않는다. 로버트 와이스는 『자동 주행 속도 유지 장치』에서 어떻게 여러 중독(예를 들면, 섹스와 마약 중독)을 가진 일부 남자들이 메타암페타민 가루나 다른 파티용 마약에 취할 때 상대방이 HIV나 다른 성적으로 감염되는 질병에 걸리는 것에서 보호할 기본 예방조치를 취하지 않는지에 대해 썼다.18) 이것은 착취의 죄가 상대방을 동료 인간으로서가 아니라 대상으로서 이용할 때 작동하는 것이다.

그런데 착취의 또 다른 측면은 LGBT 인터넷 공동체에서 성적인 인종차별과 관련되어 있다. 내가 다른 곳에서 쓴 바와 같이, 유색인 게이 남성은 종종 한편으로는 무성물화(無性物化, fetishized)되고, 다른 한편으로는 완전히 주변화된다.19) 무성물화와 관련해서, 게이 아시아계 미국인 공동체는 연하의 아시아 남자, 많은 경우 재정적 지위 및 자존감이 덜한 남자와만 데이트하고 성관계를 갖는 연상의 백인 남자를 묘사하기 위해 '쌀 여왕(rice queen)'이라는 용어를 만들었다. 주변화와 관련해서, 아시

---

18) Robert Weiss, *Cruise Control: Understanding Sex Addiction in Gay Men* (Los Angeles, CA: Alyson Books, 2005), 86을 보라.

19) Patrick S. Cheng, "'I Am Yellow and Beautiful': Reflections on Queer Asian Spirituality and Gay Male Cyberculture," *Journal of Technology, Theology, and Religion* 2, no. 3 (June 2011): 1-21.

아 게이 남성은 인터넷의 데이트 및 만남 사이트에서 노골적인 거부를 자주 경험하는데, 개인 광고에 "뚱뚱한 남자, 여자 같은 남자, 아시아 남자 사절"이라는 문구가 주지의 사실일 정도이다.20)

끝으로 착취의 죄는 성적인 관계라는 맥락에만 있지는 않다는 것을 주목해야 한다. 고용주-고용인 관계처럼 성적이지 않은 맥락도 많은데, LGBT 사람들이 서로를 상호성과 존경으로 대하지 못하는 그런 관계가 있다. 실제로 착취는 교회와 관련된 맥락에서도 발생할 수 있다. 레즈비언 로마 가톨릭 신학자이고 "신학, 윤리, 예식을 위한 여성 연맹(Women's Alliance for Theology, Ethics, and Ritual: WATER)"의 공동설립자인 메리 헌트는 로마 가톨릭교회의 기저에 놓여 있으며 대부분의 사람들을 억압하고 소수에게 특권을 주는 '키리아키(kyriarchy),' 곧 "주인됨(lordship)의 구조"에 대해 길게 썼다.21) 헌트는 이 구조를 "엄격하게 계급주의적"이고 성직자를 "지위 또는 의사결정이나 성례적인 힘에서 나머지 사람들 위에" 높인다고 비판한다.22) 게이 신학자 게리 데이비드 컴스탁이 표현하

---

20) 이 문제에 대해 아시아계 LGBT 북미 학자들의 글을 모은 책으로는 다음이 있다. Song Cho, ed., *Rice: Explorations into Gay Asian Culture and Politics* (Toronto, Canada: Queer Press, 1998); Russell Leong, ed., *Asian American Sexualities: Dimensions of the Gay and Lesbian Experience* (New York: Routledge, 1996); Sharon Lim-Hing, ed., *The Very Inside: An Anthology of Writing by Asian and Pacific Islander Lesbian and Bisexual Women* (Toronto, Canada: Sister Vision Press, 1994).

21) 편집자주: 피오렌자는 '교회(church)'라는 영어는 그리스어 '에클레시아(*ekklesia*)'에서 비롯된 말이 아니라 '키리아콘(*kyriakon*)'에서 비롯된 말이라고 지적한다. Elisabeth S. Fiorenza, *The Power of the World: Scripture and the Rhetoric of Empire* (Minneapolis: Fortress Press, 2007), 78.

22) Mary E. Hunt, "New Feminist Catholics: Community and Ministry," in *New Feminist Christianity: Many Voices, Many Views*, ed. Mary E. Hunt and Diann L. Neu (Woodstock, VT: Skylight Paths, 2010), 269-70, 282.

듯이, 죄는 "상호성과 호혜를 침해"하는 것이다. 곧, 죄는 구조적인 문제나 대인관계 문제의 맥락이든 간에 "다른 사람들에게 힘을 행사하여 그들이 삶을 온전히 살지 못하게 하는 것"이다.23)

3. 상호성으로서의 은혜

에로틱한 그리스도의 맥락에서 은혜는 무엇일까? 여기서 은혜는 상호성(mutuality) 또는 다른 사람과의 관계-속에-있는-존재라는 깊은 인식이다. 오드리 로드가 묘사하듯이, 상호성은 춤처럼 "추구하는 바를 다른 사람과 깊이 나누는 것"만큼이나 간단한 형태를 취한다.24) 성적으로나 다른 면에서 다른 사람의 안녕을 인식하고 존중하는 것이다. 이것은 다른 사람을 '그것'이 아니라 '당신(thou)'으로 보는 것이다.

상호성의 은혜는 우정의 형태를 취할 수 있다. 메리 헌트는 『격렬한 부드러움』에서 "주의를 기울임, 생산성(generativity), 공동체 수립, 정의 추구"에 기초하여 우정의 신학을 제안했다.25) 마찬가지로 엘리자벳 스튜어트는 『그냥 좋은 친구』에서 어떻게 "섹슈얼리티와 열정의 역동성"이 성적인 관계에서만이 아니라 모든 관계에서 경험되어야 하는지에 대해 썼다. 곧, 우리는 '성적인' 관계를 근본적으로 우리의 '평범한' 관계와 근

---

23) Gary Comstock, *Gay Theology Without Apology* (Cleveland, OH: Pilgrim Press, 1993), 130.
24) Lorde, "Uses of the Erotic," 75를 보라.
25) Mary E. Hunt, *Fierce Tenderness: A Feminist Theology of Friendship* (New York: Crossroad, 1991), 172.

본적으로 구별해서 보아서는 안 된다. 둘 다 우정과 상호성에 근거해야만 한다. 곧, 우리는 "(우리의) 사랑에서 차별하지 않도록" 부름을 받는다. 스튜어트에게 우정은 "우리가 가장 온전히 하나님이 우리에게 의도하신 대로 되는 관계"이다.26)

뱅골신학대학원의 게이 크리스천 윤리학자이고 신학자인 마빈 엘리슨은 에로틱한 정의의 형태를 취하는 상호성의 은혜에 대해 썼다. 엘리슨에게는 "섹슈얼리티가 아니라 성적인 불의가 이 문화의 가장 큰 도덕적 문제이다." 엘리슨에 의하면, 진보적 신앙인들은 "개인적인 몸의 안녕"과 "사회 질서의 모든 면에서 다른 사람들과의 올바른 관계"를 실천하도록 부름을 받는다. 더욱이 엘리슨은 섹슈얼리티가 많은 LGBT 사람들에게 은혜의 수단이라고 말한다. 곧, 은혜는 "우리 몸의 접촉을 통해" 일어난다.27) 이것은 뉴욕 유니온신학대학원의 총장인 세린 존스가 인간의 몸에서 은혜를 발견하는 것, 그녀가 "몸의 은혜(body's grace)"라고 부른 것에 대해 쓴 것과 비슷하다.28)

LGBT 공동체의 은사 중 하나는 성적인 관계와 실천이 놀랍게 다양하다는 것이다. 데이브 니몬스는 『피부 아래의 영혼: 게이 남성의 보이지 않는 마음과 습관』에서 게이 남성 공동체를 구성하는 "성적인 마다가스카르"에 대해 썼다.29) 사실 니몬스는 책의 한 페이지에 게이 남성의 거의

---

26) Elizabeth Stuart, *Just Good Friends: Towards a Lesbian and Gay Theology of Relationships* (London: Mowbray, 1995), 213, 220.
27) Marvin M. Ellison, *Erotic Justice: A Liberating Ethic of Sexuality* (Louisville, KY: Westminster John Knox Press, 1996), 114-16 (원래의 강조).
28) Serene Jones, *Trauma and Grace: Theology in a Ruptured World* (Louisville, KY: Westminster John Knox Press, 2009), 157-61.

100가지의 대안적인 "사회적, 성적 혁신"을 열거한다. 이런 실천에 공통적인 것은 다른 게이 남성과의 깊은 관계성 의식이다.30) 다른 사람들과 관계하는 이 모든 방식은 에로틱한 그리스도라는 관점에서 상호성의 은혜를 표현하는 것으로 이해할 수 있다.

상호성의 은혜는 커플이나 한 쌍으로 제한되지 않는다. 이 은혜는 많은 다른 관계의 배열 형태를 취할 수 있다. 예를 들면, 도씨 이스턴과 재닛 하디는 열린 관계를 포함하여 폭넓은 범위의 성적인 관계에 대한 윤리적 접근에 대해 썼다. 이스턴과 하디는 합의, 정직, 성적인 선택의 갈래를 인정하기, 상대(들)에 대한 존중, 느낌의 소유권을 포함하여 그런 관계를 지배해야 하는 많은 윤리 원칙을 설명한다.31) 많은 크리스천 신학자들과 윤리학자들 역시 그런 관계에서 은혜를 발견할 가능성에 대해 썼다.32)

---

29) 인도양의 마다가스카르 섬은 생물 다양성, 즉 생명 형태의 다양성으로 알려져 있다.

30) David Nimmons, *The Soul Beneath the Skin: The Unseen Hearts and Habits of Gay Men* (New York: St. Martin's Griffin, 2002), 80.

31) Dossie Easton and Janet W. Hardy, *The Ethical Slut: A Practical Guide to Polyamory, Open Relationships and Other Adventures*, 2nd ed. (Berkeley, CA: Celestial Arts, 2009), 20-21.

32) W. Scott Haldeman, "A Queer Fidelity: Reinventing Christian Marriage," in Ellison and Douglas, *Sexuality and the Sacred*, 304-16 (결혼에서 신의의 다양한 모델을 제안); Kathy Rudy, *Sex and the Church: Gender, Homosexuality, and the Transformation of Christian Ethics* (Boston: Beacon Press, 1997) (환대 윤리를 제안); Laurel C. Schneider, "Promiscuous Incarnation," in *The Embrace of Eros: Bodies, Desires, and Sexuality in Christianity*, ed. Margaret D. Kamitsuka (Minneapolis, MN: Fortress Press, 2010), 231-46 (성육신에서 하나님의 문란한 사랑을 발견하기). 마빈 엘리슨은 이 문제에 대해 한 장을 할애한다. Marvin Ellison, *Making Love Just: An Ethical Guide for the Sexually Perplexed* (Minneapolis, MN: Fortress Press, 2012).

사실상, 성서는 동성 관계를 포함하여 많은 다른 종류의 관계 배열 속에서 상호성의 은혜에 대한 이야기를 담고 있다. 레즈비언 신학자이자 메트로폴리탄공동체교회의 현 의장인 낸시 윌슨은 성서 속에서 예수와 사랑받는 제자, 요나단과 다윗, 룻과 나오미, 로마 백부장과 종을 포함하는 많은 동성 관계에 대해 썼다.33) 트랜스젠더 이슈에 적극적인 윌리엄 피어슨대학교의 명예교수인 버지니아 몰렌코트는 성서에 묘사된 40가지 관계 배열을 나열했다!34) 실제로 상호성의 은혜는 성서에 많은 형태로 존재한다.

끝으로, 상호성의 은혜는 BDSM(결박과 훈육, 가학과 피학) 장면과 가죽 공동체와 같은 예상치 못한 곳에서 발견될 수 있다. 이스턴과 하디는 BDSM 실천의 영적인 차원에 대한 책, 『급진적인 황홀경』도 썼다.35) 이런 실천에 대한 한 가지 오해는 합의에 의한 것이 아니거나 상호적이지 않은 폭력 행위라는 것이다. 이것은 사실이 아니다. BDSM 장면은 사전에 주의 깊게 협상하며, 안전한 말로써 바텀은36) 항상 거부권을 갖는다.

토마스 피터슨은 "가죽공동체에서 게이 남성의 영성 경험"이라는 논

---

33) Nancy Wilson, *Our Tribe: Queer Folks, God, Jesus, and the Bible* (New York: HarperSanFrancisco, 1995), 111-64 ("Outing the Bible: Our Gay and Lesbian Tribal Texts")를 보라.

34) Virginia Ramey Mollenkott, *Sensuous Spirituality: Out from Fundamentalism* (New York: Crossroad, 1992), 194-97을 보라.

35) Dossie Easton and Janet W. Hardy, *Radical Ecstasy: SM Journeys to Transcendence* (Oakland, CA: Greenery Press, 2004).

36) 이스턴과 하디는 BDSM 맥락에서 바텀을 '고통, 무력감, 힘없음, 수치와 같은 감각이나 감정을 즐기거나 에로틱하게 여기는 능력을 가진 사람'으로 정의했다. Dossie Easton and Janet W. Hardy, *The New Bottoming Book* (Emeryville, CA: Greenery Press, 2001), 3.

문에서 쓴 바와 같이, BDSM 실천은 상당히 관계적일 뿐만 아니라 상당히 영적이다.37) 로마 가톨릭으로서 BDSM을 실천하는 제프 맨은 특히 "신현현(theophany)은 지적인 추상이 아니라 서로 간의 신체적이고 감정적인 경험'이다.38)

끝으로, 에로틱한 그리스도의 맥락에서 상호성의 은혜는 연결에 관한 것이다. 서로와의 연결, 우주와의 연결, 하나님과의 연결이다. 카터 헤이워드가 말하듯이, 에로틱한 그리스도의 은혜는 "정의-사랑(justice-love)"과 "사람과 피조물로서 우리의 생존과 행복에 필수적인 땅과 자원"을 나누는 형태를 취한다.39) 상호성의 은혜는 우리가 모두 서로와 삼라만상과 깊이 연결되어 있다고 이해한다. 그것은 우리가 사회적으로든, 정치적으로든, 또는 성적으로든 세상을 보고 세상과 상호작용하는 방식을 바꾸는 데 헌신해야 한다. 상호성의 은혜는 우리가 다른 사람들과 하나님과 진정한 연결을 느끼도록 하는 선물이다.

학습을 위한 질문

1. 에로틱한 그리스도는 누구인가? 오드리 로드는 '에로틱'을 어떻게 정의하고, 그 정의는 우리가 에로틱한 그리스도를 이해하는 데 어떤 도

---

37) Thomas V. Peterson, "Gay Men's Spiritual Experience in the Leather Community," in Thumma and Gray, *Gay Religion*, 337-50.
38) Jeff Mann, "Binding the God," in *Queer and Catholic*, ed. Amie M. Evans and Trebor Healey (New York: Routledge, 2008), 65-66.
39) Heyward, *Saving Jesus from Those Who Are Right*, 71.

움을 주는가?

2. 이 장에서 에로틱한 그리스도의 어느 묘사가 가장 매력이 있는가? 가장 매력이 없는 것은 무엇인가?

3. 에로틱한 그리스도라는 관점에서 무엇이 죄인가? 왜 합의가 LGBT의 성적인 관계에서 그렇게 중요한 윤리적 규범인가?

4. 에로틱한 그리스도라는 관점에서 무엇이 은혜인가? 어떤 식으로 여러분의 관계에서 상호성의 은혜를 경험했는가?

5. 폴리아모리와 BDSM을 포함하여 LGBT 공동체 속 성적인 실천의 다양성이 어떻게 에로틱한 그리스도의 은혜를 반영할까?

심화 학습을 위한 자료

섹슈얼리티와 성스러움
Ellison and Douglas, *Sexuality and the Sacred*, 2nd ed.
Ellison and Thorson-Smith, *Body and Soul*
Lorde, "Uses of the Erotic"
Nelson and Longfellow, *Sexuality and the Sacred*

에로틱한 그리스도
Boisvert, *Sanctity and Male Desire*, 168-82
Cherry, *Art That Dares*
Goss, *Queering Christ*, 3-35
Heyward, *Saving Jesus from Those Who Are Right*

착취로서의 죄
Cheng, "I Am Yellow and Beautiful"

Comstock, *Gay Theology Without Apology*, 130-31
Hunt, "New Feminist Catholics"
Weiss, *Cruise Control*

상호성으로서의 은혜
Ayres, "China Doll"
Easton and Hardy, *Radical Ecstacy*
Easton and Hardy, *The Ethical Slut*
Ellison, *Erotic Justice*
Ellison, *Making Love Just*
Haldeman, "A Queer Fidelity"
Hunt, *Fierce Tenderness*
Jones, *Trauma and Grace*, 157-61
Mann, "Binding the God"
Mollenkott, *Sensuous Spirituality*
Nimmons, *The Soul Beneath the Skin*
Peterson, "Gay Men's Spiritual Experience in the Leather Community"
Rudy, *Sex and the Church*
Schneider, "Promiscuous Incarnation"
Stuart, *Just Good Friends*
Wilson, *Our Tribe*

6장

모델 2: 커밍아웃한 그리스도

1. 커밍아웃한 그리스도

LGBT 사람들을 위한 그리스도 중심의 죄와 은혜의 두 번째 모델은 커밍아웃한 그리스도이다. 커밍아웃한 그리스도는, 하나님이 예수 그리스도라는 사람 안에서 가장 온전히 하나님 자신을 계시한다는 이해로부터 생겨난다. 달리 말해서, 하나님은 예수 그리스도라는 사람 안에서 "벽장에서 나오신다." 우리는 크리스천으로서 하나님의 진정한 본성이 그리스도 사건 속에서 계시된다고 믿는다(예를 들어, 주변화된 사람들과 억압당한 사람들과 하나님이 연대하심). 곧, 하나님은 예수 그리스도의 성육신, 사역, 십자가, 부활에서 나오신다. 참으로 하나님의 계시로서 커밍아웃한 그리스도라는 개념은 로고스(*logos*), 곧 하나님의 말씀으로서 요한복음서에서 예수 그리스도를 묘사하는 것으로 뒷받침된다.[1)]

게이 신학자이자 메트로폴리탄공동체교회의 목회자인 크리스 글레이

---

1) 계시의 교리와 퀴어신학에 대한 논의로는 쳉, 『급진적인 사랑』, 86-92를 보라.

저는 『성례로서의 커밍아웃』에서 커밍아웃한 그리스도에 대해 썼다. 글레이저는 그 책에서 예수 그리스도를 다름 아닌 바로 하나님 자신이 인류에게 커밍아웃하신 것이라고 묘사한다. "신약성서의 이야기는 하나님이 예수 그리스도 안에서 하나님 자신을 계시하기 위해 하늘의 벽장과 종교 제도에서 나오시는 것이다."[2] 달리 말해, 글레이저에게 신약성서는 하나님이 예수 그리스도라는 사람 안에서 커밍아웃한 것에 관한 것이다.

글레이저에 의하면, 하나님이 세상에서 소외된 이들과 억압당하는 이들과의 연대를 드러내신 것은 예수 그리스도 안에서다. 예를 들어, 하나님은 "외국 세력인 로마제국이 지배하는 땅과 문화와 낯선 땅에서" 태어나는 아기로 커밍아웃하신다. 하나님은 또한 여성, 환관, 혼혈 민족(사마리아인)을 방어하시고 타민족 사람들(로마 백부장, 수로보니게 여성)에게 응답하시는 예수 그리스도의 사역을 통해 억압당하는 사람들과 연대하시며 커밍아웃하신다. 십자가에서 하나님은 "십자가에 달린 한 범죄자에게 포용적인 낙원"을 확대하심으로써 커밍아웃하신다. 그리고 끝으로 부활에서 하나님은 인간의 폭력에도 불구하고 인간의 학대와 괴롭힘의 진정한 생존자로서 커밍아웃하신다.[3]

복음서에서 커밍아웃한 그리스도의 또 다른 표시는 예수 그리스도가 주변 사람들에게 계속해서 자신을 드러내려고 하는 것, 자신의 신성에 대해 '커밍아웃'하는 것이다. 게이 신학자 다니엘 헬미니악이 말하듯이, "예수는 '커밍아웃'의 문제가 있었다." 헬미니악은 "예수가 자신 안에서 깊

---

[2] Chris Glaser, *Coming Out As Sacrament* (Louisville, KY: Westminster John Knox Press, 1998), 85.

[3] Glaser, *Coming Out As Sacrament*, 82-84.

고 독특한 순간들을 감지했으나 그것을 다른 이들과 쉽게 나눌 수 없었다"고 지적한다.4) 예를 들어, 마가복음의 메시아의 비밀(the messianic secret) 구절과 같은 복음서의 많은 구절에서 예수는 자신이 누구인지에 대해 아무에게도 말하지 말라고 지시한다. 예수에게는 자기를 드러내는 것이 위험했고, 실상 그 때문에 궁극적으로 당시 종교와 정치 당국자들에게 처형을 당했다.

그러나 예수는 다른 때에는 진짜 자신에 대해 스스로 드러내기도 한다. 그는 "너희는 나를 누구라 하느냐?"고 물어서5) 제자들이 자신의 정체성에 대해 뭐라고 생각하는지 알고 싶어 한다. 예수는 변모 때에 베드로, 야고보, 요한에게,6) 그리고 부활 후에는 도마와 다른 사람들에게 매우 극적으로 자신을 드러내신다. 참으로 크리스마스의 12일 직후에 따라오는 주현절의 전체 예전 절기는 전통적으로 예수 그리스도가 세상에 드러내는 것에 관한 절기로 이해된다.

많은 신학자들 역시 예수 그리스도가 LGBT 사람들의 조상일 거라고 추측하는 관점에서 커밍아웃한 그리스도에 대해 썼다. 1968년에 영국 성공회 사제인 허프 몬티피오리는 『오늘 우리를 위한 그리스도』에 논문을 실었는데, 예수가 게이라고 제안했다.7) '격분'과 '굉장한 관심'을 불러일으킨8) 그 논문에서 몬티피오리는 예수의 독신에 대한 "동성애적 설명"이

---

4) Daniel Helminiak, *Sex and the Sacred: Gay Identity and Spiritual Growth* (Binghamton, NY: Harrington Park Press, 2006), 122.
5) 마 16:15.
6) 마 17:1-8.
7) H.W. Montefiore, "Jesus, The Revelation of God," in *Christ for Us Today*, ed. Norman Pittenger (London: SCM Press, 1968), 101-16.

"우리가 무시해서는 안 되는 것"이라고 썼다. 그는 예수가 복음서에서 여성들과 친구이지만 "그가 사랑했다고 나오는 사람들은 남자들이었다"고 지적했다. 더욱이 예수가 날 때부터(곧, 혼외로 잉태됨) 죽을 때까지(곧, 범죄자로 처형됨) '외부자(outsider)'였다는 정도로, 하나님이 한 게이 남성 안에서 하나님 자신을 드러내시는 것이 말이 될 것이다. 몬티피오리에 의하면, 이것은 "친구가 없는 사람들과 친구가 되고 비천한 사람들과 자신을 동일시하는" 하나님의 근본적인 본성과 일관성이 있을 것이다.9)

1973년에 성서학자 모튼 스미스는 역시 큰 논쟁을 불러일으킨 저서, 『알렉산드리아의 클레멘트와 마가의 비밀복음』을 출판했다.10) 스미스는 마가의 비밀복음에서 한 구절을 인용하는 알렉산드리아의 클레멘트의 잃어버린 편지 사본을 발견했다. 그 구절은 정경 마가복음 10:34와 10:35 사이에 있는데, 예수가 살려낸 부자 젊은이, 예수를 '사랑'한 그 젊은이와 예수 그리스도가 무덤에서 밤새 행한 비밀 입회식을 가리킨다. 흥미롭게도 그 젊은이는 "알몸에 아마 옷"만을 입고 있다고 나온다. 그러나 클레멘트는 그 편지에서 "알몸의 남자가 알몸의 남자와"라는 말이 비밀복음의 본문에 있다는 것을 부인한다.11) 스미스의 연구가 정교한 거짓말이라고 비난받기는 했지만, 그것은 커밍아웃한 그리스도에 대한 흥미로운 문

---

8) Montefiore, "Jesus, The Revelation of God," 109 n.2.
9) Montefiore, "Jesus, The Revelation of God," 109-10.
10) Morton Smith, *Clement of Alexandria and a Secret Gospel of Mark* (Cambridge, MA: Harvard University Press, 1973). 스미스는 비학문적인 청중을 대상으로 한 다음 책에 자신의 발견을 발표했다. Morton Smith, *The Secret Gospel: The Discovery and Interpretation of the Secret Gospel According to Mark* (Middletown, CA: Dawn Horse Press, 1982).
11) Smith, *Clement of Alexandria and a Secret Gospel of Mark*, 447.

제를 제기하고, 정경 마가복음 14:51-52에 신비롭게 나타나는 알몸 젊은이의 신비를 풀도록 도와준다.

작고한 성공회의 게이 사제인 로버트 윌리엄스도 1992년의 저서, 『내가 있는 그대로』에서 커밍아웃한 그리스도에 대해 썼다.12) 성공회 교회의 공개 게이로 최초로 서품받은 사제 중 하나였던 윌리엄스는 예수가 게이였다고 주장했다. 그는 예수와 사랑받는 제자가 연인관계였고 나사로가 실상 사랑받는 제자였다고 추측했다. 윌리엄스는 모튼 스미스와 『마가의 비밀복음』에 대한 연구에 기초하여 복음서들에 언급된 그 부유한 젊은이가 사랑받는 제자였을 것으로 추측했다. 윌리엄스는 예수, 사랑받는 제자, 나사로, 부유한 젊은이에 관한 여러 이야기를 함께 엮어서 "우리가 커밍아웃하고 자랑스럽고 여전히 예수 그리스도의 열정적인 추종자가 되는 것을 가능하게 하는" 게이 메시아를 묘사한다.13)

끝으로 낸시 윌슨은 1995년에 발표한 『우리의 부족』에서 예수 그리스도를 LGBT 사람들의 조상으로 이해해야 한다고 주장했다. 윌슨은 이 책에서 여러 이슈 중에서도 트랜스젠더와 양성애 이슈를 간단히 다룬다. 윌슨은 이사야 53장을 인용하면서 예수 그리스도가 백성에게서 "떨어져 나가고" 후사(heirs)가 없이 죽었다는 면에서 예수를 "신체적이 아니라면 기능적인 환관(a eunuch)"으로 이해해야 한다고 주장한다. 그런 다음 윌슨은 마리아, 마르다, 나사로로 구성된 베다니의 퀴어 가족에 초점을 맞추고 어떻게 이 가족이 예수님이 선택한 가족이었는지를 다룬다. 그녀는

---

12) Williams, *Just as I Am*, 111-23.
13) Williams, *Just as I Am*, 123.

마리아와 마르다가 '자매'로 묘사된 비밀 연인 사이였을지 모른다고 추측한다. 또한 그녀는 윌리엄스처럼 예수와 나사로가 연인이었을지 모른다고 추측한다. 윌슨은 예수가 온전히 인간이었고 그래서 성적인 존재였다는 면에서 "행동에서가 아니라면 성향이 양성애"라고 보아야 한다고 결론을 내린다.14)

커밍아웃한 그리스도로 이름을 붙이는 이런 시도에 대해 우리는 어떻게 이해해야 할까? 예수의 섹슈얼리티 또는 젠더 정체성을 단정적으로 증명할 수 있든 없든 간에, 이런 '아웃팅(outing)' 이야기는 우리의 선입견들에 도전하며 또한 그리스도 사건에서 우리에게 '커밍아웃'하는 하나님을 마음속에 그리는 것이 무슨 뜻인지에 대해 생각하게 만든다는 점에서 도움이 된다. 이들 '아웃팅' 이야기는 복음서 안에서 계시의 역동성을 이해하는 데도 도움이 된다.

2. 벽장으로서의 죄

커밍아웃한 그리스도라는 관점에서 죄에 대해 우리는 어떻게 생각해야 할까? 만일 하나님이 커밍아웃한 그리스도를 통해 자신을 인류에게 가장 온전히 드러냈다면, 커밍아웃한 그리스도에 반대하는 것으로 정의되는 죄는 벽장(closet), 또는 자신의 가족과 친구와 직장 동료와 여타 사랑하는 사람들에게 자신을 온전히 드러내기를 거부하는 것으로 이해할 수 있다.15) 벽장은 다른 사람들과 진실로 연결되는 것을 막을 뿐 아니라,

---

14) Wilson, *Our Tribe*, 132, 140, 147.

자신을 다른 사람들에게 계속해서 비밀로 지켜야 하기 때문에 자존감과 안녕을 좀먹는 효과를 낸다.

우리가 최근 몇 해 동안 보았듯이, 벽장은 특별히 동성애와 젠더 베리언트 행위에 반대하여 설교하면서도 정작 본인은 은밀하게 LGBT인 보수적인 크리스천 종교 지도자들과 관련하여 독을 뿌리는 효과를 낸다. 우리는 이것을 복음주의 목사인 테드 해가드(Ted Haggard)의 경우에서 보았는데, 그는 남성 에스코트에게 성적인 마사지와 메타암페타민 가루를 요청하고 돈을 지불했다. 회복 치료의 유명한 지지자이고, 동성애에 반대하는 전국 "동성애 연구와 치료 연합(NARTH)"의 이사인 조지 리커스(Geroge Rekers)에 대해 나는 다른 곳에서 쓴 바 있다. 그는 휴가에서 돌아오는 길에 "남자 대여Rentboy.com"에서 고용한 남성 에스코트가 소위 가방을 들어주다가 발견되었다.16) 그리고 네 명의 젊은 남자를 성행위에 강요한 것으로 기소된 흑인 대형교회의 목사인 에디 롱(Eddie Long)의 경우도 있다.17)

벽장은 또한 로마 가톨릭교회에서 심각한 죄의 문제이다. 마크 조던은 『소돔의 침묵』에서 로마 가톨릭 내부의 깊은 벽장과 그 결과 로마 가

---

15) 퀴어이론에서 벽장에 대한 핵심 연구로는, Eve Kosofsky Sedgwick, *Epistemology of the Closet*, updated ed. (Berkeley, CA: University of California Press, 2008)를 보라.

16) Patrick S. Cheng, "Ex-Gays and the Ninth Circle of Hell," *Huffington Post* (May 20, 2010). http://www.huffingtonpost.com/re-patrick-cheng-phd/ex-gays-and-the-ninth-cir_b_582825.html(2011년 12월 11일 접속).

17) 게이 섹스 스캔들에서 잡힌 더 많은 동성애 혐오적 개인들에 대해서는 the Gay Homophobe 웹사이트를 보라. http://www.gayhomophobe.com (2011년 12월 11일 접속).

6장. 모델 2: 커밍아웃한 그리스도   *155*

톨릭 사제직 내의 극단적인 호모포비아와 호모 에로티시즘 사이의 긴장에 대해 저술했다.18) 그러나 벽장은 동성애에만 국한되지 않는다. 조던과 여러 저자들은 다른 저술에서 최근 로마 가톨릭교회의 성적 학대 위기, 교회의 벽장에서 생겨나는 문제, 섹슈얼리티 이슈에 대한 극단적인 억압과 그에 대해 공개적이고 정직하게 말하지 못하는 무능에 대해 썼다.19) 메리 헌트는 로마 가톨릭교회에 얼마나 비밀과 속임수, 이중성의 보상이 가득한지에 대해 썼다. 헌트는 법과 권위에 복종하며 교육받은 사람들, 아이들을 대가로 하여 사제직과 제도 교회를 보존하는 행동 규칙을 고수하는 사람들의 결탁 때문에 이 체계가 '작동한다'고 지적했다.20)

벽장의 죄는 또 유색인 LGBT 공동체 안에서도 그 자체를 드러낸다. 유색인 LGBT 사람들에게는 가족과 친구에게 커밍아웃하는 것이, 신학적으로 보수적인 교회의 비난, 전통적 젠더 역할에 대한 문화적 기대, 가족과 소수민족 공동체에 수치를 가져온다는 불안 때문에 특히 어려운 과정일 수 있다.21) 예를 들어 '마이클 킴'이라는 익명의 젊은 한국계 미국인 게이 크리스천은 한국계 미국인 공동체에서 커밍아웃하는 것의 어려움에

---

18) Mark D. Jordan, *The Silence of Sodom: Homosexuality in Modern Catholicism* (Chicago: University of Chicago Press, 2000).

19) Mark D. Jordan, *Telling Truths in Church: Scandal, Flesh, and Christian Speech* (Boston: Beacon Press, 2003); Donald L. Boisvert and Robert E. Goss, eds., *Gay Catholic Priests and Clerical Sexual Misconduct* (Binghamton, NY: Harrington Park Press, 2005).

20) Hunt, "New Feminist Catholics," 270.

21) Eunai Shrake, "Homosexuality and Korean Immigrant Protestant Churches," in *Embodying Asian/American Sexualities*, ed. Gina Masequesmay and Sean Metzger (Lanham, MD: Lexington Books, 2009), 145-56.

대해 썼다.22) 킴에 의하면, "이것은 전부를 없애는 게임이다. 내가 하버드와 하버드 의대에 가서 매사추세츠 종합병원의 외과 수련의라고 해도 결국 내가 여전히 게이이면 나는 완전히 제로인 것이다." 그는 한국인 공동체에 있는 다른 사람들이 "글쎄, 내 아들이 하버드에 가진 않았지만 적어도 게이는 아니지"라고 얼마나 자주 말할 것인지에 대해 썼다.23)

벽장은 섹슈얼리티나 젠더 정체성에만 연관되는 것이 아니라는 것을 기억해야 한다. 예를 들어, 그것은 인종이나 민족과 같은 다른 특성도 경시하는 양태를 띤다. 일본계 게이 미국인 법학 교수인 켄지 요시노는 저서, 『덮기: 우리의 시민권에 대한 숨은 공격』에서 주류 속에 섞이는 이 현상에 대해 썼다.24) 예를 들어, 유색인 LGBT 사람들은 종종 부가된 벽장, 곧 소수민족의 벽장을 경험하는데, 백인이 많은 LGBT 공동체 안에서 자신의 소수자 지위를 감추거나 경시하려고 한다. 즉, 그들은 앞장에서 묘사된 무성물화(fetishization)와 주변화의 결과로서 '섞이려고' 시도한다.

3. 커밍아웃으로서의 은혜

반면에 커밍아웃한 그리스도라는 맥락에서 은혜는 벽장에서 나오는

---

22) Michael Kim, "Out and About: Coming of Age in a Straight White World," in *Asian American X: An Intersection of 21st Century Asian American Voices*, ed. Arar Han and John Hsu (Ann Arbor, MI: University of Michigan Press, 2004), 139-48.
23) Kim, "Out and About," 146.
24) Kenji Yoshino, *Covering: The Hidden Assault on Our Civil Rights* (New York: Random House, 2006).

용기로서, 자신의 성적인 지향 및 젠더 정체성을 다른 사람들과 나누는 것으로 이해할 수 있다. LGBT 사람들에게는 커밍아웃의 과정이 하나님 편에서의 은혜 또는 공로 없는 선물로만 이해될 수 있다. 커밍아웃에는 정확한 방식이나 단일한 길이 없다. 어떤 사람들은 삶에서 일찍 커밍아웃을 한다. 어떤 사람들은 훨씬 후까지 기다린다. 어떤 사람들의 경우에는 커밍아웃이 느리고 개인적인 과정이다. 다른 이들의 경우, 그것은 빠르고 공적인 선언이다. 더욱이 커밍아웃은 한 번만 하는 과정이 아니다. 참으로 그것은 일생 동안 여러 상황과 맥락에서 펼쳐지는 지속적인 과정이다.

궁극적으로 어떻게 커밍아웃을 하는지에 상관없이, 커밍아웃의 행동은 커밍아웃한 그리스도 안에서 항상 커밍아웃하시고 우리에게 하나님 자신을 계시하시는 하나님의 본성을 반영한다. 커밍아웃은 자기사랑, 다른 사람 사랑, 수치와 내면화된 동성애 혐오의 극복과 같은 여러 선물을 동반하는 선물이다. 커밍아웃은 '의지로' 하거나 '얻어낼' 수 있는 것이 아니다. 오직 하나님으로부터의 은혜의 행위로 일어날 수 있다.

수많은 LGBT 영적 저자들은 LGBT 사람들의 커밍아웃과 영적 성장 사이의 연결에 대해 주목했다. 곧, 커밍아웃은 영적인 성숙의 첫 단계이다. 예를 들어, 과거에 예수회 사제였고 현재 심리치료사인 존 맥닐은 『자유, 영광스런 자유』에서 진정한 LGBT 자신을 창조하는 세 단계 과정에 대해 썼다. 그것은 (1) 벽장에서 자기 용납으로의 길, (2) 다른 사람과의 친밀함으로의 길, (3) 공적인 길이다. 맥닐에게 이런 단계는 LGBT의 "건강과 거룩함"을 위해 필수적이다. 맥닐은 더 나아가 이런 길을 통한 이동이 자신의 자원을 가지고 성취할 수 있는 것이 아니라고 인정한다.

그보다는 이것이 "하나님의 선물," 곧 은혜의 문제이다.25)

맥닐의 모델은 LGBT 영성과 관계된 문제들을 다루는 다른 저자들의 저술에도 반향된다. 예를 들어, 다니엘 헬미니악은 커밍아웃 과정을 포함하여 성적인 자기 용납은 영적 성장에 필수적이다. 곧, "성적인 자기 용납은 자존감으로 이끌고, 이는 영적인 발달을 포함하는 인간 발달을 진전시킨다."26) 예수회 예전과 신학 분야의 교수인 제임스 엠퍼러는 영적인 성숙이 영성의 '순응주의자' 모델(곧, 자신의 가치를 외부의 권위에 두는 것)에 도전하는 것으로 시작하는데, 이는 종종 커밍아웃 과정을 다루는 것을 포함한다고 썼다.27) 커밍아웃과 영적 성숙 사이의 연결은 제리 폴웰(Jerry Falwell)의 대필 작가였던 멜 화이트(Mel White)와 같은 벽장 속 복음주의 크리스천의 자서전에서 반향된다. 이들은 벽장에서 나온 후에 진정한 직업적 소명을 발견했다.28)

메트로폴리탄공동체교회에서 안수받은 목회자인 저스틴 타니스는 『트랜스젠더와 기독교 신앙』에서 회중과 신앙 공동체들이 트랜스젠더 사람들이 자신의 젠더 정체성에 대해 커밍아웃할 수 있도록 돕는 방식들에 대해 썼다. 타니스는 환영하는 공동체의 많은 특성을 열거하는데, 여기에는 트랜스 사람들이 커밍아웃하도록 허용하는 공간 창조의 중요성을 부

---

25) John J. McNeill, *Freedom, Glorious Freedom: The Spiritual Journey to the Fullness of Life for Gays, Lesbians, and Everybody Else* (Boston: Beacon Press, 1995), 61, 65.

26) Helminiak, *Sex and the Sacred*, 55 ("Sexual Self-Acceptance and Spiritual Growth")

27) James L. Empereur, *Spiritual Direction and the Gay Person* (New York: Continuum Publishing, 1998), 119-21.

28) 일반적으로 White, *Stranger at the Gate*를 보라.

각시키는, 가시적이며 귀로 들을 수 있는 트랜스 사람들과 프로그램의 존재를 포함한다.29) 신앙공동체 내에서 트랜스 사람들의 커밍아웃을 돕는 다른 자원으로는 "MCC 교회사역 프로그램("MCC TRANSFormative Church Ministry Program)"이 있는데, 메트로폴리탄공동체교회들의 트랜스젠더 사역이 만든 안내이다.30)

앞에서 말한 것처럼, LGBT 공동체에는 커밍아웃에 한 가지 모델만 있는 것이 아니다. 실상 때로 커밍아웃의 '표준' 모델, 곧 가족과 친구와 앉아서 큰 선언을 하는 것이 이민자 공동체나 유색인 공동체에는 작동하지 않는다. 예를 들어, 아시아계 미국인 공동체에서는 LGBT 이슈는커녕, 섹슈얼리티에 대해 거의 대화하지 않는다. 또한 커밍아웃과 관련해서 복잡한 사회, 문화, 언어의 도전이 있다. 나는 퀴어 아시아계 미국인 풀뿌리 활동가들을 아는데, 그들은 일상생활에서는 극도로 커밍아웃한 외모를 보인다. 그런데 집에 가서 가족을 만날 때마다 외모를 '누그러뜨린다.' 그들이 벽장 속에 있어서가 아니라 가족의 문화를 존중하기 때문이다.

그러나 LGBT 아시아인이 커밍아웃할 때 그들은 가족, 친구, 주변 사람들에게 하나님의 은혜의 선물을 발견하도록 돕는다. 중국과 유럽 혈통의 양성애 젊은 여성인 웨이 밍 대리오티스는 자신의 커밍아웃이 어떻게 어머니에게 동성애 혐오와 인종차별을 연결하게 했는지에 대해 썼다. 대리오티스가 커밍아웃을 했을 때 이전에 동성애 혐오적 발언을 많이 했던

---

29) 타니스, 『트랜스젠더와 기독교신앙』, 김준우 옮김(무지개신학연구소, 2019), 215 이하.

30) Metropolitan Community Church Transgender Ministries, MCC TRANSFormative Church Ministry Program, MCCTM@MCCChurch.net.

중국인 어머니에게 양성애이고 아시아계 미국인이라는 것이 어떠한지에 대해 말해주었다. 얼마 후 어머니는 대리오티스의 남동생이 누군가를 패그(동성애자)라고 부르는 것을 듣고는 그러지 말라고 말했다. 어머니는 대리오티스를 불러 말했다. "넌 날 자랑스러워할 거야. 내가 알렉스더러 그렇게 말하지 말라고 했어. 지금 당장은 매우 인기 있을 수 있지만 내일 입장이 바뀌어서 중국인이니까 사람들이 칭크라고 부를 수 있고, 그러면 다른 애를 패그라고 부르는 거와 같은 거라고 말해주었어." 대리오티스는 "인종차별과 동성애 혐오가 서로를 지지하는 억압인데, 이 둘을 연결하다니" 엄마가 자랑스럽다고 말해주었다.31) 대리오티스는 커밍아웃을 통해 어머니 자신과 주변 사람들 속의 인종차별적이고 동성애 혐오적인 행위 패턴에 도전하면서 어머니가 하나님의 은혜를 발견하도록 도왔다.

결국 유색인 공동체는 커밍아웃 문제를 다루는 독특한 방식을 갖고 있는데, 하나님의 놀라운 은혜의 형태를 취할 수 있다. 예를 들어, 나는 나의 웨이 푸오(곧, 외할머니)에게 커밍아웃하지 않아도 되었다. 마이클과 만나기 시작하며 나는 초기에 마이클을 웨이 푸오와 그저 함께 점심을 먹자고 초대했다. 마이클은 할머니의 요리를 좋아했고 할머니는 마이클을 위해 요리하는 것을 좋아하셨다. 웨이 푸오는 항상 우리가 함께 있는 것처럼 우리를 대하셨고, 우리 친척 중 다른 결혼한 사람들을 대하듯이 똑같이 우리에게 대하셨다. 할머니는 그냥 아셨다. 할머니가 마이클을 그렇게 잘 받아주셨기 때문에 이것은 우리 가족의 다른 사람들에게도 본보

---

31) Wei Ming Dariotis, "On Becoming a Bi Bi Grrl," in *Restored Selves: Autobiographies of Queer Asian/Pacific American Activists*, ed. Kevin K. Kumashiro (Binghamton, NY: Harrington Park Press, 2004), 46.

기가 되었다. 우리는 커밍아웃의 은혜로 축복을 받았다.

학습을 위한 질문

1. 커밍아웃한 그리스도는 누구인가? 하나님이 예수 그리스도와 관련해 벽장에서 나오신다는 말이 무슨 뜻인가?
2. 이 장에서 커밍아웃한 그리스도에 대해 어떤 묘사가 가장 매력이 있는가? 가장 매력이 없는 것은 무엇인가?
3. 커밍아웃한 그리스도라는 관점에서 죄는 무엇인가? 이 죄는 벽장 속에 있는 보수 크리스천 지도자들에게 어떻게 영향을 미칠까? 로마 가톨릭 교회에는? 유색인 공동체에는?
4. 커밍아웃한 그리스도라는 관점에서 은혜는 무엇인가? 이 은혜는 LGBT 사람들의 영적 성장과 관련하여 어떻게 도움이 될까?
5. 여러분의 삶에서 커밍아웃의 은혜를 경험했는가? 그렇다면 어떻게 경험했는가? 그렇지 않다면, 다른 맥락에서 커밍아웃의 은혜를 어떻게 경험할까?

심화 학습을 위한 자료

커밍아웃한 그리스도
Glaser, *Coming Our As Sacrament*
Helminiak, *Sex and the Sacred*, 111-28
Montefiore, "Jesus, The Revelation of God"
Smith, *Clement of Alexandria and a Secret Gospel of Mark*

Smith, *The Secret Gospel*
Williams, *Just as I Am*, 111-23
Wilson, *Our Tribe*, 132-48

벽장으로서의 죄
Boisvert, *Gay Catholic Priests and Clerical Sexual Misconduct*
Hunt, "New Feminist Catholics"
Jordan, *Silence of Sodom*
Jordan, *Telling Truths in Church*
Kim, "Out and About"
Shrake, "Homosexuality and Korean Immigrant Protestant Churches"
Yoshino, *Covering*

커밍아웃으로서의 은혜
타니스, 『트랜스젠더와 기독교 신앙』
Dariotis, "On Becoming a Bi Bi Grrl"
Empereur, *Spiritual Direction and the Gay Person*
Helminiak, *Sex and the Sacred*, 53-64
McNeill, *Freedom, Glorious, Freedom*, 51-89
Metropolitan Community Church Transgender Ministries, "MCC TRANSFormative Church Ministry Program"
White, *Stranger at the Gate*

7장

모델 3: 해방자 그리스도

1. 해방자 그리스도

LGBT 사람들을 위한 세 번째 죄와 은혜의 그리스도론 모델은 해방자 그리스도(the Liberator Christ)이다. 달리 말해서, 예수 그리스도는 이성애주의(heterosexism)와 동성애 혐오(homophobia)를 포함하여 제도적 억압에 예속된 우리를 자유하게 하시는 분으로 이해할 수 있다. 이 모델은 1960년대 말 구스타보 구티에레즈와 제임스 콘과 같은 남미 및 흑인 신학자들로 시작한 해방신학과 상황신학에 그 뿌리가 있다. 그 후 이런 신학들은 LGBT 사람들을 포함하여 많은 정체성과 그룹을 포괄하였다.1)

예수 그리스도는 사역을 시작할 때 억압당하는 사람들을 자유롭게 해주는 것이 사명이라고 선언하신다. 예수는 이사야서를 읽으며, "가난한 사람에게 기쁜 소식을 전하고," "포로된 사람들에게 해방을 선포하고,"

---

1) 미국에서의 해방신학들에 대한 개관으로는 Miguel A. De La Torre, ed., *Handbook of U.S. Theologies of Liberation* (St. Louis, MO: Chalice Press, 2004); Stacey M. Floyd-Thomas and Anthony B. Pinn, eds., *Liberation Theologies in the United States: An Introduction* (New York: New York University Press, 2010)을 보라.

"억눌린 사람들을 풀어 주라고" 하나님께 기름부음을 받았다고 선포하신다.2) 죄나 고난으로부터의 자유와 관계가 있든 없든, 참으로 기독교 신학과 복음의 핵심 주제는 해방이다. 해방자 그리스도는 퀴어 그리스도의 중요한 모델이다.

해방자 그리스도의 사역은 마태복음 25장에서 양과 염소의 비유로 강화된다. 이 비유에서 예수는 굶주리고 목마르고 소외되고 헐벗고 아프고 갇힌 사람들을 해방시키고 돌보는 윤리를 세운다.3) 아이러니하게도 이것이 크리스천들이 마지막 때 심판받을 기준이지, 많은 교회와 교단이 논쟁하느라 많은 시간을 보낸 성적인 도덕성의 문제가 그 기준이 아니다.

해방자 그리스도는 예수가 당시 종교 당국자들에게 도전한 것에서도 살펴볼 수 있다. 혈루병 앓는 여자, 악마에 사로잡힌 사람들, 정결하지 않다고 여겨진 여러 사람들을 안식일에 치유하시거나 만지시는 일로써 예수는 항상 율법주의에서 사람들을 해방시키신다. 더욱이 예수는 말뿐 아니라 행동으로도 그 종교 당국자들에게 도전하신다. 예를 들어, 예수는 환전상들의 탁자를 엎고 희생제사용 동물을 파는 사람들을 쫓아내는 물리력을 써서 성전을 정화하신다.4) 종교 당국자들에 대한 예수의 도전 때문에, 결국 종교 지도자들의 회합인 산헤드린에 의해 신성모독으로 유죄 판결을 받게 된다.5)

고대 이스라엘 사람들이 이집트 노예생활에서 풀려난 것처럼, 해방자

---

2) 눅 4:18-19(사 61:1-2 인용).
3) 마 25장.
4) 막 11:15-17; 요 2:14-16.
5) 막 14:64.

그리스도는 LGBT 사람들을 이성애주의와 동성애 혐오의 속박에서 자유케 하신다. 1960년에 그리스도연합교회(United Church of Christ)의 게이 목사인 로버트 우드는, 동성애자에 관해 제도 교회의 부정적 태도에 도전한 획기적인 연구서 『그리스도와 동성애』를 출판했다. 우드는 이 책을 "비난받는다고 느끼는 외롭고 거부당한 동성애자들"에게 헌정했고 그들이 "빛이신 예수 그리스도"를 발견하기를 희망했다. 우드는 "교회가 동성애자들을 대하는 데서 항상 그리스도를 따르지 않았다"고 주장하며 해방자 그리스도에 대해 썼다.6)

30년 후 로버트 쇼어-고스는 『예수가 행동했다: 게이와 레즈비언의 선언』에서 해방자 그리스도에 대해 썼다. HIV/AIDS 유행병이 한창일 때 집필한 그 책에서 쇼어-고스는 레즈비언과 게이, 페미니스트, HIV/AIDS 활동가 그룹들의 작업을 크리스천 관점에서 옹호했다. 특별히 그는 그런 활동이 제도 교회의 예수 그리스도와는 반대로, 복음서의 예수 그리스도와 일관성이 있다고 주장했다.

쇼어-고스에게는 제도 교회, 특히 로마 가톨릭의 전통적인 그리스도론을 해체하는 것이 대단히 중요하다. 예를 들어, 그는 어떻게 예수의 독신생활을, "독신 남자들이 계속 교회를 통제하기 위해 가톨릭 교리와 실천으로 이용했는지"를 인용한다.7) 고스는 LGBT 사람들에게 성적 행위를 혐오하고 성에 부정적인 "억압자 그리스도" 모델을 전복시키고 LGBT에게 힘을 주는 "해방자 예수" 모델로 옮겨가라고 요청한다.8)

---

6) Wood, *Christ and the Homosexual*, 1, 97.
7) Robert E. Goss, *Jesus Acted Up: A Gay and Lesbian Manifesto* (San Francisco: HarperSanFrancisco, 1993), 69.

다른 LGBT 신학자들은 해방자 그리스도의 다른 측면에 초점을 맞추었다. 예를 들어, 게이 신학자이자 웨슬리언대학교의 은퇴한 개신교 교목인 게리 캄스탁은 우리를 지배하는 계급주의적 예수 그리스도라는 전통 개념에서 해방될 필요가 있다고 썼다. 캄스탁은 『변명 없는 게이 신학』에서 예수는 우리가 그를 '주인'으로 보는 것에서 해방시키신다고 주장한다. 예수는 우리를 '친구'로 초대한다. 예수는 우리에게 "본인 없이 해나가라고 옆구리를 쿡 찌르고" 우리더러 "서로를 사랑하는 윤리적 책임을 지라"고 촉구한다.9) 그래서 캄스탁에게 해방자 그리스도는 전능하신 군주라기보다는, 학대하는 종교와 관련된 건강하지 않은 행위를 떠나도록 우리에게 힘을 주는 친구이다.

나에게 해방자 그리스도는 섹슈얼리티와 젠더 정체성에 대해 이분법적 사고에서 우리를 해방하는 분이다. 내가 『급진적인 사랑』에서 썼듯이 퀴어신학은 아주 극단적이어서 동성애/이성애, 남성/여성/, 남자/여자와 같은 현존하는 이분법을 해체하는 급진적인 사랑에 관한 것이다.10) 그래서 나에게 해방자 그리스도는 우리를 전통적인 성 및 젠더 이분법에서 자유케 하는 양성애, 트랜스젠더, 인터섹스 그리스도론 속에서 발견된다. 이는 낸시 윌슨, 마르셀라 알타우스-레이드, 로렐 다익스트라의 양성애 신학, 엘레노어 맥로린과 저스틴 타니스의 트랜스젠더 그리스도론, 버지니아 몰렌코트의 인터섹스 그리스도론을 포함한다.11)

---

8) Goss, *Jesus Acted Up*, 61-85.
9) Comstock, *Gay Theology Without Apology*, 91-103.
10) Cheng, 『급진적인 사랑』.
11) 이들 그리스도론에 대한 자세한 논의는 Cheng, 『급진적인 사랑』, 133-45

해방자 그리스도는 "국제 탈출(Exodus International)" 같은 기관이 주창하는 '탈 게이(ex-gay)' 또는 치료 요법과 같은 거짓된 해방 개념에서는 발견되지 않는다는 것을 주목해야 한다. 주류 심리학 전문 기관들과 정신의학 전문 기관들이 신뢰하지 않는 이런 치료는 "기도로 동성애를 없애서" LGBT 사람들을 그들의 섹슈얼리티와 젠더 정체성에서 벗어나게 하려는 목적을 갖는다. 웨인 베젠은 『오직 이성애만』에서 이런 요법들이 효과가 없다는 자료를 제시한다. 예컨대 "국제 탈출(Exodus International)"의 창립자 두 사람은 서로 사랑에 빠졌고 그 단체를 떠났다. 마찬가지로, 존 폴크(John Paulk) 같은 다른 '탈 게이' 운동의 전형적인 인물들이 게이 바에서 몰래 남자들을 찾다가 걸렸다.12) 이것은 해방자 그리스도에게서 성적 지향이나 젠더 정체성에게 자유롭게 되는 그런 문제가 아니다. 이것은 자기혐오, 자기 미움에서 자유롭게 되는 그런 문제이다.

요약하자면, 제도 교회에 여전히 만연한 유독한 이성애주의와 동성애 혐오에서, 우리를 지배하는 예수 그리스도라는 계급주의 개념에서, 또는 섹슈얼리티, 젠더 정체성, 생물학적 성에 관한 거짓 이분법에서 LGBT 사람들을 자유케 하는 것이든, 해방자 그리스도는 퀴어 그리스도의 중요한 측면이다. 이제 우리는 해방자 그리스도라는 빛에서 죄와 은혜에 대해 생각하도록 하겠다.

를 보라. 궁극적으로 나는 LGBT 범주 자체도 해방자 그리스도에 의해 해체된다고 믿는다. 섹슈얼리티도 젠더 정체성도 창조, 화해, 속죄라는 더 큰 크리스천 이야기 속에서는 궁극적인 중요성을 갖지 않는다.

12) Besen, *Anything But Straight*.

2. 무관심으로서의 죄

해방자 그리스도라는 관점에서 죄는 무엇인가? 해방자 그리스도를 제도적 억압에 매인 모든 사람들을 자유케 하는 분으로 이해한다면, 죄는 해방자 그리스도와 반대되는 것으로, 무관심(apathy)으로 이해할 수 있다. 곧 해방자 그리스도 모델과 관련해서 죄는, 계급, 성, 인종, 젠더 정체성, 나이, 능력 및 다른 요소들을 근거로 소외되는 사람들, "우리 중 가장 작은 자"인 LGBT 사람들을 포함하여 LGBT 공동체의 모든 구성원에게 영향을 미치는 제도적 억압을 없애는 일을 거부하는 것으로 볼 수 있다.

LGBT 사람들이 마주하는 한 가지 도전은 우리 '공동체' 안에서도 여러 억압이 서로 연결된 성격이 있다는 것을 이해하지 못하는 것이다. 우리 중 일부가 더 많은 법적 권리와 정치적 대표성을 획득함에 따라 그런 권리를 아직 받지 못한 사람들을 뒤에 남겨두지 않는 것이 매우 중요하다. 예를 들어, 2006년에 트랜스젠더의 권리 보호는, 성적 지향에 관한 연방 시민 권리에 대한 상정 법안인 "고용 차별 금지법(Employment Non-Discrimination Act: ENDA)"에서 빠졌다. 그 이유는 젠더 정체성 보호를 포함한 그 법안이 연방 하원을 통과할 만큼 충분히 표를 얻지 못할 것이기 때문이었다. 내게 이것은 LGBT 공동체에서 우리 공동체에서 더 소외된 이들(트랜스젠더들)에 관해 일부 사람들(레즈비언과 게이)이 무관심하다는 문제를 제기한다.

실로 어떤 사람들은 LGBT 두문자어에서 (인터섹스, 퀴어, 퀘스처닝, 앨라이, 두-영혼 사람들을 대표하는 IQQATS와 같은 추가 문자도 포함할 수 있는) '알파벳 수프(alphabet soup)' 문자라 부르는 것의 필요성에 대해 의문을 제기했다. 알파벳 수프는 실상 레즈비언과 게이 남성에게 (트랜스젠더 사람들의 경우처럼) 성적 지향이 젠더 정체성과 같지 않은 사람들을 상기시키는 면에서 매우 중요하다. 더욱이, 이 다양한 문자는 또한 레즈비언과 게이 남성에게 섹슈얼리티가 (양성애의 경우처럼) 이분법적인 이슈가 아니라는 것을 상기시킨다. 편의주의나 간편함을 이유로 포괄적으로 되지 않으려는 것은 내가 볼 때 무관심의 죄의 한 예다. 이것은 많은 LGBT 사람들이, 약자를 괴롭히는 것을 보면서도 침묵하고 있는 방관자처럼 그들을 위해 나서서 말하거나 행동하지 않은 사람들의 무관심 때문에 고통을 당했기 때문에 아이러니하다.13)

무관심의 비슷한 문제는, 가장 최근에 뉴욕주를 비롯한 많은 주에서 통과된 동성결혼법과 관계가 있다. 구체적으로, LGBT 사람들이 결혼할 권리를 일단 획득하면, LGBT 공동체 안에 있는 여러 대안 형태의 관계를 보호하고 그들의 권리를 위해 계속 싸울까? 아니면 그들은 더 넓은 정의 문제에 대해 더 이상 관심을 갖지 않을까? 예를 들어, 메리 헌트는 동성결혼법에 진정한 관계 정의(relational justice)가 빠져 있고, (고용주가 제공하는 건강 돌봄 혜택을 고용인의 배우자와 가족이 아닌 개인들에게 제공하는 것과 반대로) 결혼법에서 혜택을 볼 수 없는 사람들을 뒤에 남겨둘 수 있는 것에 대해 왜 염려하는지에 대해 진지하게 생각하는 글을

---

13) Barbara Coloroso, *The Bully, the Bullied, and the Bystander: From Preschool to High School - How Parents and Teachers Can Help Break the Cycle of Violence*, updated ed. (New York: Collins Living, 2008), 159-75 (괴롭히는 상황에서 방관자의 역할을 다룸). LGBT 청소년을 괴롭히는 것에 대한 신학적 비평으로는, Cheng, "Faith, Hope, and Love"를 보라.

썼다.14)

무관심의 죄는 LGBT 공동체 안에서 여러 다른 형태를 띨 수 있다. 그 중 하나는 인종차별과 유색인 LGBT 공동체와 관련해서 포용적이지 못한 점이다. 예를 들어, 1991년에 LGBT 공동체 내 주요 기관 중 하나인 "람다 법률 방어와 교육 기금(Lambda Legal Defense and Education Fund; LGBT의 권익옹호 단체)"은 브로드웨이 뮤지컬 "미스 사이공"으로 연례 모금행사를 열었다. 이 뮤지컬은, 아시아인을 "고분고분한 '동양인,' 자신을 지우는 여성, 그리고 무성적이고(asexual) 비열한 남자"로 틀에 박힌 묘사를 한다고 하여 아시아계 미국인 공동체의 비판을 두루 받았다. 아시아계 미국인 공동체는 또한 아시아인으로 나오는 주요 역할을 백인 배우가 아시아인 분장을 하고 맡은 점에 분노했다. 람다는 재정적인 이유 때문에 취소를 거부했는데, 이 사건은 모금행사에 저항하는 활동으로 뉴욕시의 아시아계 미국인 LGBT 공동체를 활성화하는 역할을 했다.15)

20년 후, 상황이 반드시 개선되지는 않았다. 2001년에 LGBT 공동체에서 또 다른 주요 단체인 인권캠페인(Human Rights Campaign)이 아시아계 미국인 LGBT 활동가들의 비판을 받았다. "결혼 옹호법(Defense of Marriage Act: DOMA)"에 대해 의회에서 말할 증인 중에 유색인을 포함하지 않았기 때문이다. DOMA가 이민법 때문에 결혼을 인정받지 못한 두 국적의 부부에게 상당히 영향을 미친다는 점에서 이런 간과는 특히 문제

---

14) Mary E. Hunt, "Same-Sex Marriage and Relational Justice," *Journal of Feminist Studies in Religion* 20, no.2 (Fall, 2004): 83-92.

15) Yoko Yoshikawa, "The Heat Is on Miss Saigon Coalition: Organizing Across Race and Sexuality," in Eng and Hom, *Q&A*, 41-56.

가 있었다. 주요 LGBT 출판물 중 하나인 「아웃 매거진(Out Magazine)」이 2010년에 LGBT 공동체에서 가장 영향력 있는 사람들, 'Power 50'에 유색인은 단 두 명을 넣었다(아프리카계나 아시아계 미국인은 없었다).16) 인종 문제와 관련해서 우리는 갈 길이 아직 멀다.

무관심의 죄는 LGBT 공동체에서 다른 많은 형태를 띨 수 있다. 예를 들어, 샌프란시스코와 뉴욕과 같은 도시의 게이 지역에서 편안한 중산층 내지 상류층으로 사는 커밍아웃한 레즈비언들과 게이들 사이에는 더 넓은 경제정의 문제에 대한 관심이 흔히 부족하다. 이런 개인들이 과거 LGBT 활동가들(예를 들어, 스톤월 항쟁에서 우리의 용감한 조상들)의 해방 활동에서 크게 혜택을 입었다는 사실에도 불구하고, 이 'A급 게이들' 중 많은 이들은 체제적 억압으로 고통당하는 모든 사람들의 더 나아간 해방을 위해 아무것도 안 하거나, 거의 하는 게 없다.

3. 인권 활동으로서의 은혜

죄가 무관심이라면, 해방자 그리스도의 맥락에서 은혜는 인권 활동(activism) 또는 구조적 억압을 초래하는 권세와 세력에 도전하는 것으로 이해할 수 있다. 즉, 은혜는 LGBT 사람들의 전통적인 관심 문제만이 아니라 사회적이고 경제적인 불의를 초래하는 다른 많은 문제에 도전하기

---

16) 그 두 유색인은 Anthony Romero 와 Perez Hilton 이었다. 전체 명단에 대해서는 다음을 보라. "The Fifth Annual Power 50," http://www.out.com/out-exclusives/power-50/2011/04/11/fifth-annual-power-50#slide-1(2011년 12월 11일 접속).

위해 하나님이 주시는 선물로 이해될 수 있다.17)

현재 미국에서의 LGBT 활동은 여러 면에서 인권 활동의 결과로 태어났다. 스톤월 항쟁은 1968년 6월 27-28일 저녁에 뉴욕시 그린위치 빌리지에 있는 스톤월 술집에서 일어났고, 그것은 현대 LGBT 인권 활동의 효시가 되는 사건으로 여겨진다. 그날 밤 이 술집의 후원자들과 그린위치 빌리지의 주민들은 스톤월 술집에 대한 경찰의 정기 단속을 거부하고 싸웠다. 이 사건은 해마다 전 세계의 퀴어 퍼레이드에서 기념되고 있다.18)

스톤월 항쟁이 현대 LGBT 활동에서 중추적인 순간으로 여겨지기는 하지만, 이미 1950년대에 "매터쉰 협회"(Mattachine Society: 해리 헤이가 1950년에 게이 남성의 인권을 위해 LA에 설립—역자주)와 "빌리티스의 딸들"(Daughters of Bilitis: 델 마틴과 필리스 리온이 1955년에 레즈비언의 인권을 위해 샌프란시스코에 설립—역자주)과 같은 많은 인권 활동 사건이 스톤월 항쟁으로 이끌었다. 레즈비언과 게이가 직장에서 쫓겨나고 또한 공공장소에서

---

17) 그런 LGBT 그룹 중 하나는 '성 및 젠더 해방의 맥락에서 경제정의를 진작시키기 위한 진보적인 비영리단체'인 Queers for Economic Justice 이다. http://q4ej.org/about 을 보라(2011년 12월 11일 접속). 인권활동의 은혜는 Occupy Wall Street(월가를 점령하라) 활동에서 특별한 의미를 가졌는데, 이로써 2011년 12월 현재, 세계의 수많은 도시에서 경제정의를 위해 데모가 벌어지고 있다.

18) Dudley Clendinen and Adam Nagourney, *Out for Good: The Struggle to Build a Gay Rights Movement in America* (New York: Touchstone, 1999); Eric Marcus, *Making Gay History: The Half-Century Fight for Lesbian and Gay Rights* (New York: Harper, 2002); Neil Miller, *Out of the Past: Gay and Lesbian History: From 1869 to the Present*, rev. ed (New York: Alyson Books, 2006). LGBT 사람들과 우리 퀴어 조상의 일반 역사에 대해서는 Martin Duberman, Martha Vicinus, and George Chauncey, eds., *Hidden from History: Reclaiming the Gay and Lesbian Past* (New York: Meridian, 1989)을 보라.

함께 춤추는 것이 금지된 시절이었던 것을 생각하면 이들의 행동은 엄청나게 용기 있는 것이었다.

초기의 동성애 옹호 활동가 중에는 연방 정부와 군대에서 동성애자에 대한 차별에 항의하기 위해 1965년 필라델피아의 독립기념관에서 열린 게이 인권 시위에 참여한 일본계 미국인 게이 남성인 기요시 구로미야가 있다. 구로미야는 35년간 LGBT 인권 활동에 몸담았다. 그는 초창기 동성애 옹호 및 게이 해방 활동에 참여했을 뿐 아니라, 생애 말년에는 미국 정부가 증가하는 HIV/AIDS 질병에 관해 무관심한 것에 항의하기 위해 1987년에 창설된 LGBT 활동 단체 "액트 업"(ACT-UP: AIDS Coalition to Unleash Power)을 포함하는 HIV/AIDS 관련 인권 활동에 몸담았다. 구로미야는 HIV/AIDS와 암의 합병증으로 2000년에 사망했으나 그에 대한 기억은 최초의 아시아계 미국인 게이 활동가 중 하나로 아직도 살아 있다.19)

다른 인권 활동 단체들 중에는 1990년에 설립된 "퀴어 국가"(Queer Nation)가 있는데, 이 단체는 LGBT 사람들에 대한 계속적 차별과 폭력에 저항하기 위해 (예를 들면, 벽장 속 개인을 아웃팅시키기와 같은) 대결 전술을 사용했다. 앞에서 말한 바와 같이, 결혼 동등권과 DOMA의 폐지와 같은 문제를 다루는 "인권 캠페인"(Human Rights Campaign)과 "람다 법률옹호와 교육기금"(Lambda Legal Defense and Education Fund)처럼 더 '주류'인 LGBT 인권단체들이 많다.

---

19) Liz Highleyman, "Kiyoshi Kuromiya: Integrating the Issues," in *Smash the Church, Smash the State!: The Early Years of Gay Liberation*, ed. Tommi Avicolli Mecca (San Francisco: City Lights Books, 2009).

인권 활동의 은혜는 구조적 억압의 서로 연결된 속성을 인식하는 많은 유색인 LGBT 공동체의 풀뿌리 활동에서도 볼 수 있다. 예를 들면, 아시아계 퀴어 단체들의 전국 연합인 "전국 아시아 태평양 퀴어연맹" National Queer API Alliance: NQAPIA)은 성적 지향과 젠더 정체성이라는 전통적인 LGBT 이슈를 다룰 뿐만 아니라, LGBT 공동체 내의 인종차별, 계급주의와 이주민 개혁 이슈에 대해서도 다룬다.20)

가이 나카타니(Guy Nakatani)는 아시아계 퀴어 공동체 안에 있는 인권 활동의 은혜를 잘 보여준다. 일본계 미국인 젊은 게이 남성인 나카타니는 스무 살에 완전히 진행된 에이즈로 진단받았다. 1980년대 말에 나카타니의 진단은 처음에 본인과 가족에게 충격이었지만 HIV/AIDS 지위에 관해 활동가가 되고 또래 AIDS 교육자가 되기로 결심했다. 나카타니는 그 후 6년간 샌프란시스코 베이 지역의 고등학교 학생들에게 수없이 HIV 예방에 대해 생생하게 가르쳤다. 나카타니가 26세에 죽었을 때는 약 4만 명의 사람들에게 가르쳤고, 수많은 생명을 구했다. 나카타니의 이야기는 어떻게 인권 활동의 은혜가 HIV 양성의 아시아계 젊은 게이 남성 속에서 나타났는지를 보여주는 강력한 예이다.21)

끝으로, 인권 활동의 은혜는 메트로폴리탄공동체교회와 같은 LGBT 종교 단체들의 설립에서도 볼 수 있다. MCC는 섹슈얼리티 때문에 사역에서 쫓겨난 오순절교회 게이 목사인 트로이 페리의 거실에서 1968년에

---

20) NQAPIA 의 웹사이트, http://www.nqapia.org 를 보라(2011 년 12 월 11 일 접속).

21) Molly Fumia, *Honor Thy Children: One Family's Journey to Wholeness* (Berkeley, CA: Conari Press, 1997)를 보라.

설립되었다. 페리는 자서전 『주는 나의 목자시고 그는 내가 게이임을 아신다』에서 자신의 종교 인권 활동에 대해 썼다. 그 책에서 페리는 "개인적인 광야"에서부터 "하나님의 정원에 있는 오아시스"로 간 자신의 여정을 추적했다.22) 지난 40년간 MCC는 모든 이들에게 열려 있는 교회들의 국제 조직으로 성장했다.23)

인권 활동의 은혜는 또한 주류 교단 내 LGBT에 친밀한 그룹들의 설립에서도 볼 수 있다. 그런 그룹 중 가장 두드러진 것은 성공회의 전국 LGBT 단체로서 1974년에 루이 크루(Louie Crew) 박사가 조지아주 시골에 설립한 "정직함"(Integrity)이다.24) 이 단체는 샌프란시스코의 그레이스성당조차 레즈비언과 게이 성공회 교인들이 어디서 모일 수 있을지 몰랐을 때에 설립되었다. 이 단체는 몇 십 년 후 최초의 공개 게이, 공개 레즈비언으로서 2003년에 진 로빈슨(Gene Robinson) 주교와 2010년에 메리 글래스풀(Mary Glasspool) 주교가 성공회 연합에서 주교로 선출되고 성별되는 것을 보게 되었다.

참으로, 스톤월 항쟁부터 "액트 업"(ACT-UP), "퀴어 국가"(Queer Nation), 메트로폴리탄공동체교회(MCC), "정직함"(Integrity)의 설립까지 LGBT 인권 활동의 은혜는 우리 모두가 그리스도의 몸 안에서 서로 연결

---

22) Troy Perry, *The Lord Is My Shepherd and He Knows I'm Gay* (Los Angeles: Nash Publishing, 1972), 6.
23) MCC 의 핵심 인물을 포함하여 인터넷 LGBT 종교사의 기록보관소로는 LGBT Religious Archive Network, http://www.lgbtran.org 를 보라(2011 년 12 월 11 일 접속).
24) Integrity 의 설립 이야기에 대해서는 Louie Crew, "The Founding of Integrity," http://www.rci.rutgers.edu/~lcrew/pubd/founding.html 을 보라 (2011 년 12 월 11 일 접속).

되어 있고 또한 우리가 다른 사람에게 "나는 네가 필요 없어"라고 말할 수 없음을 인정하는 하나님의 선물이다.25)

학습을 위한 질문

1. 해방자 그리스도는 누구인가? 복음서에서 해방자 그리스도의 예로는 어떤 것이 있나?
2. 이 장에 소개된 해방자 그리스도의 어느 묘사가 가장 어필하는가? 가장 덜 어필하는 것은?
3. LGBT 사람들과 관련해서 해방에 대한 거짓 개념으로는 어떤 것이 있는가?
4. 해방자 그리스도의 관점에서 죄란 무엇인가? 이 죄는 오늘날 LGBT 공동체에서 어떻게 나타날까?
5. 해방자 그리스도의 관점에서 은혜란 무엇인가? LGBT 공동체의 역사 속에서, 그리고 오늘날 이 은혜의 예로는 어떤 것이 있나?

심화 학습을 위한 자료

미국 해방신학
De La Torre, *Handbook of U. S. Theologies of Liberation*
Floyd-Thomas and Pinn, *Liberation Theologies in the United States*

---

25) 고전 12:21.

해방자 그리스도
Cheng, 『급진적인 사랑』, 133-45
Comstock, *Gay Theology Without Apology*, 91-103
Goss, *Jesus Acted Up*
Wood, *Christ and the Homosexual*

탈-게이와 거짓 해방
Besen, *Anything But Straight*

무관심으로서의 죄
Coloroso, *The Bully, the Bullied, and the Bystander*
Hunt, "Same-Sex Marriage and Relational Justice"
Yoshikawa, "The Heat Is on *Miss Saigon* Coalition"

인권 활동으로서의 은혜
Clendinen and Nagourney, *Out for Good*
Crew, "The Founding of Integrity"
Duberman, Vicinus, and Chauncey, *Hidden from History*
Fumia, *Honor Thy Children*
Highleyman, "Kiyoshi Kuromiya"
Marcus, *Making Gay History*
Miller, *Out of the Past*
Perry, *The Lord Is My Shepherd and He Knows I'm Gay*

8장

모델 4: 위반하는 그리스도

1. 위반하는 그리스도

　LGBT 사람들을 위한 네 번째 죄와 은혜의 그리스도론적 모델은 위반하는(transgressive) 그리스도이다. 위반하는 그리스도는, 예수 그리스도가 당시의 종교 및 정치 당국이 생각하는 행동의 표준에 따르기를 거부하거나, 어떤 경우에는 적극 전복했기 때문에 십자가에 달리셨다는 이해로부터 나온다. 예수 그리스도는 누가복음에서 '왜곡하는 자(pervert)'로 묘사된다. 즉, 그는 본디오 빌라도 앞에 서게 되고 나라를 '왜곡(perverting)'한다고 사람들에게 기소된다(그리스어로 디아스트레폰타 *diastrephonta*, 곧 '비틀다,' '외면하다,' '호도하다').1)

　예수 그리스도는 복음서의 처음부터 국외자(outsider)로 묘사된다. 예를 들어, 마태복음의 족보에서 (성노동자로 변장하고 시아버지를 속여 자신과 성관계를 갖게 한) 다말, (성노동자이고 가나안 사람인) 라합, (헷사람 우리야와 결혼한 상태에서 다윗왕과 간음한) 밧세바, (다른 여자에

---

1) 눅 23:2, 14.

대한 헌신을 맹세한 모압인) 룻과 같이 인습에 얽매이지 않거나 성적으로 '위반하는' 여자 조상을 여럿 열거한다. 물론 예수는 결혼하지 않은 상태에서 임신한 마리아에게 태어난다.2)

예수는 사역 동안에 당시에 일반적으로 받아들여진 종교와 율법의 경계를 위반하는 것으로 항상 나온다. 정결법에 사로잡힌 세상에서 예수는 피부병 환자들,3) 피 흘리는 여자들,4) 악령에 사로잡힌 사람들, 장애인들5) 등 부정하다고 여겨진 사람들을 만지고 고친다. 예수는 안식일에 치유 금지6) 및 이혼의 이유7)와 같은 종교 당국의 가르침에 도전한다. 그는 세리와 죄인과 같은 따돌림당하는 사람들과 함께 먹고 마신다고 비판받는다.8)

예수는 관습적인 행동의 경계를 밀어부친다. 그는 30대에 비혼의 랍비였고, 생물학적 가족을 거부했고,9) 고향에서 거부당했다.10) 그는 사마리아 사람들처럼 이스라엘 사회의 주변부에 있는 많은 사람들에 대한 비유를 말한다.11) 요약하자면, 위반하는 그리스도는 LGBT 사람들과 이 세

---

2) 마 1:1-16.
3) 마 8:1-4; 눅 17:11-19.
4) 마 9:18-26; 막 5:21-43.
5) 막 7:31-37.
6) 막 3:1-6.
7) 막 10:2-12.
8) 마 9:9-13. 일반적으로 Carey, *Sinners*를 보라. 또한 Edward P. Wimberly, *Moving from Shame to Self-Worth: Preaching and Pastoral Care* (Nashville, TN: Abingdon Press, 1999), 76-78을 보라.
9) 막 3:31-35.
10) 마 13:53-58.

상의 권세자들과 권력자들의 규칙에 순응하기를 거부하는 사람들의 고난에 함께 하시는 하나님의 연대로 이해될 수 있다.

로버트 쇼어-고스는 LGBT 그리스도론에 대한 획기적인 두 저서, 『예수가 행동했다』와 『그리스도를 퀴어링하기』에서 위반하는 그리스도에 대해 광범위하게 썼다.12) 쇼어-고스는 HIV/AIDS 확산에 대해 교회가 침묵하고 행동하지 않는 것에 대응하여 쓴 분노의 성명서, 『예수가 행동했다』에서 오늘날 성 정의(sexual justice) 옹호자들은 예수 그리스도를 '위반하는 실천'의 모델로 봐야 한다고 주장했다.

구체적으로 쇼어-고스는 성전에서 동물 상인들을 쫓아내고 환전상의 탁자를 뒤엎은 예수의 행동을 성패트릭성당에서의 "액트 업/뉴욕"(ACT UP/New York) 시위와 비교했다. HIV/AIDS 위기가 한창일 때 벌어진 그 시위에서 한 시위자가 성별된 빵을 먹지 않고 부수었을 때 소동이 일어났다. 쇼어-고스가 볼 때 그 두 행동은 "신성한 공간을 침범했고, 신성한 예식을 위반했고, 감성에 상처를 냈다." 그런데 쇼어-고스에 의하면, 그 두 행동은 "하나님의 정의 행동에 기초하여 신성한 것에 대한 심오한 존경을" 보여주었다.13)

쇼어-고스는 『그리스도를 퀴어링하기』에서 위반 개념이 오늘날 퀴어신학의 한 은유로 볼 수 있다고 주장했다.14) 그는 "그리스도의 옷장을

---

11) 눅 10:29-37.
12) Goss, *Jesus Acted Up*; Robert E. Goss, *Queering Christ: Beyond Jesus Acted Up* (Cleveland, OH: Pilgrim Press, 2002).
13) Goss, *Jesus Acted Up*, 149-50.
14) Goss, *Queering Christ*, 223-38.

확장하기"라는 도발적인 장에서, "그리스도에 대한 이성애적이고 가부장적인 구성"을 해체하는 예수 그리스도의 "음란한(obscene)" 표상이라고 그가 부르는 것을 포함하여 대중문화 속에 있는 많은 퀴어 그리스도론을 묘사한다.15)

이런 대중적 표상 중 하나는 젊은 게이 남성 조수아를 퀴어 그리스도 인물로 묘사하는 테렌스 맥낼리의 논쟁적인 오프브로드웨이(*브로드웨이 주변 소극장—역자주) 연극, "그리스도의 몸"이다.16) 그와 같은 또 다른 묘사는 예수가 대중목욕탕에서 세례받거나 드랙 마지막 만찬에 나오는 것과 같은 이미지를 묘사하는 스웨덴 사진작가 엘리자벳 올슨 월린(Elisabeth Ohlson Wallin)의 전시 "이 사람을 보라(Ecce Homo)"이다.17) (예수에 대한 위반하는 표상은 오늘까지도 계속되는데, 레이디 가가의 최근 비디오 "유다(Judas)"에서는 예수가 날씬하고 머리를 잘 치장하고 많은 금 장신구를 하고 좀 여성화된 가죽 오토바이족으로 묘사된다.18))

끝으로, 위반하는 그리스도는 섹슈얼리티, 젠더 정체성, 생물학적 성에 관해 이분법적 사고에 각각 도전하는 양성애, 트랜스젠더, 인터섹스 그리스도론에서 볼 수 있다. 예를 들어, 아르헨티나 양성애 신학자이자 에딘버러대학교 교수를 역임한 고 마르셀라 알타우스-레이드는 획기적인

---

15) Goss, *Queering Christ*, 179.
16) Terrence McNally, *Corpus Christi: A Play* (New York: Grove Press, 1998).
17) Goss, *Queering Christ*, 171-72.
18) 이 '유다' 비디오에 대한 신학적 논의에 대해서는 다음을 보라. Patrick S. Cheng, "Lady Gaga and the Gospel of Judas," http://www.huffingtonpost.com/rev-patrick-s-cheng-phd/lady-gaga-and-the-gospel-_b_862104.html (2011년 12월 11일 접속).

책, 『외설스런 신학』에서 바이(Bi)/그리스도에 대해 썼다. 알타우스-레이드에게 바이/그리스도는 "예수의 성적인 실천"에 대한 것이라기보다는 모노(Mono)/그리스도, 즉 이성애와 동성애 (또는 스트레이트와 게이)를 완전히 반대인 양 다루는 "계급주의적, 이분법적으로 구성하여 조직된 사고 구조"에 도전하는 것에 관한 것이다.19)

마찬가지로, 저스틴 타니스와 같은 트랜스젠더 신학자들은 남성과 여성이라는 젠더 이분법에 도전하는 트랜스젠더 그리스도에 대해 저술했다. 타니스는 여성과 대화하고, 발을 닦아주는 것 같은 전통적인 여성의 역할을 행하고, 여성 제자를 두는 등, 예수 그리스도가 '젠더 장벽'을 깨는 것에 초점을 맞추는 트랜스-그리스도론을 발전시킨다. 더욱이, 예수는 오늘날 트랜스 사람들이 겪는 것과 상당히 비슷하게 괴롭힘과 노숙 상태를 경험했다. 타니스는 또한 그리스도의 부활한 몸과 트랜스 사람들이 겪는 전환 과정을 연결한다.20)

끝으로, 버지니아 몰렌코트는 저서, 『모든 젠더』에서 생물학적 성에

---

19) Marcella Althaus-Reid, *Indecent Theology: Theological Perversions in Sex, Gender, and Politics* (London: Routledge, 2000), 114. 또 다른 양성애 그리스도론에 대해서는 Laurel Dysktra, "Jesus, Bread, Wine and Roses: A Bisexual Feminist at the Catholic Worker,"; in *Blessed Bi Spirit: Bisexual People of Faith*, ed. Debra R. Kolodny (New York: Continuum, 2000), 78-88.

20) 타니스, 『트랜스젠더와 기독교 신앙』, 239-246을 보라. 트랜스-그리스도론에 대한 다른 설명으로는 다음을 보라. Eleanor McLaughlin, "Feminist Christologies: Re-Dressing the Tradition," in *Reconstructing the Christ Symbol: Essays in Feminist Christology*, ed. Maryanne Stevens (New York: Paulist Press, 1993), 118-49; and Sheridan, *Crossing Over*, 93-97. 또한 Virginia Ramey Mollenkott and Vanessa Sheridan, *Transgender Journeys* (Cleveland, OH: Pilgrim Press, 2003).

관해 남성과 여성이라는 이분법에 도전하는 인터섹스 그리스도론을 발전시켰다. 몰렌코트는 예수 그리스도가 정말로 동정녀 출생 또는 처녀 생식의 출생이라면 어머니 마리아의 XX 염색체에 Y 염색체를 기여한 생물학적 남성이 없는 거라고 본다. 따라서 예수 그리스도는 XX 염색체를 가진 남성의 몸이고 예수는 인터섹스인 것이다.21) 퀴어 신학자이자 영국 맨체스터대학교의 박사후 연구원인 수잔나 콘월은 또 다른 인터섹스 그리스도론을 제시했다. 그녀는 『그리스도의 몸의 성과 불확실성』에서 인터섹스 사람들과 그리스도의 몸의 관계에 대해 저술했다.22)

요약하자면, 위반하는 그리스도는 현대의 많은 LGBT 그리스도론에서 나타난다. 이들 그리스도론은 섹슈얼리티, 젠더 정체성, 또는 생물학적 성에 관한 것이든, 관습적인 경계에 도전한다는 공통의 목적을 갖고 있다. 이제 위반하는 그리스도라는 맥락에서 죄와 은혜가 무슨 뜻인지를 살펴보자.

2. 순응으로서의 죄

위반하는 그리스도라는 관점에서 죄는 무엇일까? 위반하는 그리스도

---

21) Mollenkott, *Omnigender*, 105-07.

22) Susannah Cornwall, *Sex and Uncertainty in the Body of Christ: Intersex Conditions and Christian Theology* (London: Equinox, 2010). 인터섹스 신학에 대한 다른 접근은 다음을 보라. Susannah Cornwall, "Apophasis and Ambiguity: The 'Unknowingness' of Transgender," in *Trans/Formations*, ed. Marcella Althaus-Reid and Lisa Isherwood (London: SCM Press, 2009), 13-40.

가 사회의 규칙들을 감히 깬 것 때문에 고문당하고 처형당한 분이라면, 위반하는 그리스도를 반대하는 것으로서의 죄는 지배 문화에 아무런 생각 없이 순응하는 것(conformity)으로 이해할 수 있다. 순응의 죄는 LGBT 공동체를 포함한 모든 그룹에서 벌어지는 일이다. 그러나 LGBT 사람들처럼 다르다는 이유로 과거에 거부당하고 수치를 겪은 어떤 개인들은 특히 순응의 죄를 짓기 쉽다. 예를 들면, 아름다움, 신체 유형, 물질 소유의 어떤 기준이 한 사람의 가치를 재는 주요 척도인 샌프란시스코, 웨스트 할리우드, 맨하탄, 파이어 아일랜드, 프로빈스타운과 같은 게이 성지에서, 게이 남성은 백인 중산층 게이 남성의 '장면'에 얽이게 되기 쉽다. 어떤 외모나 생활양식에 순응하려는 압력은 유색인 게이 남성에게 매우 어려울 수 있다. 예를 들어, 많은 아시아계 미국인 게이 남성은 때로 자신의 민족 배경을 버리거나, 다른 아시아계 미국인과의 접촉을 피할 정도로 인종 정체성을 '경시'하려고 한다. 그러나 유색인은 아무리 그렇게 하려고 해도 결코 지배 문화의 일원처럼 '꼭 그렇게' 되지 않을 것이다.

그런데 순응의 죄가 LGBT 공동체와 다른 공동체에서 나타나는 또 다른 방식이 있다. 그것은 문학이론가 르네 지라르의 글에 나오는 희생양 기제(scapegoating mechanism)이다.23) 곧, 지배 사회가 순응을 통해서, 또한 보통 다르거나 국외자로 여겨지는 무고한 희생자를 제물로 삼는 것을 통해서 사람들을 결집시키는 것이다.24) 물론 히브리성서(구약성서)에

---

23) René Girard, *The Scapegoat*, trans. Yvonne Freccero (Baltimore, MD: Johns Hopkins University Press, 1986).

24) Tom Douglas, *Scapegoats: Transferring Blame* (London: Routledge, 1995); Gordon W. Allport, *ABC's of Scapegoating*, rev. ed. (Chicago:

서 희생양은 대속의 날에 공동체의 죄를 지고 쫓겨나는 염소이다.25)

지라르에 의하면, 어느 사회에서 서로 경쟁하는 분파들은 적개심을 발전시키고 보통 폭력으로 분출한다. 그러나 서로에게 폭력을 향하는 대신 이들 분파는 무의식적으로 무고한 희생양, 보통 자신과 다른 사람이나 국외자를 택해 폭력과 비난을 퍼붓는다. 이런 경로의 결과로 희생양은 쫓겨나고 경쟁적인 분파들은 평화를 얻고 사회 질서가 회복된다.26) 이런 희생양 기제는 광범위하게(예를 들면, 홀로코스트나 만연한 인종청소) 또는 협소하게(예를 들면, 혐오 범죄나 단지 소수의 사람과 관련된 약자 괴롭힘) 일어날 수 있다.

지라르에게 이런 희생양 기제의 궁극적 예는 예수 그리스도의 십자가였다. 곧, 예수 그리스도는 사회의 종교적이고 정치적인 사안들 때문에 무고한 희생자로 희생되었다. 그러나 그리스도 사건의 중요성은 그 사건이 하나님이 희생양 기제를 거부하셨음을 선언한 것이다. 이 기제를 영속화하는 대신에 하나님은 부활을 수단으로 하여 희생양 만들기에 "안 돼!"라고 말씀하였다. 내가 다른 곳에서 쓴 바와 같이, 속죄(atonement) 교리는 급진적인 사랑을 통해 희생양 만들기를 종식시키는 것으로 이해할 수 있다.27) 로마 가톨릭 게이 신학자 제임스 앨리슨도 『분노를 넘어서는 신앙』에서 지라르와 희생양 만들기에 대해 게이 관점에서 논의했다.28)

Anti-Defamation League of B'Nal B'rith, 1948)을 보라.

25) 레 16장.

26) Girard, *The Scapegoat*; Raymund Schwager, *Must There Be Scapegoats?: Violence and Redemption in the Bible*, trans. Maria L. Assad (San Francisco: Harper and Row, 1987)를 보라.

27) Cheng, *Radical Love*, 155-61.

순응의 죄는 종종 스스로의 성적인 죄를 수용할 수 없는 종교 근본주의자들이 LGBT 사람들을 희생양으로 삼을 때 일어난다. 곧, LGBT 사람들은 그리스도교의 제단에서 희생되어서 근본주의자들이 다른 누군가를 비난하고 자신의 죄책감을 씻을 수 있는 것이다. 그러나 순응의 죄는 LGBT 공동체 안에서도 일어난다. 예를 들어, 로마 가톨릭 사제들 중에 게이 남성이 많은데도29) 로마 가톨릭교회는 자신의 벽장과 성적인 범죄에서 주의를 돌리기 위해서 LGBT 사람들을 희생양으로 택했다.30) 슬프게도 과거에 한 그룹이 차별을 겪었다고 해서, 두려워서든 그저 '어울리기' 위해서든, 너무 다르다고 여겨지는 사람들과 거리를 두려고 할 때 역시 순응의 죄에서 면죄되는 것은 아니다.

3. 일탈로서의 은혜

죄가 순응이라면, 위반하는 그리스도라는 맥락에서 은혜는 일탈 (deviance) 또는 사회적 법적, 종교적 경계와 규범의 위반이라고 볼 수 있다. 커밍아웃이라는 행동처럼 이런 경계와 규범에 도전하는 능력은 '의지

---

28) James Alison, *Faith Beyond Resentment: Fragments Catholic and Gay* (New York: Crossroad Publishing, 2001), 147-69 ("On Learning to Say that 'Jesus Is Lord': A 'Giradian' Confession").

29) Jordan, *Silence of Sodom*, 103을 보라. (로마 가톨릭 사제를 '전체적으로 볼 때' 40%에서 60%가 게이라고 추산하는 게이 사제들, 종교인, 신학생과의 인터뷰를 인용한다.)

30) 로마 가톨릭교회 안에 있는 이성애주의의 죄에 대한 논의는, Mary E. Hunt, "Eradicating the Sin of Heterosexism," in *Heterosexism in Contemporary World Religion: Problem and Prospect*, ed. Marvin M. Ellison and Judith Plaskow (Cleveland, OH: Pilgrim Press, 2007), 155-76을 보라.

로 결정'하거나 '성취한' 것이 아니라, 하나님이 주시는 은혜의 선물이다. 사회 규범에 도전하는 데는 십자가형의 위험이 항상 생생하게 존재하지만, 다른 편에는 하나님이 주신 섹슈얼리티와 젠더 정체성에 자신이 진정하게 된다는 면에서 부활의 약속 또한 존재한다.31)

일탈은 본질주의의 문제나 한 사람 안에 있는 '내재적인' 또는 '생물학적인' 일탈의 특성을 밝히는 것이 아니다. 사회학자들은 일탈을 전체 사회는 물론 "정치적, 경제적, 문화적 요소들"에도 의존하는 "문화적으로 상대적인 현상"으로 이해한다.32) 더욱이 누군가에게 일탈한다고 딱지를 붙이는 많은 요소가 있지만 궁극적으로 일탈은 관계 개념이다. 곧, 일탈은 지배적이거나 규범적인 것과 반대되는 것으로 정의된다.

게이 저술가이자 심리치료사인 존 포투나토는 일탈이라는 사회적 위치 안에서 발견되는 은혜의 선물에 대해 썼다. 포투나토는 『추방을 포용하며』에서 LGBT 사람들을 포함한 주변부 사람들이 종종 경험하는 혐오에 대해 하나님에게 따진 경험을 묘사한다. 포투나토는 왜 그런 독설을 겪어야 하는지 하나님께 묻는다. 우리를 혐오하는 사람들이 실제로 옳을 수 있을까? 그러나 포투나토는 하나님께 말하면서 우리의 일탈이나 주변성은 참으로 선물이라는 것을 깨닫는다. 구체적으로 우리의 일탈은 "어쨌

---

31) 퀴어이론가인 마이클 워너는 LGBT 공동체가 '정상성(normalcy)'을 추구하는 시도를 비판하였다. 이런 시도는 낙인과 수치의 위계질서를 없애기보다는 결국 재생산하기 때문이다. Michael Warner, *The Trouble with Normal: Sex, Politics, and the Ethics of Queer Life* (Cambridge, MA: Harvard University Press, 1999)를 보라.

32) Jack P. Gibbs, "Conceptions of Deviant Behavior: The Old and the New," in *Deviance Across Cultures*, ed. Robert Heiner (New York: Oxford University Press, 2008), 41-45.

든 그들을 사랑할" 기회를 주는 선물이다.33) 하나님은 십자가에서 예수 그리스도의 인격 안에서 거부당하는 느낌을 정확히 똑같이 경험하셨기 때문에 우리와 연대하신다.

나는 나 자신의 퀴어함이 하나님이 주시는 놀라운 은혜의 선물이라고 종종 생각했다. 청소년 시기에 나의 섹슈얼리티 때문에 고민하면서 많은 고통과 외로움을 경험하고 왜 하나님이 나를 게이로 만드셨는지 물었지만, 궁극적으로 게이 남성이라는 내 사회적 위치는 복음에 귀를 기울이게 해주었고 위반하는 그리스도가 세상이 국외자로 여기는 모든 사람들과 연대하신다는 것을 알게 해주었다. 이 세상의 권세자와 권력자들이 정의하는 부와 성공을 향한 나의 이력에도 불구하고, 실제로 나는 내 자신의 주변성이 신학에 대한 열정을 따르게 해준 것이 아닌가 생각한다. 그런 의미에서 신학자라는 것은 상당히 위반하는 것이다.

더욱이 내가 이중으로 주변화된 것, 곧 이성애가 지배적인 세계에서 게이일 뿐 아니라 백인 LGBT가 지배적인 세계에서 아시아계 미국인이라는 것은 나로 하여금 독특한 방식으로 두 공동체 모두를 비판하게 해주었다. 곧, 아시아계 미국인 게이로서 아시아계 미국인 공동체 안에 있는 동성애 혐오는 물론, 게이 공동체 안에 있는 인종차별도 도전할 수 있다. 비록 이 관점이 종종 배제라는 고통스런 장소에서 나오지만, 이중의 국외자로서의 내 경험은 하나님이 주신 독특한 선물이다.

일탈의 은혜는 LGBT 공동체 안에서 트랜스젠더 공동체처럼 보통 주

---

33) John E. Fortunato, *Embracing the Exile: Healing Journeys of Gay Christians* (San Francisco: Harper and Row, 1982), 126-27.

변화되는 다양한 작은 공동체에서도 볼 수 있다. 이들 공동체가 종종 일탈로 보이지만 그들은 실상 더 넓은 LGBT 공동체와 세계에 주는 선물이다. 예를 들어, 많은 트랜스젠더 사람들은 사회정의를 위한 사역, 그리고 대체로 사회에 의해 무시되는 주변화된 공동체들을 위한 '사역'에 깊이 헌신하고 있다.

예를 들어, 한국계 미국인 트랜스젠더 여성인 폴린 박은 『아시아계/미국인 섹슈얼리티를 구현하기』에 실린 글에서 주변화된 공동체들을 위해 일하는 것에 대해 말했다. 박은 트랜스젠더라는 것이 젠더 장벽을 '위반하는(transgress)' 것이라고 말한다. 박은 트랜스젠더 사람들, 특히 민족, 언어, 시민권 상태, 종교적 편견과 관련된 다중의 도전에 직면하는 아시아계 미국인 트랜스젠더를 위해 대담한 목소리를 내는 옹호자다.34)

다른 아시아계 미국인 트랜스젠더들은 자신들이 처한 특정 상황에서 일탈의 은혜에 대해 말했다. 예를 들면, 필리핀계 미국인 트랜스 남성인 로드는 두 가지 젠더의 관점에서 삶이 무엇인지 이해하는 것은 선물이라고 믿는다. 곧, "더 양성적인 사람들은 삶에서 많은 장애를 더 잘 극복할 수 있다."35) 그러나 트랜스젠더란 여전히 도전이 될 수 있다. 베트남계 미국인 트랜스 남성인 브라이언은 자신의 가톨릭 신앙과 여전히 씨름한다. "나는 계속 생각해요. '이것은 죄야! 이것은 죄야!'"36)

---

34) Pauline Park, "An Interview with Pauline Park," in Masequesmay and Metzger, *Embodying Asian/American Sexualities*, 105–13.
35) Diep Khac Tran, Bryan, and Rhode, eds., "Transgender/Transsexual Roundtable," in Eng and Hom, *Q&A*, 229.
36) Tran, Bryan and Rhode, "Transgender/Transsexual Roundtable," 231.

하와이, 중국, 필리핀, 사모아계 후손이고 트랜스 여성인 카우이는 일탈의 은혜를 강력한 방식으로 묘사했다. 그녀에 의하면 마후(Mahu, 하와이 말로 트랜스 사람들)는 하나님이 세상에 주는 선물이다. "우리는 사실 천사예요. 우리는 모든 사람의 죄를 흡수하기 위해 땅으로 보내졌어요. 나는 사람들을 웃게 하고 행복하게 만들고, 그들에게 필요한 조언을 주기 위해 땅으로 보내졌어요."37) 카우이는 이 장에 나오는 다른 아시아계 트랜스젠더 미국인들과 더불어 위반하는 그리스도라는 맥락에서 일탈의 은혜에 대해 강력하게 말한다.

학습을 위한 질문

1. 위반하는 그리스도란 누구인가? 복음서에서 위반하는 그리스도의 예로는 어떤 것이 있나?
2. 이 장에서 위반하는 그리스도에 대한 어느 묘사가 나에게 가장 많이 다가오는가? 가장 덜 다가오는 것은 무엇인가?
3. 위반하는 그리스도라는 관점에서 죄는 무엇인가? 이 죄는 LGBT 공동체에서 어떻게 나타나는가?
4. 희생양 기제란 무엇인가? 희생양 기제가 작동한 것을 관찰했다면 그 상황을 묘사하시오.
5. 위반하는 그리스도라는 관점에서 은혜는 무엇인가? 이 은혜는 LGBT

---

37) Kaui, "Kaui," in Andrew Matzner, *'O Au No Keia: Voices From Hawaii's Mahu and Transgender Communities* (Bloomington, IN: Xlibris Corporation, 2001), 112-13.

공동체에서 어떻게 나타나는가?

6. 아시아계 미국인 트랜스젠더의 목소리가 어떻게 일탈의 은혜에 빛을 비추나? 트랜스젠더 공동체와 어떤 만남 또는 경험을 가졌나?

심화 학습을 위한 자료

위반하는 그리스도
Althaus-Reid, *Indecent Theology*
Carey, *Sinners*
Cornwall, *Sex and Uncertainty in the Body of Christ*
Goss, *Jesus Acted Up*
Goss, *Queering Christ*
Mollenkott, *Omnigender*
타니스, 『트랜스젠더와 기독교 신앙』

순응으로서의 죄
Alison, *Faith Beyond Resentment*, 147-69
Allport, *ABC's of Scapegoating*
Cheng, 『급진적인 사랑』, 155-61
Douglas, *Scapegoats*
Girard, *The Scapegoat*
Hunt, "Eradicating the Sin of Heterosexism"
Schwager, *Must There Be Scapegoats?*

일탈로서의 은혜
Eng and Hom, *Q&A*, 227-43
Fortunato, *Embracing the Exile*
Gibbs, "Conceptions of Deviant Behavior"

"Kaui" in Matzner, 'O Au No Keia

Park, "An Interview with Pauline Park"

Tran, Bryan, and Rhode, "Transgender/Transsexual Roundtable," in Eng and Hom, *Q&A*, 227-43

9장

모델 5: 자신을 사랑하는 그리스도

1. 자신을 사랑하는 그리스도

LGBT 사람들을 위한 그리스도에 기초한 죄와 은혜의 다섯 번째 모델은 자신을 사랑하는 그리스도(Self-Loving Christ)이다. 자신을 사랑하는 그리스도는 강렬한 적개심과 혐오에도 불구하고 자신의 사역과 소명의 부르심을 지속할 수 있을 만큼 자기사랑을 충분히 가진 분이다. 이 자기사랑에 대한 초점은, 자기희생과 다른 사람에 대한 사역이라는 관점에서만 예수 그리스도에 대해 생각한 사람들에게는 놀라울 수 있다. 그러나 관계나 우정을 오랜 시간 가진 사람이라면 자신에 대한 건강한 양의 사랑을 갖지 않고서 다른 사람을 사랑하는 것이 가능하지 않다는 것을 안다. 하나님이든 이웃이든 다른 사람을 향한 진정한 사랑은, 그 출발점으로 자신에 대한 긍정적인 느낌이 필수적이다.[1]

---

[1] 게이 신학자이자 심리치료사인 존 맥닐은 "자기사랑이 없으면 하나님과 이웃을 자신과 같이 사랑하라는 가장 중요한 계명을 이룰 수 없다. 자신을 미워하면 이웃을 미워할 것이다"라고 말한다. McNeill, *Freedom, Glorious Freedom*, 68-69.

목회 신학자인 에드워드 윔벌리가 말했듯이, 예수 그리스도의 삶의 경험은 그를 마비시킬 수 있던 잠재적인 수치의 예로 가득 찼다. 예수는 명예와 수치가 행동의 중심적 동기부여 요소였던 사회에서 살았기 때문에 이것은 특히 중요했다. 예를 들어, 예수는 결혼 전에 임신한 젊은 어머니에게 태어났고, 어머니의 경우는 낙인찍히는 상황이었다. 예수는 낮은 계급의 직업으로 여겨진 목수로 일했다. 예수는 고향 사람들에게 거부당했고, 여성 및 다른 사람들과 경계를 위반하는 상호작용을 해서 조롱을 받았다.2) 윔벌리가 표현하듯이, 예수는 "개인 간의 만남과 그룹의 만남에서 끊임없이 거부, 조롱, 적대감에 직면했다."3)

그럼에도 불구하고 예수는 이 모든 잠재적인 수치의 순간을 거치며 자신의 사역과 소명을 계속 진행할 충분한 자기사랑이 있었다. 아이러니하게도 자기사랑을 충분히 갖는 것은 한 사람이 실제로 고통과 수치의 순간을 초월하고 박해하는 사람들의 안녕을 위해 기도하도록 허용하는 것이다. 예수 그리스도는 십자가에서 끔찍하게 죽어가면서도 자신의 상황을 초월하고 적의 용서를 위해 기도할 수 있었다. "아버지여, 그들을 용서하소서. 그들은 자신이 하는 것을 모르기 때문입니다."4) 게이 심리치료사 존 포투나토의 말로는 예수가 "어쨌든 그들을 사랑하도록" 허용한 것은 자기사랑이다.5)

자기를 사랑하는 그리스도는 예수 사역의 다른 많은 측면에 존재한

---

2) Wimberly, *Moving from Shame to Self-Worth*, 37-39, 76-78.
3) Wimberly, *Moving from Shame to Self-Worth*, 40.
4) 눅 23:34.
5) Fortunato, *Embracing the Exile*, 126-27.

다. 예를 들어, 예수 그리스도는 자기사랑 때문에 광야에서 사탄의 유혹에 저항할 수 있었다. 즉, 음식, 부, 권력과 같은 외적인 보상에 의존하거나 필요로 하는 대신에, 예수는 사탄에 저항하고 자신의 사역을 수행해나갈 만큼 내적으로 자신에 대해 충분히 긍정적 의식을 가졌다. 그는 자신에게 결함이 있다고 생각하지 않았다. 실상 그는 자신이 하나님의 사랑받는 자녀라는 것을 알기 때문에 필요한 모든 것을 갖고 있었다. 또한 예수는 때때로 무리에서 물러날 때 자기사랑을 실천했다. 그는 재충전하고 자신을 돌볼 시간을 가졌다.

윔벌리는 또한 예수가 자신의 수치와 주변성에도 불구하고 주변 사람들에게 자신을 사랑하라고 어떻게 가르쳤는지에 대해 썼다. 예를 들어, 예수는 다른 사람들을 치유하기 위해서 정결과 부정결의 종교적이고 사회적인 경계를 끊임없이 깨뜨렸다. 이것은 부정결한 사람, 추방자, 죄인이라고 여겨진 사람들의 치유를 포함한다.6) 나에게 자기를 사랑하는 그리스도는 무가치함과 결함이라는 부정적 사회적 메시지에도 불구하고 금기와 사회적 경계를 뚫고서 다른 사람의 자기사랑의 모델이 될 수 있다.

많은 LGBT 신학자는 자기를 사랑하는 그리스도의 여러 측면에 대해 썼다. 예를 들어, 케리 컴스탁은 『변명 없는 게이 신학』에서 "주인이 아니라 친구"로 보기를 원하시는 예수에 대해 썼다. 컴스탁은 예수가 제자들을 '종'이 아니라 '친구'로 부르시는 요한복음 15:15을 인용하며 예수가 "그에게 알랑거리고 그의 이미지를 완전하게 하는 데 몰두하는" 기관을 설립하는 데 관심이 없었다고 주장한다.7) 나에게 이것은 주변 사람들을

---

6) Wimberly, *Moving from Shame to Self-Worth*, 61-95.

아랫사람이 아니라 동료로 대할 정도로 충분히 긍정적인 자의식을 가진 예수 그리스도를 암시한다. 곧, 예수의 자기사랑은 통제하고 학대하는 행동에서 자신을 자유롭게 하는 것이다. 내가 유일하게 바라는 것은 더 많은 교회 기관과 종교 지도자들이 예수와 같은 방식으로 행동하는 것이다.

마크 조던은 현실적인 성기로 완결된 예수 그리스도의 온전하게 구현된 몸이 어떻게 LGBT 사람들이 자기를 사랑하는 그리스도를 만날 수 있는 한 방식일 수 있는지에 대해 썼다. 조던은 『교회에서 진실을 말하기』에서 많은 로마 가톨릭 십자고상(crucifix)의 극단적인 현실주의에 대해 썼다. 그리스도의 수난과 십자가 처형에서 생긴 몸의 각 상처는 처참하고 상세하게 묘사된다. 그러나 이 현실주의는 예수 그리스도의 허리감개에서 멈춘다. 불가피하게 그 아래에는 부드러운 허벅지 부분뿐 아무것도 없다. 조던이 볼 때, 결국 온전히 인간일 뿐 아니라 온전히 하나님인 예수 그리스도의 전신을 묘사하기를 거부하는 것은, 많은 로마 가톨릭 LGBT 사람들 (그리고 다른 사람들)이 그들의 몸에 대해 생각하는 수치를 영속화시킨다.[8]

해부학적으로 올바른 몸에 대한 조던의 논의는, 자신의 몸에 대해 충분한 자기사랑을 갖고 자신의 섹슈얼리티를 포함하여 온전한 인간됨을 수치스러워하지 않는, 자신을 사랑하는 그리스도를 암시한다. 그와 같이 해부학적으로 올바른 몸은 창세기에서 아담과 이브의 눈이 열린 후 알몸에 대한 "원래의 수치(original shame)"를 치유할 것이다. (리오 스타인벅

---

7) Comstock, *Gay Theology Without Apology*, 99.
8) Jordan, *Telling Truths in Church*, 84-87.

은 예수의 성기에 대한 예술적인 묘사가 예수의 온전한 인간됨을 확증했기 때문에 어떻게 르네상스 예술의 중요한 주제였는지에 대해 썼다.9)

끝으로, 로버트 쇼어-고스는 예수 그리스도에 대한 환상이라는 맥락에서 자기를 사랑하는 그리스도에 대해 썼다. 고스에게 자기사랑을 통해 그리스도와 신비롭게 하나가 되는 육체적 행위는 영적인 행위이다.10) 이전 예수회 사제요 "몸 전기학교(Body Electric School)"의 창시자 조셉 크래머(Joseph Kramer)는 물론 "에로틱 관상(Erotic Contemplative)"이라는 에로틱한 영성에 대한 인기 있는 테이프 시리즈를 만든 호주의 옛가톨릭교회의 게이 주교인 마이클 켈리를 포함하여 다른 수많은 게이 영성 실천가들은 에로틱한 그리스도교의 영역에서 작업했다.11)

자기를 사랑하는 그리스도를 다양한 관점에서 탐구하면서 이제 우리는 자기를 사랑하는 그리스도라는 맥락에서 죄와 은혜에 대해 생각하는 것으로 이동하자.

2. 수치로서의 죄

자기를 사랑하는 그리스도라는 맥락에서 무엇이 죄인가? 자기를 사랑하는 그리스도가 우리 자신을 사랑하는 법을 가르치는 분이라면, 죄는

---

9) Leo Steinberg, *The Sexuality of Christ in Renaissance Art and in Modern Oblivion*, 2nd ed. (Chicago: University of Chicago Press, 1996).
10) Goss, *Queering Christ*, 17 n.9, 56-71.
11) 켈리의 작업에 대해 더 보려면 Michael Bernard Kelly, *Seduced By Grace: Contemporary Spirituality, Gay Experience and Christian Faith* (Melbourne, Australia: Clouds of Magellan Publishing, 2007)를 보라.

이 가르침과 반대되는 것, 즉 수치(shame)이다. 수치는 특별히 악의적인 형태의 자기혐오다. 그것은 자신이 본질적으로 어떻게든 결함이 있다거나 자신의 존재가 어떻게든 근본적으로 실수라는 느낌이다. 수치는 죄의식과 다르다. 죄의식은 무언가 잘못을 했다는 느낌이다(예를 들어, 법을 어기는 것). 반면에 수치는 자신이 무언가 잘못되었다는 느낌이다. 죄책감은 벌이나 사면으로 없앨 수 있지만 수치는 '치료하기'가 훨씬 어렵다.

수치의 죄는 죄에 대한 페미니스트 신학과 긴밀하게 연결되어 있다. 앞에서 언급한 바와 같이, 밸러리 세이빙은 1960년에 여성의 관점에서 죄에 대해 획기적인 논문을 썼다. "인간 상황: 여성의 관점"이라는 논문은 교만이 남성에게는 본질적인 죄일 수 있지만 여성에게 죄는 "저개발 또는 자아 부정(underdevelopment or negation of the self)"이라고 생각할 수 있다고 주장했다.12) 즉, 여성은 너무 높게 도달해서 죄를 짓는 것이 아니라, 충분히 높게 도달하지 않아서 죄를 짓는다.13)

참으로 엘리자벳 스튜어트가 볼 때, LGBT 사람들의 '죄'는 "교만에

---

12) Salving Goldstein, "The Human Situation," 109.

13) 죄에 대한 페미니스트와 우머니스트 신학에 대해서는 다음을 보라. Kathryn Green-McCreight, "Gender, Sin and Grace: Feminist Theologies Meet Karl Barth's Hamartiology," *Scottish Journal of Theology* 50, no. 4 (1997): 415-32; Daphne Hampson, "Reinhold Niebuhr on Sin: A Critique," in *Reinhold Niebuhr and the Issues of Our Time*, ed. Richard Harries (Grand Rapids, MI: William B. Eerdmans Publishing, 1986), 46-60; Serene Jones, *Trauma and Grace: Theology in a Ruptured World* (Louisville, KY: Westminster John Knox Press, 2009); Margaret D. Kamitsuka, "Toward a Feminist Postmodern and Postcolonial Interpretation of Sin," *Journal of Religion* 85, no.2 (April 2004): 179-211; Christine M. Smith, "Sin and Evil in Feminist Thought," *Theology Today* 50, no. 2 (July 1993): 208-19; Emilie M. Townes, ed., *A Troubling in My Soul: Womanist Perspectives on Evil and Suffering* (Maryknoll, MY: Orbis Books, 1993).

뿌리는 둔 개인의 불복종"이 아니라 "우리 자신을 충분히 사랑하지 않는 것, 우리 자신에 충분히 긍지를 갖지 않는 것"이다. 많은 LGBT 사람들은 "자랑스럽거나 자신을 사랑하도록" 허용되지 않아 왔다. 스튜어트에 따르면, 우리 중 많은 이들은 "자의식을 갖지 못했고" 그 부분적인 이유는 "몸과 섹슈얼리티를 죄와 연결하는 것" 때문이다.14)

아마도 원죄로서의 이 수치 개념은 아담과 이브가 금단의 열매를 먹은 결과로 눈이 열린 후에 자신의 알몸을 부끄러워하게 된 창세기로 소급될 수 있다. 그들은 무화과 잎사귀를 꿰매서 치마(loincloth)를 만들었고, 부분적으로 알몸 때문에 하나님을 피해 숨었다.15) 교만과 불복종으로만 정의되는 원죄 대신에 이 맥락에서 원죄는 아담과 이브가 수치에 빠지고 하나님에게서 숨고 싶어 한 것으로 이해할 수 있다. 이와는 대조적으로 예수 그리스도는 십자가에서 이 수치를 지고 극복한 것으로 이해할 수 있다. 곧 그는 "십자가의 수치를 무시하고 십자가를 견디셨다."16) 그래서 십자가는 속죄의 문제나 범죄에 요구되는 대가의 문제라기보다는 우리의 "원래의 수치"가 그리스도 사건을 통해 뒤바뀐 것을 요약한 것이다.

나는 LGBT 공동체의 목사로 10년 넘게 섬긴 사람으로서, LGBT 목회신학을 가르치는 사람으로서 수치의 죄가 대부분의 LGBT 고통의 뿌리에 놓여 있다고 강하게 믿는다. 곧, 이성애 사회에서 LGBT로 성장하는 트라우마는 자신에 대해 수치심의 원인이 되고, 이것은 뿌리가 깊고 쉽게

---

14) Stuart, "Salvation," 89.
15) 창 3:7-10.
16) 히 12:2.

제거되지 않는다. 이 수치심은 동성애와 젠더 베리언트 행위를 "본질적으로 장애가 있다"고 하는 종교적 가르침으로 강화된다. 이런 가르침이 보통 행동과는 반대로 성적 지향과 젠더 정체성과 같은 사람됨의 근본 측면을 실제로 건드리기 때문에 이것은 죄책감이 아니라 수치의 문제가 된다. 이 수치는 우울, 불안, 중독 행동, 심지어 자살로 이르게 할 수 있다.17)

많은 LGBT 심리학자와 사회복지사는 일반적으로 LGBT 공동체, 특히 게이 남성과 관련하여 이 수치의 유독한 영향이 미치는 것에 대해 저술하였다. 예를 들어, 게이 심리학자 앨런 다운스는 『벨벳 분노』에서 해소되지 않은 수치는 종종 게이 남성의 경험의 핵심에 놓여 있다고 썼다. 우리는 이 수치를 무시하거나 우리가 하는 일에서 '최고'가 됨으로써 회피하려고 하지만, 이 수치는 여전히 분노라는 다른 감정의 형태로 고약한 머리를 쳐든다.18) 이와 비슷하게 게이 사회복지사 로버트 와이스는 『자동 속도조절 장치』에서 수치 또는 자존감 결핍이 종종 섹스 중독의 중심에 있다고 지적했다.19)

더욱이 수치의 죄는 유색인 LGBT 사람들에게 특히 강할 수 있다. LGBT 사람들은 흔히 자랄 때부터 강한 수치심을 경험한다. 그러나 백인들이 지배적인 세계에서 사는 많은 유색인이 느끼는 수치심은 더욱 확대된다. 그래서 유색인 LGBT 사람들의 삶에는 이중의 수치심이 있다.

---

17) 수치와 LGBT 공동체에 대한 유용한 책으로는 Gershen Kaufman and Lev Rephael, *Coming Out of Shame: Transforming Gay and Lesbian Lives* (New York: Doubleday, 1996)을 보라.

18) Alan Downs, *The Velvet Rage, Overcoming the Pain of Growing Up Gay in a Straight Man's World* (Cambridge, MA: D Capo Press, 2005).

19) Weiss, *Cruise Control*, 60-62.

끝으로, LGBT 공동체는 종종 수치를 겪고 섹스에 대한 이성애 규범적인 관점으로 되돌아가게 강요된다는 것이 나의 경험이다. 문화인류학자인 게일 루빈은 사회적으로 수용되는 성적 관행이라는 "매력들의 범위"에 대해 서술했다. 곧 이성애적이고, 결혼하고, 일부일처이고, 출산하고, 비상업적이고, 한 쌍이고, 관계 속에 있고, 같은 세대의 관계이고, 사적이고, 포르노가 아니고, 몸만 사용하고, 재미없는 것이다. 이런 범위 밖에 있는 것은 뭐든지, 곧 LGBT나 퀴어이고, 비혼이고, 문란하고, 비출산적이고, 상업적이고, 혼자 또는 그룹 섹스이고, 나이 많은 사람과 어린 사람의 관계이고, 공적이고, 포르노이고, 제조 상품을 쓰고, 가학피학인 것은, 때로 LGBT 공동체에 의해서도 수치스러운 것으로 여겨진다.[20] 『게이 수치』라는 최근의 책은, 더 큰 사회가 수치로 간주해왔던 성적인 관행들을 LGBT 공동체가 되찾는 방식들을 검토한다.[21]

수치를 죄라고 불러서 나는 이미 수치스럽게 느끼는 사람들을 더 수치스럽게 만들거나 판단하려는 것이 아니라는 것을 지적하는 것이 중요하다. 수치를 죄라고 불러서 LGBT 크리스천이 수치 때문에 얼마나 자주 퀴어 그리스도에게서, 그리고 특히 자기를 사랑하는 그리스도에게서 우리를 분리시키고 거리를 두었는지 재검토하기를 나는 바란다.

---

20) 루빈의 '특권 그룹(charmed circle)'의 도표에 대해서는 다음을 보라. Deborah T. Meem, Michelle A. Gibson, and Jonathan F. Alexander, eds, *Finding Out: An Introduction to LGBT Studies* (Los Angeles: SAGE Publications, 2010), 210-12.

21) David M. Halperin and Valerie Traub, eds., *Gay Shame* (Chicago: University of Chicago Press, 2009).

3. 긍지로서의 은혜

죄가 수치라면, 자기를 사랑하는 그리스도의 맥락에서 은혜는 긍지(pride)이다. 긍지는 LGBT 공동체의 중심 주제이다. 매 6월이면 1969년의 스톤월 항쟁을 기념하고 LGBT 긍지를 축하하기 위해 많은 긍지 행진(pride marches)이 온 세계에서 열린다. 무지개 줄무늬로 된 긍지 깃발은 보편적으로 인정된 LGBT 공동체의 상징이다. 참으로 긍지는 집단적인 LGBT 의식의 핵심에 놓여 있다.

아이러니하게도 긍지(pride, 교만)는 전통적으로 크리스천 신학에서 모든 죄의 근원이라고 이해되었다. 곧, 신학 전통에 따르면, 아담과 이브의 긍지는 금단의 열매를 먹지 말라는 하나님의 명령에 불복종하는 결과를 낳았다. 이 긍지는 원죄를 촉발했고 향후 모든 죄의 원인이 되었다. 어떤 반LGBT 사람들은 바로 이렇게 긍지와 원죄를 연결하기 때문에 LGBT 긍지 행사를 비판했다.

그러나 앞에서 말한 바와 같이, 페미니스트와 우머니스트 신학자들은 주변화된 많은 공동체에서 죄가 자기부정이나 수치의 형태를 띨 수 있다고 지적했다. 이런 경우에, 필요한 것은 정죄하는 것이 아니고, 자기사랑이나 긍지의 느낌을 확증하는 것이다. 우머니스트 신학자이고 시카고신학대학원 교수인 조앤 머리 터렐은 "자기사랑은 해방을 가져오는 중대한 원칙"이고 "흑인 여성은 자신을 사랑할 필요가 있고 그래서 진정으로 다른 사람들을 사랑할 수 있다"고 말했다.[22] 그래서 긍지는 죄가 아니고,

---

22) JoAnne Marie Terrell, *Power in the Blood?: The Cross in the African*

자기사랑이 필요한 사람들을 치유하고 높여주는 하나님의 은혜를 나타내는 것이다. 달리 말해서, 예수는 우리 자신보다 이웃을 더 사랑하라고 가르치지 않았다. 이웃을 우리 자신과 같이 사랑하라고 가르쳤다.23)

거쉰 카우프만과 레브 라파엘의 공저, 『수치에서 나오기』에는 "게이 수치에서 게이 긍지로"라는 장이 들어 있다.24) 저자들은 그 장에서 게이 수치가 게이 긍지로 변화될 수 있는 여러 방법을 다룬다. 그 방법 중 하나는 "자존감이라는 내적 자원"을 개발하는 것이고 그래서 다른 사람들이 뭐라고 말하고 행동하든 상관없이 스스로 자랑스러울 수 있다. 카우프만과 라파엘에 의하면, 긍지는 자신과 자신의 성취에 대해 "기쁨을 느끼는 것"이다. 이것은 또한 "사회가 정죄하는 바로 그것을 자존감의 자원으로 바꾸는 것"이다. 이런 종류의 긍지는 다른 사람을 멸시하거나 폄하하는 것이 아니라, 자기사랑을 양육하는 수단이다.25)

건강한 긍지는 자신의 본질적인 가치와 자기 가치를 확증한다. 긍지는 은혜의 문제, 곧 하나님의 선물이다. 수치를 겪는 사람들은 (또는 그 문제라면 누구든) 은혜를 의지로 생겨나게 만들 수 없다. 루이스 스미즈가 『수치와 은혜』에서 쓴 바와 같이, 수치의 치유는 "은혜의 영적 경험"으로 시작해야 한다.26) 구체적으로 말해서, "우리가 받아들여질 만한지

American Experience (Maryknoll, NY: Orbis Books, 1998), 139.

23) LGBT 사람들을 위한 건강한 긍지에 대한 더 많은 논의로는 다음을 보라. Patrick S. Cheng, "The Grace of Pride" (June 26, 2011), http://www.patrickcheng.net/uploads/7/0/3/7/7037096/the_grace_of_pride_.pdf (2011년 12월 11일 접속).

24) Kaufman and Raphael, *Coming Out of Shame*, 122-86.

25) Kaufman and Raphael, *Coming Out of Shame*, 173-75.

26) Lewis B. Smedes, *Shame and Grace: Healing the Shame We Don't*

와 상관없이" 받아들여지는 경험을 해야 한다.27) 긍지의 은혜, 곧 "우리 존재의 궁극적인 깊이에서" 우리가 받아들여진다는 것을 아는 것은, 예기치 않은 방식으로 우리의 삶 속으로 침입하는 무엇이다.28) 우리는 어릴 적부터 지녀온 수치라는 부정적인 메시지를 뿌리 뽑기 전에 우리 몸 안에서 긍지를 경험해야 한다.

긍지의 은혜는 특히 민족 배경 때문에 상당한 수치를 경험하는 유색인 LGBT 사람들에게 중요하다. 예를 들어, 중국계 미국인 젊은 게이 남성인 데이비드 리(David Lee)는 더 '미국인'으로 보이려고 고등학교 때 머리를 물들이고 파마를 했다고 썼다.29) 역시 중국계 미국인 젊은 게이 남성인 윌리엄 트랜(William Tran)은 다른 아시아계 미국인이 매력이 없다고 생각해서 그들과는 온라인 채팅을 하지 않았다고 썼다.30) 그러나 그 후 리와 트랜은 긍지의 은혜를 통해 LGBT 아시아계의 아름다움을 깨닫게 되었다. 리는 이렇게 말한다. "진실은, 아시아계가 핫하다는 것이다. 아시아계는 섹시하고, 데이트할 수 있고, 매력이 넘친다."31) 트랜은 이렇게 말한다. "나는 내가 아시아계 미국인에게 붙인 이 낙인을 제거하기 시

Deserve (New York; HarperSanFrancisco, 1993), 105.

27) Smedes, *Shame and Grace*, 107-08.
28) Smedes, *Shame and Grace*, 109.
29) David C. Lee, "All-American Asian," in Kumashiro, *Restored Selves*, 73-80.
30) William Tran, "GAM4GWM," *Troubling Intersections of Race and Sexuality: Queer Students of Color and Anti-Oppressive Education*, ed. Kevin K. Kumashiro (Lanham, MD: Rowman and Littlefield Publishers, 2001), 81-82.
31) Lee, "All-American Asian," 76.

작했다. ... 어째서 내가 나와 같은 사람들을 혐오해야 하는가?"32)

최근에 뉴욕시의 백인 게이 파티 기획자는 "왕씨네 음경 상점(Mr. Wong's Dong Emporium)"에 "썸헝(Sum Hung) 보이들의 에로틱 댄스"에 "해피엔딩 마사지굴"까지 붙은 동양적 주제로 파티를 광고했다. 이것은 아시아계에 대한 매우 모욕적인 모든 고정관념을 들먹인 것이다. 이 때문에 아시아계 미국인 LGBT 공동체에서는 난리가 났고 수많은 사람들이 파티 이름을 바꾸라고 요구했다. 아시아계 미국인 LGBT는 백인 게이 남성 공동체에 있는 인종차별에 대해 침묵하기를 거부함으로써 긍지와 자기사랑을 보여주었다. "뉴욕의 아시아 태평양제도 게이 남성 연합"은 기획자에게 공개편지를 보냈고 어떻게 하면 아시아계 미국인 유산을 착취하는 대신에 진실로 축하하는 파티를 열지 제안해주었다.33)

나는 거의 25년간 '나온(커밍아웃한)' 상태이고 10년 넘게 풀뿌리 옹호 활동과 LGBT 공동체 사역을 해왔지만 여전히 때때로 수치스런 느낌을 경험한다. 예를 들어, 남편 마이클과 내가 20년 이상 함께 해왔고 법적으로 결혼 상태라는 사실에도 불구하고 이성애가 우세한 동네에서 손을 잡고 걸을 때 수치를 느낀다. 나는 LGBT 사람들이 많이 모인 곳에서 몇 안 되는 유색인 중 하나일 때 또는 유색인이 많이 모인 곳에서 몇 안 되는 LGBT 사람들 중 하나일 때 수치를 느낀다. 내가 배제 또는 거부를 느끼는 것이 실제인지 아니면 상상인지 의아스럽기도 하다.

---

32) Tran, "GAM4GWM," 82.
33) 뉴욕 게이 아시아 태평양제도 게이 남성, "An Open Letter to Cazwell and Joey Izrael" (September 21, 2011), http://www.gapimny.org/2100/09/21/an-open-letter-to-cazwell-and-joey-izrael/ (2011년 12월 11일 접속)

내가 이런 상황에서 수치를 느끼는 것을 알고 그 느낌에서 도망가거나 묻어버리지 않을 수 있을 때 나는 자기를 사랑하는 그리스도의 은혜를 경험한다. 나는 나의 관계 또는 유색인 LGBT로서 내 정체성에 관해 긍지를 경험할 수 있을 때 은혜를 경험한다. 그러나 가장 중요한 것은 하나님이 나를 더도 말고 덜도 말고 있는 그대로 사랑하시고 받아들이신다는 것을 경험할 때 은혜를 경험한다.

학습을 위한 질문

1. 자기를 사랑하는 그리스도는 누구인가? 자기를 사랑하는 그리스도는 복음서 어디에 나오는가?
2. 이 장에서 자기를 사랑하는 그리스도의 어떤 묘사가 나에게 가장 많이 와 닿는가? 어떤 묘사가 가장 덜 와 닿는가?
3. 자기를 사랑하는 그리스도의 관점에서 죄는 무엇인가? 이 죄는 LGBT 공동체에서 어떻게 나타나는가?
4. 나 자신의 삶에서 수치를 경험한 방식으로는 무엇이 있나? 이것은 LGBT 유색인이 종종 경험하는 수치와 어떻게 비슷하거나 다른가?
5. 자기를 사랑하는 그리스도의 관점에서 은혜는 무엇인가? 이 은혜는 LGBT 공동체에서 어떻게 나타나는가?
6. 나 자신의 삶에서 건강한 긍지를 경험한 방식으로는 무엇이 있나?

심화 학습을 위한 자료

자기를 사랑하는 그리스도

Comstock, *Gay Theology Without Apology*, 91-103

Fortunato, *Embracing the Exile*, 126-27

Goss, *Queering Christ*, 56-71

Jordan, *Telling Truths in Church*, 84-87

Steinberg, *The Sexuality of Christ in Renaissance Art and Modern Oblivion*

Wimberly, *Moving from Shame to Self-Worth*

수치로서의 죄

Downs, *The Velvet Rage*

Halpern and Traub, *Gay Shame*

Kaufman and Raphael, *Coming out of Shame*

Stuart, "Salvation"

Weiss, *Cruise Control*

페미니스트와 우머니스트의 죄 신학

Green-McCreight, "Gender, Sin and Grace"

Hampson, "Reinhold Neibuhr on Sin"

Jones, *Trauma and Grace*

Kamitsuka, "Toward a Feminist Postmodern and Postcolonial Interpretation of Sin"

Smith, "Sin and Evil in Feminist Thought"

Townes, *A Troubling in My Soul*

긍지로서의 은혜

Kaufman and Raphael, *Coming Out of Shame*, 122-86

Smedes, *Shame and Grace*
Terrell, *Power in the Blood?*

아시아계 미국인 LGBT 긍지
Lee, "All-American Asian"
Tran, "GAM4GWM"

10장

모델 6: 서로 연결된 그리스도

1. 서로 연결된 그리스도

LGBT 사람들을 위한 여섯 번째 그리스도론 모델은 서로 연결된 그리스도(Interconnected Christ)이다. 서로 연결된 그리스도는, 모든 것이 그분 안에서 응집하고(cohere), 곧 결합하는(hold together, 그리스어로 시네스테켄*synesteken*) 그런 분이다.1) 그것이 우주든, 생태계든, 세계의 종교와 영적 전통이든지 말이다. 서로 연결된 그리스도는, 전체의 일부가 나머지를 이기는 세계화되고 제국주의적이고 식민주의적인 그리스도와 정반대이다. 서로 연결된 그리스도는 이 세상의 우리 모두가 생존을 위해서만이 아니라 번영하기 위해서도 서로에게 의존한다는 것을 인정한다.

서로 연결된 그리스도는, 우주적 그리스도, 곧 창조주요 우주의 화해자인 신적인 지혜(Wisdom)이신 선재하는(pre-existent) 그리스도라는 개념에 근거한다.2) 예수 그리스도가 "모든 창조의 맏이(the first born of all

---

1) 골 1:17.
2) 크리스천 신학에서 우주적 그리스도에 대한 개관으로는 George A. Maloney,

creation)"이고 그분 안에서 "하나님의 충만함이 머무르는 것을 기뻐하시는" 분으로 묘사된 골로새서에서 볼 수 있다.3) 마찬가지로 서로 연결된 그리스도는, '처음에' 하나님과 함께 있던 하나님의 말씀, 곧 로고스로 묘사되는 요한복음은 물론,4) 예수 그리스도가 "능력 있는 말씀으로 만물을 보존하시는" 분으로 묘사되는 히브리서에서도 볼 수 있다.5)

참으로 온 우주는 고린도전서에 언급된 "그리스도의 몸"으로 생각할 수 있다. 달리 말해서, 우주의 모든 부분은 "한 몸"을 이루고, 한 부분은 다른 부분에게 "나는 네가 필요 없어"라고 말할 수 없다.6) 실상 그리스도의 몸을 그리스도교 교회로 제한하는 대신에 그리스도의 몸을 창조 질서와 모든 세계 종교와 영적 전통의 총합으로 생각하면 어떨까? 곧 그리스도교 교회를 모든 신앙 전통의 유일한 끝으로 생각하는 대신에, 서로 연결된 그리스도의 지체가 많은 몸 안에 있는 많은 전통 중 하나로 생각하면 어떨까?7)

윈체스터대학교의 공개적인 레즈비언 신학자 리사 이셔우드는 『페미니스트 그리스도론 서론』의 "생태적 그리스도"라는 장에서 서로 연결된 그리스도에 대해 썼다. 이셔우드에게는 그리스도교와 같은 성육신적 종

The Cosmic Christ: The Cosmic Christ: From Paul to Teilhard (New York: Sheed and Ward, 1968)를 보라.

3) 골 1:15-20.
4) 요 1:1.
5) 히 1:3.
6) 고전 12:20-21.
7) 이것은 다른 신앙 전통들을 그리스도의 몸으로 흡수하거나 지우려는 것이 아니다. 그보다는, 그리스도의 몸이 제도 교회와 그리스도교 자체를 초월할 수 있다는 것을 인정하는 것이다.

교는 "창조 질서 전체와 우주 자체의 구조에 주의를 기울여야" 한다. 그녀는 지배적인 크리스천 전통이 "남성의 경험을 우선시하는 것을 선호"한 것을 비판하고, 로즈메리 류터(Rosemary Ruether), 곽 퓰란(Kwok, Pui-lan), 앤 프리마베시(Anne Primavesi), 샐리 맥페이그(Sallie McFague), 이반 게바라(Ivone Gebara)와 같은 생태페미니스트 신학자들의 그리스도론적 작업을 부각시킨다.8)

호주 신학자인 데니스 에드워즈도 『하나님의 지혜, 예수』에서 서로 연결된 그리스도에 대해 썼다. 에드워즈에게 예수 그리스도는 신적인 지혜의 화신이고 "생태에 대한 크리스천 접근을 뒷받침하고 우주적 그리스도론의 기초를 형성할" 수 있다. 예수 그리스도에 대한 이 관점은 "지구와 모든 살아 있는 피조물과 전체 물질 우주와의 새로운 몸의 관계"를 생각하도록 요청한다.9) 이것은 우리로 하여금 우주에 대한 인간 중심적인 관점에서 우주 중심적인 관점으로 이동할 것을 요청한다. 참으로, LGBT 사람들은 종종 반려동물을 다리가 넷인 가족으로 여기고 특별한 관계를 갖는데, 서로 연결된 그리스도는 그들도 그리스도의 몸의 일부라는 것을 기억하게 한다.

서로 연결된 그리스도는 또한 장애인의 맥락에도 존재한다. 에모리대

---

8) 이들 생태페미니스트 그리스도론에 대한 논의로는 Lisa Isherwood, *Introducing Feminist Christologies* (Cleveland, OH: Pilgrim Press, 2002), 71-86을 보라. 생태페미니스트 신학의 소개에 대해서는 Rosemary Radford Ruether, *Gaia and God: An Ecofeminist Theology of Earth Healing* (New York: HarperOne, 1992)을 보라.

9) Denis Edwards, *Jesus the Wisdom of God: An Ecological Theology* (Maryknoll, NY: Orbis, 1995), 86.

학교의 신학대학원 교수 낸시 아이슬랜드는 『장애인 하나님』에서 "우리의 몸을 함께 결합하는 것"(곧, 장애인과 비장애인 사이의 마주보는 상호작용)의 중요성을 주장했다.10) 아이슬랜드는 부활하신 예수 그리스도의 손상된 손과 발과 옆구리를 가진 것을 통해 "장애인 하나님"을 묘사했다.11) 장애를 가진 사람들은 물론 이 장애인 하나님을 위한 상호의존은 "삶의 필수 조건"이다. 상호의존은 "정의와 생존" 모두를 위해 필수적이다.12)

많은 LGBT 신학자들과 윤리학자들은 생태신학에 대해 썼고, 그들의 저서는 서로 연결된 그리스도와 상당한 연관성이 있다. 몬태나 대학교에서 가르치는 게이 생태윤리학자인 댄 스펜서는 『게이와 가이아』에서, 에로틱한 생태정의 윤리를 제안한다. 세상을 인간과 인간 아닌 요소로 나뉜 것으로 보는 대신에, 스펜서는 "인간과 인간 아닌 자연의 모든 차원에서" 올바른 관계의 윤리를 주창한다.13) 이것은 우리의 소비 패턴, 성적인 실천을 다른 사람들과 자연으로부터 단절된 것으로 보는 것, 동물을 먹는 습관, 그리고 아마도 게이 에로티시즘에서 가죽을 사용하는 것조차 다시 생각하는 것을 포함해서 LGBT 사람들에게 많은 윤리적 함의를 갖는다.14)

---

10) Nancy L. Eiesland, *The Disabled God: Toward a Liberatory Theology of Disability* (Nashville, TN: Abingdon Press, 1994), 94.

11) Eiesland, *The Disabled God*, 101.

12) Eiesland, *The Disabled God*, 103. 또 다른 장애 신학에 대해서는 Thomas E. Reynolds, *Vulnerable Communion: A Theology of Disability and Hospitality* (Grand Rapids, MI: Brazos Press, 2008)을 보라.

13) Daniel T. Spencer, *Gay and Gaia: Ethics, Ecology, and the Erotic* (Cleveland, OH: Pilgrim Press, 1996), 324.

서로 연결된 그리스도의 반향은 또한 게이 신학자 마이클 클락의 연구에서도 볼 수 있다. 클락은 『우리의 게토를 넘어서』에서 LGBT 사람들이 "존재의 거미줄 안에서 모든 만물의 근본적인 상호연결됨, 관계성, 상호의존"에 대해 의식하는 것의 중요성에 대해 썼다. 클락은 티쿤 올람(*tikkun olam*), 곧 "세상을 고친다"는 유대교 개념을 사용하여 인간과 비인간, 생물권과 암석권 측면에서 세상을 고치라고 LGBT 사람들에게 도전한다.15)

생태와 환경 문제에 더해 서로 연결된 그리스도는 또한 종교의 다원성 문제에 대해서도 말한다.16) 최근 몇 십 년 동안 많은 아시아, 아프리카, 그리고 다른 3분의 2세계와 토착 신학자들은 다른 세계 종교들과 영적 전통들의 맥락에서 그리스도론에 대해 저술하였다. 예를 들면, 논문모음집인 『예수의 아시아 얼굴들』은 "예수와 크리슈나"에서 "그리스도와 부처"와 "이슬람 맥락에서 그리스도를 고백하기"에 이르는 많은 논문을 포함한다.17) 그리스도론과 종교 다원주의라는 비슷한 문제를 다루는 다른 논문모음집으로는 『아프리카에 있는 예수의 얼굴들』, 『아프리카의 예

---

14) Spencer, *Gay and Gaia*, 348-61.
15) J. Michael Clark, *Beyond Our Ghettos: Gay Theology in Ecological Perspective* (Cleveland, OH: Pilgrim Press, 1993), 89.
16) 종교 다원주의 신학에 대한 소개로는 Paul E. Knitter, *Introducing Theologies of Religions* (Maryknoll, NY: Orbis Books, 2002)을 보라.
17) R. S. Sugirtharajah, ed., *Asian Faces of Jesus* (Maryknoll, NY: Orbis Books, 1993); Ovey N. Mahammed, "Jesus and Krishna," in Sugirtharajah, *Asian Faces of Jesus*, 9-24; Seiichi Yagi, "Christ and Buddha," in Sugirtharajah, *Asian Faces of Jesus*, 25-45; Alexander J. Malik, "Confessing Christ in the Islamic Context," Sugirtharajah, *Asian Faces of Jesus*, 75-84.

수』, 『풍성한 희망』 등이 있다.18)

스탠리 사마르타는 "십자가와 무지개"라는 논문에서 "유대-기독교-서구 전통이 세계 모든 곳에서 모든 사람들의 모든 문제에 대한 유일한 대답이라고 주장하는 것은 황당무계하지 않다면, 건방진 것이다"고 말한다.19) 그래서 그는 "그리스도인이 다른 종교를 가진 이웃과 함께 살 수 있는 신학적인 공간을 더" 제공하는 '신비 중심의(a Mystery-centered)' 그리스도론을 제안한다.20)

LGBT 맥락에서 많은 저술이 다양한 신앙 전통의 맥락에 있는 퀴어 영성에 초점을 맞추었다.21) 예를 들어, 세계 퀴어 영성의 영역에서 한 가지 유용한 자료는 세계 종교 속에 있는 LGBT 주제에 대해 400쪽의 자료를 제공하는 『퀴어 신화, 상징, 영혼에 대한 캐셀 백과사전』이다.22) 또

---

18) Robert J. Schreiter, ed., *Faces of Jesus in Africa* (Maryknoll, NY: Orbis Books, 1991); Diane B. Stinton, *Jesus of Africa: Voices of Contemporary African Christology* (Maryknoll, NY: Orbis Books, 2004); Kwok Pui-lan, *Hope Abundant: Third World and Indigenous Women's Theology* (Maryknoll, NY: Orbis Books, 2010), 165-215.

19) Stanley J. Samartha, "The Cross and the Rainbow: Christ in a Multireligious Culture," in Sugirtharajah, *Asian Faces of Jesus*, 104-23, 113.

20) Samartha, "The Cross and the Rainbow," 115, 116.

21) Robert Barzan, ed., *Sex and Spirit: Exploring Gay Men's Spirituality* (San Francisco: White Crane Newsletter, 1995); Christian de la Huerta, *Coming Out Spirituality: The Next Step* (New York: Jeremy P. Tarcher/Putnam, 1999); Kolodny, *Blessed Bi Spirit*; Catherine Lake, ed., *Recreations: Religion and Spirituality in the Lives of Queer People* (Toronto, Canada: Queer Press, 1999); Ronald E. Long, *Men, Homosexuality, and the Gods: An Exploration into the Religious Significance of Male Homosexuality in World Perspective* (Binghamton, NY: Harrington Park Press, 2004).

22) Randy P. Conner, David Hatfield Sparks, and Mariya Sparks, ed.,

다른 자료는 세계 신앙 전통 속에 있는 LGBT 주제들을 개관한 『동성애와 세계 종교』다. 그러나 이런 사전들은 대부분이 서로 연결된 그리스도라는 모델이 제기하는 종교 다원주의의 문제를 분명하게 다루지 않는다.23) 한 가지 예외는 최근 책, 『유대/크리스천/퀴어: 교차로와 정체성』으로서 이 책은 "유대교와 그리스도교가 교차하는 곳에서의 퀴어함"을 다룬다.24) 그러나 이 영역해서 여전히 할 일이 아주 많다.

생태 신학은 물론 종교 다원주의와 같은 주제들과 서로 연결된 그리스도의 중요성을 탐구하였고, 이제 우리는 서로 연결된 그리스도라는 관점에서 죄와 은혜를 어떻게 볼지 생각해보겠다.

2. 고립으로서의 죄

서로 연결된 그리스도라는 관점에서 볼 때 LGBT 사람들에게 죄란 무엇일까? 서로 연결된 그리스도가 모든 창조의 근본적인 상호연관성의 상징이라면, 죄는 고립(isolation), 또는 스스로가 충분하다는 환상으로 이해할 수 있다. 이 맥락에서 고립은 벽장의 고립과 다르다. 여기서의 고립은 외로운 느낌일 뿐만 아니라 모든 피조물이 서로 연결되어 있다는 방식들을 보는 것을 거부하거나 볼 수 없는 불능이다. 우리는 세계 절반의 사

Cassell's Encyclopedia of Queer Myth, Symbol and Spirit: Gay, Lesbian, Bisexual and Transgender Lore (London: Cassell, 1997).

23) Arlene Swidler, ed., *Homosexuality and World Religions* (Valley Forge, PA: Trinity Press International, 1993).

24) Frederick Roden, ed., *Jewish/Christian/Queer: Crossroads and Identities* (Farnham, UK: Ashgate, 2009), 1.

람들과 아무 연관이 없거나 아예 연관이 없는 듯하지만, 실상은 같은 공기를 마시고 같은 지구에서 나온 자원을 소비하며, 이는 궁극적으로 우리 각자의 안녕에 영향을 미친다.

고립의 죄가 LGBT 공동체에서 드러나는 한 가지 방식은 과소비 사고방식을 통해서다.25) 우리는 종종 우리 자신에 우선적인 초점을 맞추지, 우리의 소비가 환경과 지구 온난화 상황을 포함하여 전체 세계에 어떤 영향을 미치는지에 초점을 맞추지 않는다. 「아웃 매거진(Out Magazine)」과 「옹호자(The Advocate)」와 같은 번지르르한 전국 LGBT 잡지를 죽 넘겨보면 해외여행, 유람선 여행, 디자이너 브랜드 의류, 도박, 술 등의 수많은 광고를 볼 수 있다. 이런 광고는 전체 미국 문화를 반영할 수 있지만, 많은 중산층과 상류층 LGBT 사람들이 과소비와 과지출의 생활양식을 따른다고 말하는 것이 온당하다고 생각한다. 이 과소비는 인간과 비인간 생명에게 파괴적인 결과를 낳는다.26)

과소비의 문화 속에 사는 것 말고도 LBGT 공동체 안에는 물질적 부에 관해 경쟁도 있다. 누가 가장 큰 집, 가장 새 차, 제일 좋은 직업, 가장 멋진 생활양식을 갖고 있는지가 종종 경주가 된다. 이것은 LGBT 사람들이 마구 써버릴 수 있는 수입을 갖는 것으로 묘사하는 미디어 이미지 때문에 더욱 강화된다. 그 한 예는 여섯 명의 양성애 및 게이 남성의 삶을

---

25) 아이러니하게도 에스겔에 의하면 소돔의 진짜 죄는 '과도한 음식,' '번영하는 안락,' '가난한 사람들과 어려운 사람들'을 돕지 않은 것이다. 겔 16:49.
26) 페미니스트 윤리와 동물권에 대한 논문 모음집, Lisa Kemmerer, ed., *Sister Species: Women, Animals, and Social Justice* (Urbana, IL: University of Illinois Press, 2011)을 보라.

보여주는 로고(Logo) 채널의 리얼리티쇼, "A급 명단: 뉴욕(A-List: New York)"인데, 이들은 모두 상당히 부유하고 모델과 예술가로서 자기 분야에서 경력을 추구하는 데 초점을 맞춘다.27) 그런데 이런 종류의 미디어 묘사가 갖는 문제 중 하나는 종종 저소득층 LGBT 사람들의 경험은 물론 LGBT 공동체의 복잡성과 다양한 경제 상황을 지운다는 데 있다. 그럼에도 불구하고, 특히 중산층 게이 남성 공동체에 관해 과소비 문화가 있다는 것은 어느 정도 사실이다.

앞에서 살펴본 바와 같이, 인권 활동과 억압의 상호연결을 보는 것에 관해 LGBT 공동체에는 종종 고립의 느낌이 있다. 곧, LGBT 사람들은 동성 결혼이나 "묻지 말라, 말하지 말라(Don't Ask, Don't Tell)"의 폐기와 같은 자신의 권리를 위해서 싸우는 데는 종종 매우 적극적이다. 그러나 일단 승리를 얻으면 우리 공동체 안에 있는 다른 주변화된 그룹(예를 들면, 트랜스젠더 사람들, 서류 미비 이민자들, 유색인들)과 정치적 연대를 형성하는 데는 더 이상 관심을 갖지 않는다.

나는 뉴욕시의 법률사무소 두 곳에서 세금 및 피고용인 혜택 변호사로 일할 때 고립의 죄를 직접 경험했다. 일하는 시간은 길었고, 많은 다국적 기업과 개인 주식회사들의 인수합병을 맡아서 일했다. 나의 일은 금방 내 삶이 되었다. 나는 깨닫지 못한 채 나머지 세상에서, 내가 대학과 법학대학원 때 관심을 갖던 사회정의 문제들과 내 친구들과 가족은 물론, 내가 살고 일하던 지역에 관해서도 단절되고 고립되었다. 내가 법률사무소

---

27) 2011년 10월에 Logo는 리얼리티 TV 시리즈를 새로운 쇼, *A-List: Dallas*로 확장했다.

에서 나온 다음에야 비로소 아시아계 LGBT 공동체 및 더 큰 LGBT 공동체와 더 관계하게 되었다. 내 배경 때문에 나는 "월가를 점령하라(Occupy Wall Street)" 운동과 그 운동이 미국과 세계에서 최상위 1%의 소득자들의 경제적 고립에 도전하는 방식을 큰 관심을 가지고 관찰했다.

고립의 죄는 또한 종교 영역에서도 일어난다. 특별히 많은 LGBT 그리스도교 종교 지도자들은 비그리스도교 LGBT 사람들의 영적인 삶을 거의 자각하지 못한다. 종종 '신앙,' '종교'와 같은 단어는 '그리스도교'와 같은 의미이다. 실상은 다른 종교 전통을 가진 LGBT 사람들이 많다는 점이다. 이는 『토라 동성애자: 히브리성서에 대한 주간 주석(유대교)』,28) 『무슬림 속의 동성애: 게이, 레즈비언, 트랜스젠더 무슬림에 대한 비평적 성찰(이슬람)』,29) 『퀴어 법: 게이 불교인의 목소리(불교)』,30) 『다른 색의 연꽃: 남아시아 게이와 레즈비언 경험 펼치기(힌두교)』31)와 같은 다양한 자료들이 보여주는 바와 같다. 그럼에도 불구하고 신학자들을 포함하여 LGBT 그리스도교 종교 지도자들은 LGBT 공동체 안에 있는 이들 공동체를 거의 다루거나 대화하지 않는다. 우리 LGBT 그리스도교 신학자들

---

28) Greg Dinkwater, Joshua Lesser, and David Shneer, *Torah Queeries: Weekly Commentaries on the Hebrew Bible* (New York: New York University Press, 2009).

29) Scott Siraj al-Haqq Kugle, *Homosexuality in Islam: Critical Reflection on Gay, Lesbian, and Transgender Muslims* (Oxford, UK: Oneworld Publications, 2010).

30) Winston Leyland, ed., *Queer Dharma: Voices of Gay Buddhists* (San Francisco: Gay Sunshine Press, 1998).

31) Rakesh Ratti, ed., *A Lotus of Another Color: An Unfolding of the South Asian Gay and Lesbian Experience* (Boston: Alyson Publications, 1993).

이 이런 사태를 바꿀 때이다.

이 고립의 죄는 동성애와 연관된 문제들과 관련해서 바티칸과 로마 가톨릭 교황청의 신학적 고립, 그리고 그들의 세속적 대변인인 "종교권과 시민권을 위한 가톨릭 연맹(Catholic League for Religious and Civil Rights)"과 같은 단체를 상기시킨다. 로마 교황청은 LGBT 문제에 대해 그 어떤 신학적, 도덕적 또는 과학적 대화도 거부한다. 그저 같은 주장을 계속해서 되풀이할 뿐 실상 그 주장이 맞는지는 개의치 않는다.32) 이런 고립은 로마 가톨릭교회 자체 내의 사제들과 주교 계급 안에 동성애가 광범위하게 존재하기 때문에 특히 아이러니하다.33) 신학적 관점에서 볼 때 내게는 이런 자기 우상화가 서로 연결된 그리스도를 거부하는 것이다. 2011년 가을에 네 개의 교육기관, 즉 페어필드대학교, 포담대학교, 뉴욕 유니온신학대학원, 예일신학대학원은 "독백 이상으로: 성적 다양성과 가톨릭교회"라는 일련의 컨퍼런스를 후원함으로써 로마 가톨릭교회의 고립의 죄에 도전했다. 그런 컨퍼런스가 대화를 진척시키는 데 어떤 영향을 줄 것인지는 두고 볼 일이다.

3. 상호의존으로서의 은혜

죄가 고립이라면, 서로 연결된 그리스도라는 맥락에서 은혜는 상호

---

32) Gareth Moore, *A Question of Truth: Christianity and Homosexuality* (London, UK: Continuum, 2003), 243(동성애에 대한 로마 가톨릭교회의 가르침이 '실제로 맞는지' 물음).

33) 일반적으로 Jordan, *Silence of Sodom*을 보라.

의존(interdependence)이다. 상호의존은 우리가 모두 다르다는 것을 인정하는 것이다. 그러면서도 우리는 모두 한 우주적 몸의 부분이고, 그래서 이 몸의 다른 부분에게 "나는 네가 필요 없어"라고 말할 수 없다.34) 상호의존은 여러 형태를 띨 수 있다. 예를 들면, 상호의존은 생태 문제라는 맥락에서 나타날 수 있고, 종교간(interfaith)의 문제라는 맥락에서 나타날 수 있다. 상호의존에 대한 깊은 이해는 선물이다. 즉 만들어 내거나 애써 얻을 수 있는 것이 아니고, 오직 하나님의 놀라운 은혜를 통해서만 경험할 수 있는 것이다.35)

나는 개인적으로 위대한 자연 속에서 상호의존의 은혜를 경험했다. 나는 어렸을 때부터 항상 자연을 좋아했다. 자랄 때 내가 가장 좋아했던 장소 중 하나는 우리 스카우트 연맹을 위한 지역 보이 스카우트 캠프인 커터(Cutter) 스카우트 보호구역이었다. 나는 스카우트는 물론 캠프 지도자로서도 캠프 커터에 출석한 좋은 기억을 갖고 있다. 거기서 나는 임기(tenure)를 마칠 무렵에는 밤에도 플래시 불빛 없이 길을 찾을 수 있을 만큼 등산로를 잘 알았다. 커터에 있는 A자 구조의 예배실에서 주일 예배가 있었지만 나는 등산로와 산에서 하나님의 임재를 더 강렬하게 자주 경험했다. 나로서는, 식물, 동물, 새, 벌레, 지형, 물, 공기가 모두 상호의존적

---

34) 고전 12:21.
35) 최근 상호의존의 은혜에 대한 신학 및 윤리학 연구가 많이 출판되었다. 다음은 그 중 일부이다. Joseph Sittler, *Evocations of Grace: Writings on Ecology, Theology, and Ethics* (Grand Rapids, MI: William B. Erdmans Publishing, 2000); and Willis Jenkins, *Ecologies of Grace: Environmental Ethics and Christian Theology* (Oxford, UK: Oxford University Press, 2008); Steven Bouma-Prediger, *For the Beauty of the Earth: A Christian Vision for Creation Care*, 2nd ed. (Grand Rapids, MI: Baker Academic, 2010).

인 생태계로서 함께 작동하는 방식에 대해 무언가 신비롭고 거룩한 것이 있었다.36)

지금까지도 신적인 것에 대한 나의 가장 강력한 경험 중 일부는 위대한 자연 속에서 벌어졌다. 세계에서 내가 가장 좋아하는 곳 중 하나는 메인주에 있는 아카디아(Acadia) 국립공원이다. 마이클과 나는 거기에 자주 가서 많은 등산로를 걷고 등반했다. 나로서는 하나님 존재에 대한 가장 강력한 '증거' 중 하나는, 시계공(watchmaker) 하나님이라는 주장과 비슷하게,37) 산의 정상에 올라서서 눈길이 닿을 수 있을 만큼 멀리 창조의 놀라운 아름다움과 은혜를 내다보는 것이다. 생태계의 상호의존은 잴 수 없는 신비이자 만질 수 있고 가까이에 있는 것이다.

끝으로 나는 우리 강아지 샤르트르를 통해 상호의존의 은혜를 경험했다. 앞에서 언급한 바와 같이, 동물은 많은 LGBT 가족의 중요한 부분이다. 샤르트르가 2년 반 전에 우리 삶 속으로 들어온 이래 마이클과 나는, 특히 매일 샤르트르와 걸으면서 창조의 비 인간 측면과 동물과의 관계에 대해 훨씬 더 의식하게 되었다.38)

---

36) 생태 이슈에 대한 페미니스트 상호종교 논문 모음집으로는 Carol J. Adams, ed., *Ecofeminism and the Sacred* (New York: Continuum, 1993)을 보라. 3분의 2 세계 여성의 생태 페미니스트 신학 논문 모음집으로는 Rosemary Radford Reuther, *Women Healing Earth: Third World Women on Ecology, Feminism, and Religion* (Maryknoll, NY: Orbis Books, 1996)을 보라.

37) Laura L. Garcia, "Teleological and Design Arguments," in *A Companion to Philosophy of Religion*, ed., Philip L. Quinn and Charles Taliaferro (Maldem, MA: Blackwell Publishing, 1997), 338-44를 보라.

38) 개 산책에 대한 강력한 신학적 성찰에 대해서는 Carter Heyward, *Touching Our Strength: The Erotic as Power and Love of God* (New York: HarperSanFrancisco, 1989), 93을 보라.

우리 신학대학원에서 가르치는 커다란 축복과 기쁨 중 하나는 해마다 성 프란체스코의 날에 동물 축복 예배를 짜고 인도하는 것이다. 작년에 우리는 개와 고양이부터 금붕어와 헝겊 인형까지 모든 종류의 동물이 올 수 있도록 예배당을 개방하였고, 예배를 통해 상호의존의 은혜를 축하하였다. 나로서는 상호의존의 은혜라는 도전은, 하나님의 피조물들과 만난 위와 같은 일화들을 어떻게 내가 먹고 입는 것부터 구입하고 재활용하는 것까지 날마다의 삶 속에서 지구의 피조물들을 더 잘 돌보는 것으로 실천하느냐의 문제이다.

내가 상호의존의 은혜를 경험한 두 번째 맥락은 종교간 대화 영역이다. 참으로 상호의존이라는 생각 자체는 힌두교의 궁극적인 하나됨(oneness)부터 불교의 만물의 상호의존까지 많은 동아시아 종교와 철학 속에 있는 중심 주제다. 몇 년 전에 나는 워싱턴주 시애틀에서 열린 "전국 아시아태평양 퀴어연맹(NQAPIA)"에 참석했다. 대회 운영위는 나에게 다양한 종교 및 영적 전통을 존중하는 상호종교 명상을 준비해달라고 요청했다. 나는 여러 친구들의 도움으로 아시아 북치기, 침묵 명상, 여러 종교 및 영적 전통의 거룩한 본문 읽기들을 포함한 예배를 준비했다. 그것은 단순하면서도 강력한 예배였고, 그것은 전적으로 '크리스천' 예배가 아니었음에도 불구하고 서로 연결된 그리스도를 경험하게 해주었다.

내가 상호의존의 은혜를 경험한 또 다른 종교간 대화 맥락은 유대교-그리스도교 대화를 다룬 신학대학원 과목을 택했을 때였다. 뉴욕 유니온 신학대학원 학생들은 길건너에 있는 유대교신학대학원의 학생들과 매주 만났다. 이 과목을 통해 나는 현재 보수 유대교의 안수 랍비인 나의 좋은 친구 페이스를 만나게 되었다. 나는 페이스와 그녀의 친구들과 함께 안식일 예배와 저녁식사에 참석했고 그녀는 나와 교회 예배에 참석했고 내가 설교하는 것을 들었다. 우리는 퀴어신학과 탈무드의 페미니스트 해석에 대해 대화했고, 지금까지도 친구로 지낸다. 나는 이 종교간 만남으로 완전히 변화했다. 나는 한편으로 아시아계 미국인 게이 남성으로서 크리스천 신학을 전공하는 박사과정 학생과 다른 한편으로 보수 유대교 이성애 여성으로서 랍비 안수를 준비하는 학생 사이에 벌어진 상호의존의 은혜에 대해 감사드린다.

끝으로, 종교간 대화 맥락에서의 상호의존은 엄밀하게 종교 문제에 국한되지는 않는다는 것을 지적하는 것이 중요하다. 로즈매리 래드포드 류터가 『생태페미니즘, 세계화, 세계 종교를 통합하기』에서 보여준 바와 같이, 종교간 대화 문제는 생태, 페미니즘, 기업 세계화의 문제도 다룬다. 류터는 이런 문제의 교차점이 "인간과 자연이 삶의 상호의존적 모체로서 관계하는 다른 길"을 상상하게 해줄 수 있다고 말한다.39)

학습을 위한 질문

1. 서로 연결된 그리스도는 누구인가? 신약성서에서 서로 연결된 그리스도의 예로는 어떤 것들이 있나?
2. 서로 연결된 그리스도는 생태신학, 장애인 신학, 종교간 대화의 신학

---

39) Rosemary Radford Ruether, *Integrating Ecofeminism, Globalization, and World Religions* (Lanham, MD: Rowman and Littlefield Publishers, 2005), x.

에서 어떻게 나타날까?

3. 서로 연결된 그리스도라는 맥락에서 죄는 무엇인가? 이 죄는 LGBT 공동체에서 어떻게 나타나는가?
4. LGBT 공동체에서 경험했거나 관찰한 과소비의 예는 무엇이 있나?
5. 서로 연결된 그리스도라는 관점에서 무엇이 은혜인가? 이 은혜는 LGBT 공동체에서 어떻게 나타나는가?
6. 자신의 신앙과 다른 신앙 전통을 경험한 적이 있는가? 그런 경험이 어떤 형태로 일어났는가? 예배로? 종교간 토론으로?

심화 학습을 위한 자료

서로 연결된 그리스도
Clark, *Beyond Our Ghettos*
Edwards, *Jesus the Wisdom of God*
Eiesland, *The Disabled God*
Isherwood, *Introducing Feminist Christologies*, 71-86
Kwok, *Hope Abundant*, 165-216
Maloney, *The Cosmic Christ*
Schreiter, *Faces of Jesus in Africa*
Spencer, *Gay and Gaia*
Stinton, *Jesus of Africa*
Sugirtharajah, *Asian Faces of Jesus*

LGBT 종교간 대화 자료
Barzan, *Sex and Spirit*
Connor, Sparks, and Sparks, *Cassell's Encyclopedia of Queer Myth*,

Symbol, and Spirit
de la Huerta, *Coming Out Spiritually*
Drinkwater, Lesser, and Shneer, *Torah Queeries*
Kolodny, *Blessed Bi Spirit*
Kugle, *Homosexuality in Islam*
Lake, *Recreations*
Leyland, *Queer Dharma*
Long, *Men, Homosexuality, and the Gods*
Ratti, *A Lotus of a Different Color*
Roden, *Jewish/Christian/Queer*
Swidler, *Homosexuality and World Religions*

고립으로서의 죄
Jordan, *The Silence of Sodom*
Kemmerer, *Sister Species*
Moore, *A Question of Truth*

상호의존으로서의 은혜
Adams, *Ecofeminism and the Sacred*
Bouma-Prediger, *For the Beauty of the Earth*
Garcia, "Teleological and Design Arguments"
Heyward, *Touching Our Strength*
Jenkins, *Ecologies of Grace*
Ruether, *Intergrating Ecofeminism Globalization, and World Religions*
Ruether, *Women Healing Earth*
Sittler, *Evocations of Grace*

11장

모델 7: 혼종 그리스도

1. 혼종 그리스도

그리스도에 기초한 죄와 은혜의 일곱 번째이자 마지막 모델은 혼종(Hybrid) 그리스도이다. 혼종 그리스도는 이분법 범주의 '사이 공간(in-between)'을 차지하고 '제3의 것'으로서 이해될 수 있는 분이다. 신과 인간의 이분법 범주를 예로 들어 보자. 우리는 보통 이들 범주를 신이거나 인간이거나 상호 배타적인 것으로 생각한다. 그러나 혼종 그리스도는 순전히 신이거나 순전히 인간이 아니기 때문에 이들 범주에 도전한다. 그보다는 성육신, 육신이 되신 말씀으로서 혼종 그리스도는 신과 인간 둘 다이다. 이런 혼종 그리스도는 이들 범주 간의 사이 공간을 차지한다. 그는 혼종적 존재이다.

혼종성은 두 가지가 동시에 존재하여 제3의 '혼종' 존재로 이끈 것을 묘사하는 탈식민지 이론에서 나온 개념이다.[1] 예를 들면, 호미 바바는

---

1) 예를 들면 Bill Ashcroft, Gareth Griffiths, and Hellen Tiffin, *Post-Colonial Studies: The Key Concepts* (London: Routledge, 2000), 118-21 속의 "Hybridity(혼종성)"를 보라.

『문화의 위치』에서 두 개의 층 사이에 있는 계단의 '문턱 공간(liminal space)'이라는 말로 혼종성을 묘사했다. 이 공간은 위/아래, 우월/열등, 식민자/피식민자라는 일반적인 이분법적 분리에 도전한다. 이 공간에서 이런 이분법 범주는 해체되고 변화된다.2)

나로서는 예수 그리스도가 본성에서 신이며 동시에 인간이라는 신학적 이해에서 혼종 그리스도가 나온다. 그는 순전히 하나이거나 순전히 다른 하나가 아니다. 아타나시우스 신조의 말로 하자면, 예수 그리스도는 동시에 "하나님이며 인간"이고, 그러면서도 그는 "둘이 아니라, 하나의 그리스도"이다.3) 그는 궁극적인 혼종 존재이다. 달리 말해서, 혼종 그리스도는 세상을 보는 양자택일적인 방식(이것 아니면 저것이라는 방식)과 이분법에 도전한다.

이 혼종의 본성은 이중의 의식, 즉 백인의 세계와 비백인의 세계에 동시에 사는 것에 반영되어 있다. 이것은 아프리카계 미국인, 라티노/나, 아시아계 미국인, 선주민 미국인처럼 미국의 많은 소수 인종과 이민자들이 경험하는 것이다. 아시아계 미국인의 경우에, 우리는 (더 이상 아시아

---

2) Homi Bhabha, *The Location of Culture* (London: Routledge, 1994), 5. 『문화의 위치』, 나병철 옮김(소명출판, 2012). 에밀리 타운스는 한 문화가, 흑인문화가 '마케팅과 부와 특권의 획득'에만 전용되는 것과 같은 거짓 종류의 포스트모던 혼종성에 대해 경고했다. 이런 종류의 전용에는 상호성이 없다. 타운스는 백인 래퍼인 에미넴과 바닐라 아이스를 포함하여 이런 거짓 혼종성의 예를 많이 인용한다. Emilie M. Townes, *Womanist Ethics and the Cultural Production of Evil* (New York: Palgrave Macmillan, 2006), 42.

3) "Symboum Quicunque: The Athanasian Creed," in Philip Schaff, *The Greek and Latin Creeds*, vol. 2 of *The Creeds of Christendom: With a History and Critical Notes*, 6th ed. (Grand Rapids, MI: Baker Books, 2007), 66-71.

에 살지 않고 미국에 사니까) 순전히 '아시아인'도 아니고, (유럽계 미국인 몸을 갖고 있지 않고 우리의 아시아 몸이 '외국인'으로 보이니까) 순전히 '미국인'도 아니다. 우리는 (보통은 외부자로 보이는) '아시아인'과 (보통은 내부자로 보이는) '미국인'이라는 원래 두 범주의 이분법과 계급주의적 본질에 궁극적으로 도전하는 제3의 '혼종' 또는 '사이 공간'의 존재다.4)

마르셀라 알타우스-레이드는 『외설스런 신학』에서 혼종 그리스도에 대해 썼다. 구체적으로 알타우스-레이드는, 양성애 예수가 계급주의와 이분법적 범주라는 "이성애적 사고 구조"에 도전하는 바이/그리스도(Bi/Christ)에 대해 썼다. 양성애자가 "남성/여성"과 "이성애/게이"라는 이성애 이분법에 도전하듯이, 바이/그리스도는 신학에 관해 이것 또는 저것이라는 생각에 도전한다(예를 들어, 해방신학에서 상호배타적 범주로서의 '가난한'과 '부유한'을 해체함으로써). 이와 같이 바이/그리스도는 혼종 그리스도의 예로 이해할 수 있다.5)

---

4) 인종과 혼종성에 대한 신학적 성찰로는 Brian Bantum, *Redeeming Mulatto: A Theology of Race and Christian Hybridity* (Waco, TX: Baylor University Press, 2010)을 보라. 혼종성에 대한 다른 연구로는 다음과 같다. Avita Brah and Annie E. Coombes, *Hybridity and Its Discontents: Politics, Science, Culture* (London: Routledge, 2000); Peter Burke, *Cultural Hybridity* (Cambridge, UK: Polity Press, 2009); Virinder S. Karla, Raminder Kaur, and John Hutnyk, *Diaspora and Hybridity* (London: SAGE Publications, 2005); Marwan M. Kraidy, *Hybridity, or the Cultural Logic of Globalization* (Philadelphia, PA: Temple University Press, 2005); Anjali Prabhu, *Hybridity: Limits, Transformations, Prospects* (Albany, NY: State University of New York Press, 2007).

5) Althaus-Reid, *Indecent Theology*, 114-16. 마찬가지로, 핼버 목스니스는 예수의 왕국 말씀들이 남성/여성, 우리/그들, 안/밖, 중심/주변이라는 이분법에 도전하는 '퀴어 공간'을 세운다고 주장했다. Halvor Moxnes, *Putting Jesus in*

참으로, '양성애,' '트랜스젠더,' '인터섹스'는 각각 이성애/동성애, 남성/여성(masculine/feminine), 남자/여자(male/female)의 이분법을 해체하기 때문에 모두 혼종 개념이다. 이 세 가지 퀴어 정체성은 섹슈얼리티, 젠더 정체성, 생물학적 성에 관해 각각 사이 공간을 차지한다. 예를 들어, '양성애'는 인간의 섹슈얼리티가 이성애/동성애 이분법이라는 면에서만 존재한다는 관습적 개념에 도전한다. 마찬가지로, 트랜스젠더는 젠더 정체성이 남성/여성(masculine/feminine) 이분법이라는 면에서만 존재한다는 개념에 도전한다. 끝으로, 인터섹스는 생물학적 성이 남자/여자(male/female)의 이분법이라는 면에서만 존재한다는 개념에 도전한다. LGBT 신학자들이 양성애 그리스도, 트랜스젠더 그리스도, 인터섹스 그리스도에 대해 쓸 때마다 그들은 혼종 그리스도에 대해서도 쓰는 것이다.

혼종 그리스도의 또 다른 표현은 퀴어 아시아 그리스도이다. 많은 퀴어 신학자들이 퀴어 그리스도에 대해 썼고, 많은 아시아 및 아시아계 미국인 신학자들이 아시아 그리스도에 대해 썼지만, 이 두 그리스도론의 혼합인 퀴어 아시아 그리스도에 대한 성찰은 사실상 없었다. 요한복음의 수난설화는 퀴어 아시아 그리스도론을 구성하는 자원이 될 수 있다. 사랑받는 제자와 예수의 어머니 마리아는 둘 다 십자가 밑에 있었다.6) 나로서는, 마지막 만찬에서 예수의 가슴에 머리를 기대고 누운 사랑받는 제자는 퀴어 그리스도를 대표한다. 다른 한편으로 마리아는 예수의 생물학적 가족과 민족 유산을 대표하고, 나로서는 이것이 아시아 그리스도이다. 예수

His Place: A Radical Vision of Household and Kingdom (Louisville, KY: Westminster John Knox Press, 2003), 104-07를 보라.
6) 요 19:25-27.

가 죽기 전에 마리아에게 말한다. "여자여, 당신의 아들입니다."7) 그런 후 그는 사랑받는 제자에게 말한다. "네 어머니이다."8) 나로서는 십자가 밑에서의 이 교차대구적 교환이 혼종 혼합, 곧 퀴어 그리스도와 아시아 그리스도 둘 다가 함께 하는 것을 대표하기 때문에 퀴어 아시아 그리스도론의 핵심에 있다.9)

퀴어 아시아 그리스도는 또한 관음(Kuan Yin, 觀世音), 곧 아시아의 보살(즉, 불교에서 다른 사람들이 열반에 들어가도록 돕기 위해서 열반에 들어가는 것을 미루는 깨달은 존재)의 맥락에서 이해할 수도 있다. 역사적으로 말해서 관음은 트랜스젠더 존재이다. 그녀는 먼저 인도에서 남성 관세음보살로 나타나지만, 그녀의 이야기가 결국 중국에 이르러서 여성 보살이 되고 관음이라는 이름을 갖는다. 이런 젠더 유동성 때문에 관음은 퀴어이다. 남아시아와 동아시아와의 연결 때문에 관음은 아시아인이다. 끝으로 불교의 보살이 희생적 역할을 가지므로(곧 그녀/그는 다른 이들을 돕기 위해서 깨달음을 미룬다), 관음은 그리스도로 이해할 수 있다. 그래서 관음은, 여러 정체성이라는 면에서만이 아니라 불교와 그리스도교의 종교간 대화 관점에서도 퀴어 아시아 그리스도의 관점에서 이해할 수 있다.10) (관음은 한국과 일본에서도 여성으로 이해된다.―역자주).

---

7) 요 19:26.

8) 요 19:27.

9) Patrick S. Cheng, "Jesus, Mary, and the Beloved Disciple: Towards a Queer Asian Pacific American Christology" (2001), http://www.patrickcheng.net/uploads/7/0/3/7/7037096/jesus_mary_and_the_beloved_disciple.pdf (2011년 12월 11일 접속).

10) Patrick S. Cheng, "Kuan Yin: Mirror of the Queer Asian Christ" (2003), http://www.patrickcheng.net/uploads/7/0/3/7/7037096/kuan_yin_mirror-

요약하자면, 혼종 그리스도의 신학은 예수 그리스도가 동시에 인간 세계와 신의 세계 안에 동시에 존재한다는 것을 인정한다. 이것은 부활 이후의 이야기 속에서 가장 분명하게 볼 수 있다. 예수 그리스도는 인간의 몸을 가진 부활한 사람으로서 '양쪽 안(in-both)' 세계들 속에 있으면서도 (즉 그의 부활한 몸은 인간이자 신이다), 또한 '사이 공간(in-between)' 세계들 속에 있다(그는 순전히 인간이거나 순전히 신이 아니다).11) 비록 이것은 아픈 경험일 수 있지만, 은유적으로 말해서 예수 그리스도는 머리 둘 곳이 없다.12) 그의 혼종성은 궁극적으로 인간적인 것과 신적인 것 사이를 다리 놓게 하는 것이다.

2. 단일성으로서의 죄

혼종 그리스도가 (인성 그리고 신성과 같은) 여러 범주 안에 동시에 존재하는 분이라면 혼종 그리스도를 반대하는 것으로서 정의되는 죄는 단일성(singularity)으로 이해할 수 있다. 단일성의 죄는 정체성 범주의 복잡한 상호작용을 인정하기를 거부하는 것이다. 단일성은 복잡하게 겹치고 교차하는 범주들, 말하자면 인종, 젠더, 섹슈얼리티를 분리되고 별개의 범주들로 단순화하려는 우리의 욕망이다. 예를 들어, 시카고신학대학

---

of-the-queer-asian-christ.pdf (2011년 12월 11일 접속).

11) 작고한 아시아계 미국 신학자 이정용은 'in-both'와 'in-between'의 동시적인 상태를 묘사하기 위해 'in-beyond'라는 말을 만들었다. Jung Young Lee, *Marginality: The Key to Multicultural Theology* (Minneapolis, MN: Fortress Press, 1995), 55-99.

12) 마 8:20.

원의 레즈비언 신학자 로렐 쉬나이더는 "너의 성(sex)은 무슨 인종인가?"라는 질문으로 신학 담론 안의 단일성에 도전하였다.13) 쉬나이더는 이 질문을 제기함으로써 인종과 성이 불가분하게 엮여 있음을 지적하고, 분리되고 별개의 범주로 보는 관습적인 지혜에 도전한다.

이 단일성의 죄는 이것 아니면 저것이라는 양자택일적 사고에서 나타난다. 이런 사고방식에 따르면, 두 이분법 사이에 하나의 선택만 가능할 뿐이다. 예를 들어, 예수 그리스도를 묘사하는데 인성 또는 신성을 선택할 수 있지만, 둘 다 선택할 수는 없다. 그리스도론의 관점에서 단일성의 죄는 한편으로는 (예수 그리스도를 오직 인간의 관점에서만 이해하는) 이단 아리우스주의(Arianism)는 물론, 다른 한편으로는 (예수 그리스도를 오직 신의 관점에서만 이해하는) 가현설(Docetism)이기도 하다. 나는 이분법들에 도전하거나 해체하는 대신에, 잘못 선택하게 강조하는 것으로서의 죄에 대해 다른 곳에서 썼다.14)

단일성의 죄는 또한 그리스도교 신학의 영역으로 확대된다. 많은 현대 신학자들은 죄의 교리를 너무 단일하거나(singular) 일차원적이라고 비판했다. 예를 들어, 아시아계 미국인 신학자 앤드류 박은 죄에 대한 전통적 사고방식들을 비판했는데, 전통적으로 "죄를 겪은 사람" 곧 희생자의 고난이나 한(han, 恨)이 아니라 죄인의 죄책감에만 집중했기 때문이다.15)

---

13) Laurel C. Schneider, "What Race Is Your Sex?," in *Disrupting White Supremacy from Within: White People on What We Need to Do*, ed. Jennifer Harvey, Karin A, Case, and Robin Hawley Gorsline (Cleveland, OH: Pilgrim Press, 2004), 142-62.
14) Cheng, 『급진적인 사랑』, 120-33.
15) Andrew Sung Park, *The Wounded Heart of God: The Asian Concept of*

비슷하게, 페미니스트 신학자 마가렛 카미추카는 (버틀러와 푸코의 분석을 사용하여) 죄를 전통적으로 '남성'과 '여성' 형태로 구분한 것에 도전했다(예를 들면, 라인홀드 니버의 인간학에 대한 밸러리 세이빙의 페미니스트 비평).16) 박과 카미추카는 죄에 대해 더 다차원적인 사고방식을 주창했다.

단일성의 죄는 또한 한 사람 안에서 다중으로 교차하고 이동하는 정체성들의 복잡한 실체를 인정하지 못하는 데서 나타날 수도 있다. 예를 들어, 탈식민주의 학자인 클레이튼 크라킷과 제이 맥대니엘은 죄를 "정체성의 우상들을 만드는 것," 즉, 사람을 고정되거나 단일한 정체성으로만 정의하고, "마치 정체성이 사람을 정의하는 것처럼 정체성에 달라붙는 것"이라고 규정했다.17) 그 결과, 주변화된 인종, 젠더, 성적 지향, 나이, 종교, 기타 범주의 교차점에 존재하는 우리는 종종 우리의 경험이 보이지 않거나 삭제된다는 것을 안다. 단일성의 죄는 우리의 삶에 폭력을 행한다. 이 삭제의 결과로 우리는 사사기에서 집단 강간을 당하고 사지가 잘린 익명의 첩과도 같이 파편화를 경험한다.18)

Han and the Christian Doctrine of Sin (Nashville, TV: Abingdon Press, 1993).

16) Kamitsuka, "Toward a Feminist Postmodern and Postcolonial Interpretation of Sin."

17) Clayton Crockett and Jay McDaniel, "From an Idolatry of Identity to a Planetization of Alterity: A Relational-Theological Approach to Hybridity, Sin, and Love," *Journal of Postcolonial Theory and Theology* 1, no. 3 (November 2010), 11.

18) Patrick S. Cheng, "Multiplicity and Judges 19: Constructing a Queer Asian Pacific American Biblical Hermeneutic," *Semeia* 90/91 (2002), 119-33.

예를 들어, LGBT 권리 논쟁은 성소수자들(즉 그런 권리를 지지하는 백인 퀴어 사람들)과 소수 인종(즉 그런 권리에 반대하는 유색인 이성애주의자들) 사이의 거짓 이분법으로 종종 축소된다. 불행히도 이 이분법 사고방식에는 LGBT 유색인 사람들을 위한 자리가 없다. 우머니스트 신학자이자 가우처대학교 교수인 켈리 브라운 더글라스는 『섹슈얼리티와 흑인교회: 우머니스트 관점』에서 동성애가 아니라 동성애 혐오가 진짜 "죄이고 흑인의 신앙을 배반하는 것"이라고 주장했는데, 특별히 혐오의 "독설적 수사학"이 흑인 LGBT 사람들을 하나님에게서 멀어지게 만들기 때문이다.19) 흑인 페미니스트 윤리학자이자 드류대학교 교수인 트레이시 웨스트도 많은 흑인교회에 있는 "섹슈얼리티와 성 정체성에 대한 특정 표현에 대해 강대상에서 정죄하는 것"에 주목했다.20)

최근 몇 해 사이에 많은 흑인 LGBT 신학자들과 종교학자들은 민족과 섹슈얼리티 사이에 선택을 강요하는 흑인교회 속의 매서운 동성애 혐오에 도전하기 시작했다. 예를 들어, 캘리포니아 버클리에 있는 퍼시픽신학대학원의 성공회 게이 사제이자 교수인 호레이스 그리핀은 『제 가족을 받지 않다』(*Their Own Receive Them Not*)에서 흑인교회가 LGBT 교인들

---

19) Kelly Brown Douglas, *Sexuality and the Black Church: A Womanist Perspective* (Maryknoll, NY: Orbis Books, 1999), 126-27. Kelly Brown Douglas, "Heterosexism and the Black American Church Community: A Complicated Reality," in Ellison and Plaskow, *Heterosexism in Contemporary World Religion*, 177-200도 보라.
20) Traci C. West, "A Space fro Faith, Sexual Desire, and Ethical Black Ministerial Practices," in *Loving the Body: Black Religious Studies and the Erotic*, ed. Anthony B. Pinn and Dwight N. Hopkins (New York: Palgrave Macmillan, 2004), 33.

에게 "이성애자로 살라"고 강요하거나 아니면 "조롱이나 벌"을 감수하도록 하는 방식들에 대해 썼다.21)

비슷하게 사우스캐롤라이나의 그린빌에 있는 퍼맨대학교 게이 종교학 교수 로저 스니드는 보수적인 아프리카계 그리스도교인들이 "이성애 규범적 사회 질서를 창조한 하나님"을 계속 믿는 방식들을 비판했다.22) 웨스트는 이성애 규범주의에 도전하고 "섹슈얼리티, 인종, 젠더 또는 그 어떤 사회 정체성의 범주에 기초한 도덕적 가치의 계급주의를 강화하기"를 거부하는 데 헌신하는 여러 레즈비언 목사를 포함하여 11명의 흑인 여성 지도자들의 활동을 부각시켰다.23)

라틴계 게이 로마 가톨릭 신학자 올란도 에스핀도 라티노/나 공동체에 있는 동성애 혐오의 파괴적인 결과에 대해 비슷하게 썼다. 에스핀은 『은혜와 인간됨』에서 라티노/나 LGBT를 포함하여 라티노/나 공동체의 모든 구성원의 후마니타스, 곧 인간됨(humanity)을 인정하는 새로운 신학적 인간학을 요청한다. 그는 라티노/나 신학자들에게 젠더, 사회적 계

---

21) Horace L. Griffin, *Their Own Receive Them Not: African American Lesbians and Gays in Black Churches* (Cleveland, OH: Pilgrim Press, 2006), 145. LGBT에 긍정적인 아프리카계 미국인 목소리들의 모음집으로는 Gary David Comstock, *A Whosoever Church: Welcoming Lesbians and Gay Men into African American Congregations* (Louisville, KY: Westminster John Knox Press, 2001)을 보라.

22) Roger A. Sneed, *Representations of Homosexuality: Black Liberation Theology and Cultural Criticism* (New York: Palgave Macmillan, 2010), 179.

23) Traci C. West, *Disruptive Christian Ethics: When Racism and Women's Lives Matter* (Louisville, KY: Westminster John Knox Press, 2006), 141-79를 보라. 제임스 콘(James Cone)을 포함하는 많은 앨라이들은 흑인 공동체에서 아프리카계 미국인 LGBT가 겪는 분투를 인정하였다. Comstock, *A Whosoever Church*, 205-17 (제임스 콘과의 인터뷰)를 보라.

급, 역사, 모든 몸의 성적 지향의 복잡한 교차점을 인정하고 인종차별에만 단일하게 초점을 맞출 때 생겨나는 침묵의 죄에서 깨어나라고 요청한다.24) 에스핀은 라티노/나 관점에서 은혜와 죄에 대해 다른 곳에서 더 폭넓게 썼는데, 그 신학적 맥락에서도 단일성에 도전한다. 그는 "가톨릭이 되거나 은혜와 죄를 경험하는 것에 단일한 방식이 있을 수 없다"고 말한다.25) 에스핀에 따르면, 이런 경험은 다양한 "갈등, 사회적 장소, 계급, 문화, 젠더"와 기타 요소들의 복합성에 의해 형성된다.26)

나는 특정 공동체에 더 받아들여질 수 있게 보이려고 나 자신의 한 측면을 무시했을 때 단일성의 죄를 개인적으로 경험했다. 예를 들어, 나는 백인 LGBT가 지배적인 환경에서 나의 아시아계 미국인이라는 정체성을 무시했고, 이성애 아시아계 미국인이 지배적인 환경에서는 나의 게이 정체성을 마찬가지로 무시했다. 앞에서 말한 바와 같이, 이처럼 '가리는' 현상은 영향받는 사람들의 안녕에 부정적인 영향을 미칠 수 있다.27)

중국계 미국인 게이 남성인 에릭 와트는 백인 LGBT 공동체와 이성애 아시아계 미국인 공동체 둘 모두로부터 거부당하는 형태로 단일성의 죄를 경험했다고 썼다. 단일성의 일차원적 특성 때문에 아시아계 미국인이라는 와트의 민족적 정체성은 백인 지배적인 LGBT 세계에서 지워지는

---

24) Orlando O. Espin, *Grace and Humanness: Theological Reflections Because of Culture* (Maryknoll, NY: Orbis Books, 2007), 51-79.

25) Orlando O. Espin, "An Exploration into the Theology of Grace and Sin," in *From the Heart of Our People: Latino/a Explorations in Catholic Systematic Theology*, ed. Orlando O. Espin and Miguel H. Diaz (Maryknoll, NY: Orbis Books, 1999), 135 (원래의 강조).

26) Espin, "An Exploration into the Theology of Grace and Sin," 135.

27) Yoshino, *Covering*.

반면, 게이 남성으로서의 성적 정체성은 이성애 지배적인 아시아계 미국인 세계에서 지워진다. 와트에게 아시아계 미국인 LGBT는 "그 누구의 자녀"도 아니고, 또한 우리는 "영원히 길 중간에 있으며, 길 양편에 있는 누구에게도 받아들여지지 않는다."28)

3. 혼종성으로서의 은혜

죄가 혼종 그리스도의 맥락에서 단일성이라면, 은혜는 혼종성(hybridity)으로 이해할 수 있다. 즉, 은혜는 둘 또는 그 이상으로 교차하는 세계를 동시에 갖는 곳에서 발견된다. 이것 아니면 저것(either/or)이라는 접근방법 대신에 (예를 들어, 인종 또는 섹슈얼리티 사이의 선택), 혼종성의 은혜는 이것도/저것도(both/and)라는 접근방식(예를 들어, 인종과 섹슈얼리티 모두와 정체성을 동일시함)을 허락한다. 참으로, 혼종성은 항상 여러 겹의 주변성의 교차점에서 존재하는 우리들에게는 놀랍고도 예기치 못한 선물일 수 있다.29)

레즈비언 우머니스트 신학자인 르네 힐은 "방해하는 활동: 흑인 신학과 흑인 세력 1969/1999"라는 제목의 글에서, 자신의 신학적 성찰이 어떻게 자신의 인종, 젠더, 성적 지향의 정체성들의 "교차점, 사이 공간, 경

---

28) Eric Wat, "Preserving the Paradox: Stories From a Gay-Loh," in *Asian American Sexualities: Dimensions of the Gay and Lesbian Experience*, ed. Russell Leong (New York: Routledge, 1996), 78.

29) 다중성(multiplicity)의 신학에 대해서는 Catherine Kelly and Laurel C. Schneider, eds., *Polydoxy: Theology of Multiplicity and Relation* (London: Routledge, 2001)를 보라.

계의 땅"에 의해 형성되었는지에 대해 썼다. 힐은 "아프리카계 미국인 레즈비언, 그리스도인, 신학자, 정의활동가"로서 이런 혼종성을 몸소 경험함으로써 신학하기를 위한 "다종교적이고(multireligious) 다층적으로 대화하는(multidialogical)" 새로운 과정을 창조하고 또 "질문, 분열, 모호함과 불확실성의 순간들"을 포용할 필요성을 확신하게 되었다.30)

마찬가지로, 양성애자이자 두 인종 배경의 신학자인 엘리아스 파라야예-존스는 자신의 삶과 LGBT 사람들의 삶 속에 있는 혼종성의 은혜에 대해 썼다. 그는 우리의 생각이 성스런 것과 에로틱한 것을 분리하는 '폭력'으로부터 탈식민화되어야 한다고 주장한다. 실상 이 둘은 분리될 수 없다. 그는 이 둘의 혼합을 섹스영성(sexspiritualities), 즉 영성섹슈얼리티(spiritsexualities)라고 부른다. 그는 성스런 것과 에로틱한 것을 함께 갖는 것이 어떻게 궁극적으로 온전한 것이고 "뚜렷한 반대를 초월하는지"를 묘사한다. 그는 자신을 가리켜 "너의 범주들, 너의 상자들, 너의 파티를 파괴하면서 모서리에서 춤추는" 사람이라고 묘사하는데, 그것들은 실제로 존재하지 않기 때문이다.31)

실제로 우머니스트 로마 가톨릭 신학자 숀 코프랜드는 『자유에 살을 입히며』에서 그리스도의 몸이 실상 궁극적인 혼종 몸으로서 이해될 수

---

30) Renée Leslie Hill, "Disruptive Movements: Black Theology and Black Power 1969/1999," in *Black Faith and Public Talk: Critical Essays on James H. Cone's Black Theology and Black Power*, ed. Dwight N. Hopkins (Maryknoll, NY: Orbis Books, 1999), 138, 147-48.

31) elias farajajé-jones, "Holy Fuck," in *Male Lust: Pleasure, Power, and Transformation*, ed. Kerwin Kay, Jill Nagle, and Baruch Gould (Binghamton, NY: Harrington Park Press, 2000), 330-32, 334.

있다고 상기시킨다. 우리는 모두 그리스도의 몸에 통합되므로,32) 그의 몸은 LGBT 사람들의 몸의 표시(body marks)를 포함하여 "우리의 모든 다른 몸의 표시를 가진 그대로 우리 모두를 받아들일 수 있는" 유일한 몸이다. 그리스도의 몸은 하나이지만 삭제나 획일성을 요구하지 않는다.33) 그리스도의 몸은 "검은, 갈색의, 빨간, 노란, 하얀, 그리고 퀴어 사람들"의 몸의 온전함을 간직함과 동시에,34) 십자가의 표시 아래서 이 모든 표시는 상대화되고, 새로 순응되고, 다시 자기의 것이 된다. 그리스도의 몸은 인종 정체성과 성 정체성의 혼종일 뿐 아니라, 우리 모두의 집단적인 "몸 표시"의 혼종이다.35)

힐과 파라야예-존스처럼 아시아계 미국인 LGBT는 우리 삶 속에 있는 혼종성의 은혜에 대해 썼다. 예를 들어, 에릭 와트는 인종과 섹슈얼리티로 갈라져 있는 대신에, "우리 게이 아시아 남성은 자랄 수 있고 우리 목소리를 찾을 수 있고 우리 자신에 대해 배울 수 있고 우리가 누군지에 대해 다른 사람들을 교육시킬 수 있는 그 도로의 세 번째 쪽(양쪽이 아니라)을 찾아야 한다"고 주장한다.36) 아시아계 미국인 퀴어 활동가인 앤 유리 우예다는 처음으로 약 200명의 아시아계 미국인 퀴어 여성이 있는 방에 있던 자신의 '압도적인' 경험으로 혼종성의 은혜에 대해 썼다. "아시아

---

32) 고전 12:27.

33) M. Shawn Copeland, *Enfleshing Freedom: Body, Race, and Being* (Minneapolis, MN: Fortress Press, 2010), 83.

34) Copeland, *Enfleshing Freedom*, 81.

35) Copeland, *Enfleshing Freedom*, 83.

36) Wat, "Preserving the Paradox," 80 (강조 더함).

태평양. 그리고 퀴어. 한꺼번에. 모두 함께."37)

나 자신의 직업적이고 신학적인 여정은 혼종성의 은혜에 대한 높아지는 인식을 반영하였다. 유니온신학대학원에서 제임스 콘 교수에게서 배운 조직신학 첫 수업은 상황신학의 놀라움에 내 눈을 열어주었다. 유니온에 가기 이전에 나는 여러 해 동안 고등교육을 받았지만 내 자신의 인종적이고 성적인 정체성의 혼종 본성에 대해 성찰할 기회가 거의 없었다. 백인 퀴어 신학도, 이성애 아시아계 미국 신학도, 아시아계 게이 남성으로서의 내가 충분히 말하지 못했다는 것을 깨달은 것도 그 조직신학 수업에서였다. 나는 내 존재의 혼종 본성을 성찰함으로써 나의 신학적 목소리를 발견했다.38)

나의 신학적 성찰의 결과로 나는 뉴욕시의 아시아 퀴어 활동가 공동체에 관여하게 되었다. "뉴욕의 아시아 태평양 게이 남성(GAPIMNY)," "큐 물결(Q-Wave)", "전국 아시아태평양 퀴어연맹(NQAPIA)"은 나의 성적이고 인종적 정체성을 함께 갖게 해주었고, 나는 하나의 정체성만 선택할 필요가 없었다.39) 그런데 내 경험의 종교적이고 영적인 차원이라는 관점

---

37) Ann Yuri Uyeda, "At at Once, All Together: One Asian American Lesbian's Account of the 1989 Asian Pacific Lesbian Network Retreat," in Lim-Hing, *The Very Inside*, 121.

38) Patrick S. Cheng, "Gay Asian Masculinities and Christian Theologies," *CrossCurrents* 61, no. 4 (December 2011): 540-48. Patrick S. Cheng, "Hybridity and the Decolonization of Asian American and Queer Theologies," *Postcolonial Theology Network* (October 17, 2009), https:///www.facebook.com/topic.php?uid=23694574926&topic=11026 (2011 년 12 월 11 일 접속)

39) 남 캘리포니아에 있는 아시아계 미국인 LGBT 그룹들의 설립 역사에 대해서는 Erick C. Wat, *The Making of a Gay Asian Community: An Oral History of Pre-AIDS Los Angeles* (Lanham, MD: Rowman and Littlefield

에서 무언가가 여전히 빠져 있었다. 음력 설날에 뉴욕 MCC교회의 놀라운 성만찬 예배에 갔을 때 그것이 변했다. 나의 퀴어, 아시아계, 그리스도인이라는 다양한 파편적 정체성이 모두 한 곳으로 합쳐진 것이 처음이었다. 얼마 지나지 않아 나는 세계의 LGBT 아시아 신앙인들을 위한 목회 및 정보 자료로 지금도 여전히 존재하는 "아시아 퀴어 영성(Queer Asian Spirit)"의 전자우편 목록과 웹사이트를 발견했다.40)

이제 10년이 지났는데 아시아 퀴어 신학자들의 목소리가 혼종성의 은혜의 결과로 마침내 떠오르고 있다. 2010년에 세계의 수많은 아시아 퀴어 신학자 및 종교학자는 "신생 아시아 퀴어 종교 학자(EQARS)" 그룹을 만들었다. 우리는 스카이프로 매월 만나고, 모든 의도와 목적상 EQARS는 나의 신학적 '집'이 되었다.41) 우리 회원 중 마이크 캠포스와 래이 샨 입과 같은 몇 사람은 LGBT 신학 논문집에 중요한 글을 발표하고 있다.42) 사람들은 우리의 혼종 목소리에 점차 귀를 기울이고 있고,43)

Publishers, 2002)을 보라.

40) https:///www.queerasianspirit.org (2011년 12월 11일 접속)

41) Michael Sepidoza Campos, Joseph Goh, Elizabeth Leung, Hugo Córdova Quero, Miak Siew, Lai Shan Yip, and Patrick Cheng. https://www.eqars.org 에서 EQARS 에 대해 더 볼 수 있다(2011년 12월 11일 접속).

42) Michael Sepidoza Campos, "The Baklâ: Gendered Religious Performance in Filipino Cultural Spaces," in *Queer Religion*, ed. Donald L. Boisvert and Jay Emerson Johnson (Santo Barbara, CA: Praeger, 2012), 2:167-91; Lai San Yip, "Listening to the Passion of Catholic nu-tongzhi: Developing a Catholic Lesbian Feminist Theology in Hong Kong," in Boisvert and Johnson, *Queer Religion*, 2:63-80.

43) 나는 2011년 4월 28일에 캘리포니아 버클리에 있는 태평양신학대학원의 '종교와 사역에 있어서 레즈비언과 게이 연구 센터'에서 제4차 연례 John E. Boswell Lecture 강연을 했다. 제목은 "The Rainbow Connection: Bridging Asian American and Queer Theologies"였다. 강연에 대한 더 많은 정보는

2011년에 샌프란시스코에서 열린 미국종교학회(American Academy of Religion)의 연례 모임은 아시아인 LGBT 경험에 대해 신학적 성찰을 하는 "귀향Coming Home)"이라는 획기적인 패널 세션을 가졌다. 끝으로, 혼종성의 은혜는 성공회신학대학원의 곽퓰란 교수44)와 태평양신학대학원의 탯성 베니 류(Tat-siong Benny Liew) 학장과 같은 이성애자 앨라이들의 아시아 LGBT 신학 문제에 대한 획기적인 작업도 포함한다.45)

요약하자면, 혼종 그리스도는 혼종성의 은혜 속에서 찾을 수 있다. 복잡한 정체성을 하나의 요소 또는 특성에 국한시키는 대신에 혼종적 사고는 복잡성, 교차점, 사이 공간을 즐긴다. 혼종성의 은혜는 날마다 이런 공간에 놓이는 유색인 LGBT 사람들에게 특히 중요할 수 있다. 내 삶에서 혼종성, 그리스도교 신학, 아시아인 LGBT 경험 사이의 깊은 연결에 대해 내가 쓴 시, "불타는 가시덤불(The Burning Bush)"로 마치려 한다.

---

http:///www.clgs.org/event/fourth-annual-boswell-lecture-rainbow-connection 을 보라 (2011년 12월 11일 접속).

44) Kwok Pui-lan, "Asian and Asian American Churches," in *Homosexuality and Religion: An Encyclopedia*, ed. Jeffrey S. Siker (Westport, CT: Greenwood Press, 2007); Kwok Pui-lan, "Body and Pleasure in Postcoloniality," in *Dancing Theology in Fetish Boots: Essays in Honour of Marcella Althaus-Reid*, ed. Lisa Isherwood and Mark D. Jordan (London: SCM Press, 2010); Kwok Pui-lan, *Postcolonial Imagination and Feminist Theology* (Louisville, KY: Westminster John Know Press, 2005), 100-21.

45) Tat-siong Benny Liew, "(Cor)Responding: A Letter to the Editor," in Stone, *Queer Commentary and the Hebrew Bible*, 182-92; Tat-siong Benny Liew, "Queering Closets and Perverting Desires: Cross-Examining John's Engendering and Transgendering Word Across Different Worlds," in *They Were All Together in One Place?: Toward Minority Biblical Criticism*, ed. Randall C. Bailey, Tat-siong Benny Liew, and Fernando F. Segovia (Atlanta, GA: Society of Biblical Literature, 2009), 251-88.

나는

카파도키아와

칼케돈의

상호내재하는 삼위가

서로 짜인 정체성이

안에서 추는 춤이다.

아시아, 아주 오래된

조상의 민족 문화적

퀴어, 아주 새로운

젊은 육체화한 에로틱 섹슈얼이다 나는.

영혼, 아주 무시간적인

공동체 교회 에클레시아

섞이지 않고 변하지 않고

나눌 수 없고

가를 수 없는

삼위일체

하나님의

모습과 형상이

나다.[46]

---

46) Cheng, "The Burning Bush" (2009).

학습을 위한 질문

1. 혼종 그리스도는 누구인가? 혼종 그리스도가 복음서와 그리스도교의 신학적 성찰의 어디에 나타나는가?
2. 혼종성이 무엇인가? 혼종성이 나의 삶과 내 주변 사람들의 삶에 어떻게 나타나는가?
3. 어떻게 바이/그리스도와 퀴어 아시아 그리스도를 혼종 그리스도의 나타나심으로 이해할 수 있나?
4. 혼종 그리스도의 관점에서 죄는 무엇인가? 이 죄는 LGBT 공동체에서 어떻게 나타나는가?
5. LGBT 사람들과 유색인 공동체에 관련된 거짓 이분법의 예로는 무엇이 있나? 이것은 유색인 LGBT 사람들에게 어떤 영향을 미치나?
6. 혼종 그리스도의 관점에서 은혜는 무엇인가? 이 은혜는 LGBT 공동체에서 어떻게 나타나는가? 어떻게 르네 힐과 파라야예-존스의 연구가 이 은혜에 빛을 비추나?

심화 학습을 위한 자료

혼종 그리스도

Althaus-Reid, *Indecent Theology*, 114-16

Bantum, *Redeeming Mulatto*

Cheng, "Jesus, Mary, and the Beloved Disciple"

Cheng, "Kuan Yin"

Copeland, *Enfleshing Freedom*, 55-84

혼종성
Ashcroft, Griffiths, and Tiffin, *Postcolonial Studies*, 118-21
Bhabha, *The Location of Culture*
Brah and Coombes, *Hybridity and Its Discontents*
Burke, *Cultural Hybridity*
Karla, Kaur, and Hutnyk, *Diaspora and Hybridity*
Kraidy, *Hybridity, or the Cultural Logic of Globalization*
Prabhu, *Hybridity*

단일성으로서의 죄
Cheng, "Multiplicity and Judges"
Cheng, 『급진적인 사랑』, 120-33
Comstock, *A Whosoever Church*
Crockett and McDaniel, "From an Idolatry of Identity to a Planetization of Alterity"
Douglas, "Heterosexism and the Black American Church Community"
Douglas, *Sexuality and the Black Church*
Espin, "An Exploration into the Theology of Grace and Sin"
Espin, *Grace and Humanness*, 51-79
Griffin, *Their Own Receive Them Not*
Kamitsuka, "Toward a Feminist Postmodern and Postcolonial Interpretation of Sin"
Park, *The Wounded Heart of God*
Schneider, "What Race Is Your Sex?"
Sneed, *Representations of Homosexuality*
Wat, "Preserving the Paradox"
Yoshino, *Covering*

혼종성으로서의 은혜

Campos, "The Baklâ"

Cheng, "Gay Asian Masculinities and Christian Theologies"

Cheng, "Hybridity and the Decolonization of Asian American Queer Theology"

Cheng, "The Burning Bush"

farajajé-jones, "Holy Fuck"

Hill, "Disrupted/Disruptive Movements"

Keller and Schneider, *Polydoxy*

Kwok, "Body and Pleasure in Postcoloniality"

Kwok, *Postcolonial Imagination and Feminist Theology*, 100-21

Liew, "(Cor)Responding"

Liew, "Queering Closets and Perverting Desires"

Uyeda, "All at Once, All Together"

Wat, "The Making of a Gay Asian Community"

Yip, "Listening to the Passion of Catholic nu-tongzhi"

결론

나는 공개적인 게이 그리스도교 신학자와 성인으로서 사는 많은 시간 동안에 죄와 은혜의 교리와 씨름하였다. 내 삶의 한 시점에서 나는 교회가 사용하는 죄의 언어가 너무 역겨워 더 이상 내 삶에서 하나님의 은혜의 복음을 볼 수 없었다. 그리고 나는 10년 이상 LGBT 공동체에서 목회한 안수 목사로서 그리스도교 우파의 죄 운운하는 말 때문에 겪은 감정적이고 심리적인 상처를 직접 보았다.

그러나 이 책에서 나는 우리의 앨리이들을 포함하여 이 교리와 씨름하는 사람들은 물론 LGBT 사람들을 위해 죄와 은혜에 대해 새롭게 생각하는 방식을 주장했다. 나는 이 교리를 완전히 버리기보다는 죄와 은혜에 대해 범죄에 기초한 관점에서부터 그리스도에 기초한 관점으로 이동해야 한다고 제안했다. 즉, 죄를 범죄로 이해하고 은혜를 무죄 선고와 회복으로 이해하는 대신에 죄를 미성숙으로, 은혜를 신화(즉, 신이 되는 것) 또는 그리스도의 이미지를 따르는 것으로 이해해야 한다. 나는 전통적인 신학 용어로 죄와 은혜에 대해 (서구 및 범죄에 기초한) 아우구스티누스의 모델에서 (동방 및 그리스도에 기초한) 이레니우스의 모델로 이동할 것을 주장했다.

범죄에 기초한 죄와 은혜의 전통적인 모델은 우리의 첫 부모가 완전 상태에서 영원한 정죄로 떨어졌고, 향후 모든 인간 존재는 그들의 범죄 결과를 겪어야 한다는 가학적 패러다임(a sadistic paradigm)으로 발달했다. 이와는 대조적으로 그리스도에 기초한 죄와 은혜의 모델은, 인류가 계속 성장하는 과정에 있다고 이해하는 훨씬 더 자비로운 패러다임이다. 아담과 이브의 불순종은 영적인 미성숙에서 나왔다. 어린이와 청소년이 어른으로 되면서 계속 성장하는 과정에 있는 것처럼 말이다. 우리는 아직 신적인 존재가 되는 과정에 있다. 우리는 때때로 길을 잃을 수 있지만 하나님의 도우심으로 집으로 가는 길을 찾을 것이다.

죄와 은혜에 대해 생각하는 이 근본적인 변화는 무엇을 암시할까? 죄를 금지된 범죄의 긴 목록으로 이해하는 대신에, 하나님이 예수 그리스도의 성육신 안에서 우리에게 계시하신 것에 반대하는 것으로 이해할 수 있다. 우리는 악의 목록에 의존하는 대신에, 우리 자신의 특정 상황에서 복음을 해석하도록 도전을 받는다. 그래서 우리는 퀴어 그리스도에 대한 우리의 경험과의 관계 속에서 죄와 은혜를 정의할 수 있다.

나는 그리스도 중심의 접근이라는 관점에서 지난 몇 십 년 사이에 나온 LGBT 신학자들의 연구에 기초하여 퀴어 그리스도의 일곱 가지 모델을 제안했다. 이 일곱 가지 모델은, (1) 에로틱한 그리스도, (2) 커밍아웃한 그리스도 (3) 해방자 그리스도, (4) 위반하는 그리스도, (5) 자신을 사랑하는 그리스도, (6) 서로 연결된 그리스도, (7) 혼종 그리스도이다. 퀴어 그리스도에 대한 이들 모델이 LGBT 공동체 안에서는 물론 다른 공동체에서도 "그런데 너는 나를 누구라 하느냐?"라는 예수의 질문에1) 대해 대화를 진전시키는 결과를 낳는 것이 내 희망이다.

나는 퀴어 그리스도의 일곱 가지 모델로부터 LGBT 사람들을 위해 일곱 가지 치명적인 죄와 일곱 가지 놀라운 은혜를 새롭게 제안했다. 다음 도표는 이들 죄와 은혜를 요약한다.

퀴어 그리스도의 모델	죄	은혜
1. 에로틱한 그리스도	착취	상호성
2. 커밍아웃한 그리스도	벽장	커밍아웃
3. 해방자 그리스도	무관심	인권 활동
4. 위반하는 그리스도	순응	일탈
5. 자신을 사랑하는 그리스도	수치	긍지
6. 서로 연결된 그리스도	고립	상호의존
7. 혼종 그리스도	단일성	혼종성

죄와 은혜에 관한 그리스도 중심의 모델은 LGBT 그리스도인, 실상 모든 그리스도인이 다시 복음을 듣도록 도울 수 있다. 그런 모델은 또한 지금까지 그리스도교 우파에 의해 독점된 죄와 은혜의 언어를 우리가 다시 주장하도록 허락한다. 더욱이 이 모델은 하나님에게서 분리된 것이나 하나님과 다시 연합하는 것이 무슨 뜻인지 신학적으로 생각하도록 도전한다.

나는 이 책의 원고를 완성하면서 뉴욕시 세계무역센터에 대한 9.11

---

1) 막 8:29.

공격의 10주년을 기억하기 위해 매사추세츠 캠브리지에서 열린 추도예배에 참석했다. 성공회신학대학원, 케임브리지그리스도교회, 성요한공회, 하버드대학 성공회채플과 같은 성공회 공동체가 함께 계획하여 하버드광장에서 연합예배를 드렸다. 그 예배는 내가 2001년 9월 11일에 맨해튼에 있었던 생생한 기억과, 마이클과 나와 많은 친구들이 그 공격 이후 수많은 날, 주, 달, 해 동안 경험한 엄청난 공포와 두려움을 다시 불러왔다.

그 9.11 공격은 나를 속속들이 흔들었고, 하나님과 나의 관계도 흔들었다. 그날 나의 일부가 죽었다. 그 공격의 즉각적인 결과로 거의 삼천 명의 사람들이 죽고 향후 아프가니스탄과 이라크에서 벌어진 전쟁에서 수많은 사람들이 죽게 되었는데, 하나님은 어떻게 이런 일이 일어나게 하셨을까? 우리나라가 세계에서 그렇게 많은 사람들에게 그토록 미움을 받는다는 것, 우리 중 너무도 많은 이들이 이 미움의 깊이를 완전히 모른다는 것이 무슨 뜻이었을까? 예배에 앉아서 10년 전 사건을 다시 체험하면서 나는 하나님으로부터 분리되어 있다는 느낌이 다시 떠올랐다.

놀랍게도 추도예배는 찬송가 "나 같은 죄인 살리신(Amazing Grace)"로 끝났다.2) 나는 파이프 오르간과 성가대와 함께 교회에 가득 찬 사람들이 이 찬송을 목청껏 부르는 것을 들으며 믿을 수 없을 정도로 감동을 받았다. (그리고 아니, 'wretch(죄인)'라는 말이 1절에서 변하거나 삭제되지 않았다.) 이 찬송은 "공포에서 희망으로(From Horror to Hope)"라는 제목의 예배에 놀랍도록 적합한 마무리였다. 실상 나는 그 예배가 "죄에

---

2) Newton, "Amazing Grace."

서 놀라운 은혜로(From Sin to Amazing Grace)"라는 제목으로 쉽게 부를 수 있었다고 생각했다. 나는 이 찬송을 전에는 결코 똑같은 식으로 들은 적이 없었고, 그것은 내가 하나님에게서 분리된 상태에서 하나님의 놀라운 은혜를 통해 하나님과 다시 연합하도록 이동하는 데 도움을 주었다.

나는 LGBT 사람들과 많은 다른 사람들이 죄와 은혜의 교리를 집어던지는 것과는 반대로, 이 교리와 깊이 씨름하는 것이 중요하다고 이전보다 더욱 확신한다. 죄와 은혜에 대한 그리스도 중심의 모델은 LGBT 신앙인만 아니라 우리의 앨라이들이 우리의 삶과 사랑의 놀라운 은혜에 대해 더 넓은 신학 공동체와 함께는 물론, 우리 자신 사이에서 더욱 의미 있는 신학적 대화에 들어가도록 허락할 것이다.

참고문헌

Adams, Carol J., ed. *Ecofeminism and the Sacred*. New York: Continuum, 1993.

Alison, James. *Faith Beyond Resentment: Fragments Catholic and Gay*. New York: Crossroad Publishing, 2001.

Allport, Gordon W. *ABC's of Scapegoating*. Revised ed. Chicago: Anti-Defamation League of B'Nai B'rith, 1948.

Althaus-Reid, Marcella. *Indecent Theology: Theological Perversions in Sex, Gender, and Politics*. London: Routledge, 2000.

Althaus-Reid, Marcella, and Lisa Isherwood, eds. *Trans/Formations*. London: SCM Press, 2009.

Anderson, Gary A. *Sin: A History*. New Haven, CT: Yale University Press, 2009.

Anselm of Canterbury. "Why God Became Man." In Fairweather, *A Scholastic Miscellany*, 100–183.

Apostolic Constitutions. In Roberts and Donaldson, *Ante-Nicene Fathers*, 7:385–508.

Aquinas, Thomas. *Summa Theologiae*. 61 vols. Cambridge, UK: Cambridge University Press, 2006.

Ashcroft, Bill, Gareth Griffiths, and Helen Tiffin. *Post-Colonial Studies: The Key Concepts*. London: Routledge, 2000.

Athanasius. *On the Incarnation*. In Schaff and Wace, *Nicene and Post-Nicene Fathers 2nd*, 4:31–67.

Augustine of Hippo. *Against Julian* 4.4.34. In Clark, *St. Augustine on Marriage and Sexuality*, 91.

_____. *Confessions*. In Schaff, *Nicene and Post-Nicene Fathers 1st*, 1:27–207.

_____. *On Nature and Grace* 3.3. In Harmless, *Augustine in His Own Words*, 403.

_____. *The City of God*. In Schaff, *Nicene and Post-Nicene Fathers 1st*, 2:ix–511.

_____. *To Simplicianus* 1.2. In Harmless, *Augustine in His Own Words*, 386–87.

Ayres, Tony. "China Doll—The Experience of Being a Gay Chinese Australian." In Jackson and Sullivan, *Multicultural Queer*, 87–97.

Bailey, Derrick Sherwin. *Homosexuality and the Western Christian Tradition*. London: Longmans, Green, and Company, 1955.

Bailey, Randall C., Tat-siong Benny Liew, and Fernando F. Segovia, eds. *They Were All Together in One Place?: Toward Minority Biblical Criticism*. Atlanta, GA: Society of Biblical Literature, 2009.

Bantum, Brian. *Redeeming Mulatto: A Theology of Race and Christian Hybridity*. Waco, TX: Baylor University Press, 2010.

Barth, Karl. "A Theological Dialogue." *Theology Today* 19, no. 2 (July 1962): 171–77.

_____. *Church Dogmatics*. Volume III/4. Edinburgh: T&T Clark, 1961.

_____. *Church Dogmatics*. Volume IV/1. Edinburgh: T&T Clark, 1956.

_____. "Freedom for Community." In Rogers, *Theology and Sexuality*, 115.

Barzan, Robert, ed. *Sex and Spirit: Exploring Gay Men's Spirituality*. San Francisco: White Crane Newsletter, 1995.

Beinert, Wolfgang, and Francis Schüssler Fiorenza. *Handbook of Catholic Theology*. New York: Herder and Herder, 1995.

Berkhof, Louis. *The History of Christian Doctrines*. Carlisle, PA: Banner of Truth Trust, 1937.

Berkouwer, G.C. *The Triumph of Grace in the Theology of Karl Barth: An Introduction and Critical Appraisal*. Grand Rapids, MI: Wm. B. Eerdmans Publishing, 1956.

Besen, Wayne R. *Anything But Straight: Unmasking the Scandals and Lies Behind the Ex-Gay Myth*. Binghamton, NY: Harrington Park Press, 2003.

Bhabha, Homi. *The Location of Culture*. London: Routledge, 1994.

Biddle, Mark E. *Missing the Mark: Sin and Its Consequences in Biblical Theology*. Nashville, TN: Abingdon Press, 2005.

Bieler, Andrea, and Hans-Martin Gutmann. *Embodying Grace: Proclaiming Justification in the Real World*. Minneapolis, MN: Fortress Press, 2010.

Blocher, Henri. *Original Sin: Illuminating the Riddle*. Downer's Grove, IL: InterVarsity Press, 1997.

Bohache, Thomas. *Christology from the Margins*. London: SCM Press, 2008.

Boisvert, Donald L. *Sanctity and Male Desire: A Gay Reading of Saints*. Cleveland, OH: Pilgrim Press, 2004.

Boisvert, Donald L., and Robert E. Goss, eds. *Gay Catholic Priests and Clerical Sexual Misconduct*. Binghamton NY: Harrington Park Press, 2005.

Boisvert, Donald L., and Jay Emerson Johnson, eds. *Queer Religion*. 2 vols. Santa Barbara, CA: Praeger Publishers, forthcoming 2011.

Bonaventure. "Christ, The One Teacher of All." In Johnson, *Bonaventure*, 152–66.

Bonhoeffer, Dietrich. *The Cost of Discipleship*. New York: Touchstone, 1995.

Boswell, John. *Christianity, Social Tolerance, and Homosexuality: Gay People in Western Europe from the Beginning of the Christian Era to the Fourteenth Century*. Chicago: University of Chicago Press, 1980.

Bouma-Prediger, Steven. *For the Beauty of the Earth: A Christian Vision for Creation Care*. 2nd edition. Grand Rapids, MI: Baker Academic, 2010.

Brah, Atar, and Annie E. Coombes. *Hybridity and Its Discontents: Politics, Science, Culture*. London: Routledge, 2000.

Brooten, Bernadette, J. *Love Between Women: Early Christian Responses to Female Homoeroticism*. Chicago: University of Chicago Press, 1996.

Brown, Joanne Carlson, and Carole R. Bohn, eds. *Christianity, Patriarchy, and Abuse: A Feminist Critique*. Cleveland, OH: Pilgrim Press, 1989.

Brown, Judith C. *Immodest Acts: The Life of a Lesbian Nun in Renaissance Italy*. New York: Oxford University Press, 1986.

Brown, Peter. *The Body and Society: Men, Women, and Sexual Renunciation in Early Christianity*. 20th anniversary edition. New York: Columbia University Press, 2008.

Buber, Martin. *I and Thou*. Edinburgh: T&T Clark, 1937.

Burke, Peter. *Cultural Hybridity*. Cambridge, UK: Polity Press, 2009.

Calvin, John. *Genesis*. Edited by Alister McGrath and J.I. Packer. Wheaton, IL: Crossway Books, 2001.

―――. *The Epistles of Paul the Apostle to the Romans and to the Thessalonians*. Edited by David W. Torrance and Thomas F. Torrance. Translated by Ross Mackenzie. Grand Rapids, MI: William B. Eerdmans Publishing, 1995.

―――. *Institutes of the Christian Religion*. Edited by John T. McNeill. Louisville, KY: Westminster John Knox Press, 1960.

Campos, Michael Sepidoza. "The *Baklâ*: Gendered Religious Performance in Filipino Cultural Spaces." In Boisvert and Johnson, *Queer Religion*, 2:167–91.

Carey, George. *Sinners: Jesus and His Earliest Followers*. Waco, TX: Baylor University Press, 2009.

Carpenter, James A. *Nature and Grace: Toward an Integral Perspective*. New York: Crossroad, 1988.

Catechism of the Catholic Church. 2nd edition. Washington, DC: United States Catholic Conference, 1997.

Cheng, Patrick S. "'Ex-Gays' and the Ninth Circle of Hell." *Huffington Post* (May 20, 2010). Available at http://www.huffingtonpost.com/rev-patrick-s-cheng-phd/ex-gays-and-the-ninth-cir_b_582825.html. Accessed on December 11, 2011.

―――. "Faith, Hope, and Love: Ending LGBT Teen Suicide." *Huffington Post* (October 6, 2010). Available at http://www.huffingtonpost.com/rev-patrick-s-cheng-phd/faith-hope-and-love-endin_b_749160.html. Accessed on December 11, 2011.

_____. "Gay Asian Masculinities and Christian Theologies." *CrossCurrents* 61, no. 4 (December 2011): 540–48.

_____. "Hybridity and the Decolonization of Asian Ameican and Queer Theologies." *Postcolonial Theology Network* (October 17, 2009). Available at https://www.facebook.com/topic.php?uid=23694574926&topic=11026. Accessed on December 11, 2011.

_____. "'I Am Yellow and Beautiful': Reflections on Queer Asian Spirituality and Gay Male Cyberculture." *Journal of Technology, Theology, and Religion* 2, no. 3 (June 2011): 1–21.

_____. "Jesus, Mary, and the Beloved Disciple: Towards a Queer Asian Pacific American Christology" (2001). Available at http://www.patrickcheng.net/uploads/7/0/3/7/7037096/jesus_mary_and_the_beloved_disciple.pdf. Accessed on December 11, 2011.

_____. "Kuan Yin: Mirror of the Queer Asian Christ" (2003). Available at http://www.patrickcheng.net/uploads/7/0/3/7/7037096/kuan_yin_mirror_of_the_queer_asian_christ.pdf. Accessed on December 11, 2011.

_____. "Lady Gaga and the Gospel of Judas." *Huffington Post* (May 16, 2011). Available at http://www.huffingtonpost.com/rev-patrick-s-cheng-phd/lady-gaga-and-the-gospel-_b_862104.html. Accessed on December 11, 2011.

_____. "Multiplicity and Judges 19: Constructing a Queer Asian Pacific American Biblical Hermeneutic." *Semeia* 90/91 (2002), 119–33.

_____. *Radical Love: An Introduction to Queer Theology*. New York: Seabury Books, 2011.

_____. "Reclaiming Our Traditions, Rituals, and Spaces: Spirituality and the Queer Asian Pacific American Experience." *Spiritus* 6, no. 2 (Fall 2006): 234–40.

_____. "Rethinking Sin and Grace for LGBT People Today." In Ellison and Douglas, *Sexuality and the Sacred: Sources for Theological Reflection*, 105–18.

_____. "The Burning Bush" (2009).

_____. "The Grace of Pride" (June 26, 2011). Available at http://www.patrickcheng.net/uploads/7/0/3/7/7037096/the_grace_of_pride.pdf. Accessed on December 11, 2011.

_____. "The Values Voter Summit and the Idolatry of 'Family Values.'" *Huffington Post* (October 13, 2011). Available at http://www.huffingtonpost.com/rev-patrick-s-cheng-phd/values-voter-summit_b_1003623.html. Accessed on December 11, 2011.

Cherry, Kittredge. *Art That Dares: Gay Jesus, Woman Christ, and More.* Berkeley, CA: Androgyne Press, 2007.

Cho, Song, ed. *Rice: Explorations Into Gay Asian Culture and Politics.* Toronto, Canada: Queer Press, 1998.

Christensen, Michael J., and Jeffrey A. Wittung, eds. *Partakers of the Divine Nature: The History and Development of Deification in the Christian Traditions.* Grand Rapids, MI: Baker Academic, 2007.

Chrysostom, John. *Homilies on the Statues to the People of Antioch.* In Schaff, *Nicene and Post-Nicene Fathers 1st,* 9:315–489.

Clark, Elizabeth, ed. *St. Augustine on Marriage and Sexuality.* Washington, DC: Catholic University Press of America, 1996.

Clark, J. Michael. *Beyond Our Ghettos: Gay Theology in Ecological Perspective.* Cleveland, OH: Pilgrim Press, 1993.

Clement of Alexandria. *The Instructor.* In Roberts and Donaldson, *Ante-Nicene Fathers,* 2:207–98.

Clendinen, Dudley, and Adam Nagourney. *Out for Good: The Struggle to Build a Gay Rights Movement in America.* New York: Touchstone, 1999.

Coleman, Peter. *Gay Christians: A Moral Dilemma.* London: SCM Press, 1989.

Coloroso, Barbara. *The Bully, the Bullied, and the Bystander: From Preschool to High School—How Parents and Teachers Can Help Break the Cycle of Violence.* Updated edition. New York: Collins Living, 2008.

Comstock, Gary David. *A Whosoever Church: Welcoming Lesbians and Gay Men into African American Congregations.* Louisville, KY: Westminster John Knox Press, 2001.

_____. *Gay Theology Without Apology*. Cleveland, OH: Pilgrim Press, 1993.

Cone, James H. *A Black Theology of Liberation*. 20th anniversary edition. Maryknoll, NY: Orbis Books, 1990.

Conner, Randy P., David Hatfield Sparks, and Mariya Sparks, eds. *Cassell's Encyclopedia of Queer Myth, Symbol and Spirit: Gay, Lesbian, Bisexual and Transgender Lore*. London: Cassell, 1997.

Copeland, M. Shawn. *Enfleshing Freedom: Body, Race, and Being*. Minneapolis, MN: Fortress Press, 2010.

Cornwall, Susannah. "Apophasis and Ambiguity: The 'Unknowingness' of Transgender." In Althaus-Reid and Isherwood, *Trans/Formations*, 13–40.

_____. *Controversies in Queer Theology*. London: SCM Press, 2011.

_____. "*Ratum et Consummatum*: Refiguring Non-Penetrative Sexual Activity Theologically, in Light of Intersex Conditions." *Theology and Sexuality* 16.1 (2010): 77–93.

_____. *Sex and Uncertainty in the Body of Christ: Intersex Conditions and Christian Theology*. London: Equinox, 2010.

Countryman, L. William. *Dirt, Greed, and Sex: Sexual Ethics in the New Testament and Their Implications for Today*. Revised edition. Minneapolis, MN: Fortress Press, 2007.

Countryman, L. William, and M.R. Ritley. *Gifted By Otherness: Gay and Lesbian Christians in the Church*. Harrisburg, PA: Morehouse Publishing, 2001.

Cover, Robin C. "Sin, Sinners (OT)." In Freedman, *Anchor Yale Bible Dictionary*, 6:31–40.

Crew, Louie. "The Founding of Integrity." *Voice of Integrity* 3.4 (Fall 1993), 23. Available at http://www.rci.rutgers.edu/~lcrew/pubd/founding.html. Accessed on December 11, 2011.

Crockett, Clayton, and Jay McDaniel. "From an Idolatry of Identity to a Planetization of Alterity: A Relational-Theological Approach to Hybridity, Sin, and Love." *Journal of Postcolonial Theory and Theology* 1, no. 3 (November 2010): 1–26.

Cullen, Christopher M. *Bonaventure*. Oxford: Oxford University Press, 2006.

Daly, Mary. *Beyond God the Father: Toward a Philosophy of Women's Liberation*. Boston: Beacon Press, 1973.

Damian, Peter. *Book of Gomorrah: An Eleventh-Century Treatise Against Clerical Homosexual Practices*. Translated by Pierre J. Payer. Waterloo, Ontario: Wilfrid Laurier University Press, 1982.

Dariotis, Wei Ming, "On Becoming a Bi Bi Grrl." In Kumashiro, *Restoried Selves*, 37–46.

de la Huerta, Christian. *Coming Out Spiritually: The Next Step*. New York: Jeremy P. Tarcher/Putnam, 1999.

De La Torre, Miguel A., ed. *Handbook of U.S. Theologies of Liberation*. St. Louis, MO: Chalice Press, 2004.

Defranza, Megan. "Intersex and Imago: Sex, Gender, and Sexuality in Postmodern Theological Anthropology." Ph.D. diss., Marquette University, 2011.

Delio, Ilia. *Simply Bonaventure: An Introduction to His Life, Thought, and Writings*. Hyde Park, NY: New City Press, 2001.

_____. *The Humility of God: A Franciscan Perspective*. Cincinnati, OH: St. Anthony Messenger Press, 2005.

DeYoung, Rebecca Konydyk. *Glittering Vices: A New Look at the Seven Deadly Sins and Their Remedies*. Grand Rapids, MI: Brazos Press, 2009.

Douglas, Kelly Brown. "Heterosexism and the Black American Church Community: A Complicated Reality." In Ellison and Plaskow, *Heterosexism in Contemporary World Religion*, 177–200.

_____. *Sexuality and the Black Church: A Womanist Perspective*. Maryknoll, NY: Orbis Books, 1999.

Douglas, Tom. *Scapegoats: Transferring Blame*. London: Routledge, 1995.

Downs, Alan. *The Velvet Rage: Overcoming the Pain of Growing Up Gay in a Straight Man's World*. Cambridge, MA: Da Capo Press, 2005.

Drinkwater, Gregg, Joshua Lesser, and David Shneer. *Torah Queeries: Weekly Commentaries on the Hebrew Bible*. New York: New York University Press, 2009.

Duberman, Martin, Martha Vicinus, and George Chauncey, eds. *Hidden from History: Reclaiming the Gay and Lesbian Past*. New York: Meridian, 1989.

Duffy, Stephen J. *The Dynamics of Grace*. Collegeville, MN: Liturgical Press, 1993.

Dykstra, Laurel. "Jesus, Bread, Wine and Roses: A Bisexual Feminist at the Catholic Worker." In Kolodny, *Blessed Bi Spirit*, 78–88.

Easton, Dossie, and Janet W. Hardy. *The Ethical Slut: A Practical Guide to Polyamory, Open Relationships and Other Adventures*. 2nd edition. Berkeley, CA: Celestial Arts, 2009.

_____. *The New Bottoming Book*. Emeryville, CA: Greenery Press, 2001.

_____. *Radical Ecstasy: SM Journeys to Transcendence*. Oakland, CA: Greenery Press, 2004.

Edwards, Denis. *Jesus the Wisdom of God: An Ecological Theology*. Maryknoll, NY: Orbis, 1995.

Eiesland, Nancy L. *The Disabled God: Toward a Liberatory Theology of Disability*. Nashville, TN: Abingdon Press, 1994.

Ellingsen, Mark. *Sin Bravely: A Joyful Alternative to a Purpose-Driven Life*. New York: Continuum, 2009.

Ellison, Marvin M. *Erotic Justice: A Liberating Ethic of Sexuality*. Louisville, KY: Westminster John Knox Press, 1996.

_____. *Making Love Just: An Ethical Guide for the Sexually Perplexed*. Minneapolis, MN: Fortress Press, forthcoming 2012.

Ellison, Marvin M., and Kelly Brown Douglas, eds. *Sexuality and the Sacred: Sources for Theological Reflection*. 2nd edition. Louisville, KY: Westminster/John Knox Press, 2010.

Ellison, Marvin M., and Judith Plaskow, eds. *Heterosexism in Contemporary World Religion: Problem and Prospect*. Cleveland, OH: Pilgrim Press, 2007.

Ellison, Marvin M., and Sylvia Thorson-Smith, eds. *Body and Soul: Rethinking Sexuality as Justice-Love*. Cleveland, OH: Pilgrim Press, 2003.

Empereur, James L. *Spiritual Direction and the Gay Person*. New York: Continuum Publishing, 1998.

Eng, David L., and Alice Y. Hom. *Q&A: Queer in Asian America*. Philadelphia, PA: Temple University Press, 1998.

Erickson, Millard J. *Christian Theology*. 2nd edition. Grand Rapids, MI: Baker Books, 1983.

Espín, Orlando O. "An Exploration into the Theology of Grace and Sin." In Espín and Díaz, *From the Heart of Our People*, 121–52.

_____. *Grace and Humanness: Theological Reflections Because of Culture*. Maryknoll, NY: Orbis Books, 2007.

Espín, Orlando O., and Miguel H. Díaz, eds. *From the Heart of Our People: Latino/a Explorations in Catholic Systematic Theology*. Maryknoll, NY: Orbis Books, 1999.

Evans, Amie M., and Trebor Healey, eds. *Queer and Catholic*. New York: Routledge, 2008.

Fairweather, Eugene R., ed. *A Scholastic Miscellany: Anselm to Ockham*. Louisville, KY: Westminster John Knox Press, 1956.

farajajé-jones, elias. "Holy Fuck." In Kay, Nagle, and Gould, *Male Lust*, 327–35.

Farley, Wendy. *Gathering Those Driven Away: A Theology of Incarnation*. Louisville, KY: Westminster John Knox, 2011.

Fenway Health. "Glossary of Gender and Transgender Terms" (January 2010). Available at http://www.fenwayhealth.org/site/DocServer/Handout_7-C_Glossary_of_Gender_and_Transgender_Terms__fi.pdf?docID=7081. Accessed on December 11, 2011.

Finlan, Stephen, and Vladimir Kharlamov, eds. *Theōsis: Deification in Christian Theology*. Volume 1. Eugene, OR: Pickwick Publications, 2006.

Finstuen, Andrew S. *Original Sin and Everyday Protestants: The Theology of Reinhold Niebuhr, Billy Graham, and Paul Tillich in an Age of Anxiety*. Chapel Hill, NC: The University of North Carolina Press, 2009.

Floyd-Thomas, Stacey M., and Anthony B. Pinn. *Liberation Theologies in the United States: An Introduction*. New York: New York University Press, 2010.

Fone, Byrne. *Homophobia: A History*. New York: Picador USA, 2000.

Fortunato, John E. *Embracing the Exile: Healing Journeys of Gay Christians*. San Francisco: Harper and Row, 1982.

Freedman, David Noel, ed. *Anchor Yale Bible Dictionary*. New Haven, CT: Yale University Press, 2008.

Fumia, Molly. *Honor Thy Children: One Family's Journey to Wholeness*. Berkeley, CA: Conari Press, 1997.

Garcia, Laura L. "Teleological and Design Arguments." In Quinn and Taliaferro, *A Companion to Philosophy of Religion*, 338–44.

Gibbs, Jack P. "Conceptions of Deviant Behavior: The Old and the New." In Heiner, *Deviance Across Cultures*, 41–45.

Gilkey, Langdon. *On Niebuhr: A Theological Study*. Chicago: University of Chicago Press, 2001.

Girard, René. *The Scapegoat*. Translated by Yvonne Freccero. Baltimore, MD: Johns Hopkins University Press, 1986.

Glaser, Chris. *Coming Out As Sacrament*. Louisville, KY: Westminster John Knox Press, 1998.

Gomes, Peter J. *The Good Book: Reading the Bible with Mind and Heart*. New York: HarperSanFrancisco, 1996.

Gorell, Paul J. "Rite to Party: Circuit Parties and Religious Experience." In Thumma and Gray, *Gay Religion*, 313–26.

Goss, Robert E. *Jesus Acted Up: A Gay and Lesbian Manifesto*. San Francisco: HarperSanFrancisco, 1993.

―――. *Queering Christ: Beyond Jesus Acted Up*. Cleveland, OH: Pilgrim Press, 2002.

Goss, Robert E., and Mona West, eds. *Take Back the Word: A Queer Reading of the Bible*. Cleveland, OH: Pilgrim Press, 2000.

Green-McCreight, Kathryn. "Gender, Sin and Grace: Feminist Theologies Meet Karl Barth's Hamartiology." *Scottish Journal of Theology*, 50, no. 4 (1997): 415–32.

Griffin, Horace L. *Their Own Receive Them Not: African American Lesbians and Gays in Black Churches*. Cleveland, OH: Pilgrim Press, 2006.

Guest, Deryn, Robert E. Goss, Mona West, and Thomas Bohache, eds. *The Queer Bible Commentary*. London: SCM Press, 2006.

Gunton, Colin E. *The Barth Lectures*. London: T&T Clark, 2007.

Gutiérrez, Gustavo. *A Theology of Liberation: History, Politics, and Salvation*. Translated and edited by Caridad Inda and John Eagleson. 15th anniversary edition. Maryknoll, NY: Orbis Books, 1988.

Haight, Roger. *The Experience and Language of Grace*. New York: Paulist Press, 1979.

Haldeman, W. Scott. "A Queer Fidelity: Reinventing Christian Marriage." In Ellison and Douglas, *Sexuality and the Sacred*, 304–16.

Haller, Tobias Stanislas. *Reasonable and Holy: Engaging Same-Sexuality*. New York: Seabury Books, 2009.

Halperin, David M., and Valerie Traub, eds. *Gay Shame*. Chicago: University of Chicago Press, 2009.

Hampson, Daphne. "Reinhold Niebuhr on Sin: A Critique." In Harries, *Reinhold Niebuhr and the Issues of Our Time*, 46–60.

Han, Arar, and John Hsu, eds. *Asian American X: An Intersection of 21st Century Asian American Voices*. Ann Arbor, MI: University of Michigan Press, 2004.

Hardon, John. *History and Theology of Grace: The Catholic Teaching on Divine Grace*. Ave Maria, FL: Sapientia Press, 2002.

Harmless, William, ed. *Augustine in His Own Words* (Washington, DC: Catholic University of America Press, 2010).

Harries, Richard, ed. *Reinhold Niebuhr and the Issues of Our Time*. Grand Rapids, MI: William B. Eerdmans Publishing, 1986.

Harvey, Jennifer, Karin A. Case, and Robin Hawley Gorsline, eds. *Disrupting White Supremacy from Within: White People on What We Need to Do*. Cleveland, OH: Pilgrim Press, 2004.

Hayes, Zachary. *The Gift of Being: A Theology of Creation*. Collegeville, MN: Liturgical Press, 2001.

Heiner, Robert, ed. *Deviance Across Cultures*. New York: Oxford University Press, 2008.

Helminiak, Daniel A. *Sex and the Sacred: Gay Identity and Spiritual Growth*. Binghamton, NY: Harrington Park Press, 2006.

_____. *What the Bible Really Says About Homosexuality*. Millennium edition. Tajique, NM: Alamo Square Press, 2000.

Heyward, Carter. *Saving Jesus from Those Who Are Right: Rethinking What It Means to Be Christian*. Minneapolis, MN: Fortress Press, 1999.

_____. *Touching Our Strength: The Erotic As Power and the Love of God*. New York: HarperSanFrancisco, 1989.

Highleyman, Liz. "Kiyoshi Kuromiya: Integrating the Issues." In Mecca, *Smash the Church, Smash the State!*, 17-21.

Higton, Mike. *Christian Doctrine*. London: SCM Press, 2008.

Hill, Renée Leslie. "Disrupted/Disruptive Movements: Black Theology and Black Power 1969/1999," in Hopkins, *Black Faith and Public Talk*, 138-49.

Hopkins, Dwight N., ed. *Black Faith and Public Talk: Critical Essays on James H. Cone's* Black Theology and Black Power. Maryknoll, NY: Orbis Books, 1999.

Hornsby, Teresa J., and Ken Stone, eds. *Bible Trouble: Queer Reading at the Boundaries of Biblical Scholarship*. Atlanta: Society of Biblical Literature, 2011.

Horton, Michael. *Putting Amazing Back into Grace: Embracing the Heart of the Gospel*. 2nd edition. Grand Rapids, MI: Baker Books, 2002.

Hunt, Mary E. "Eradicating the Sin of Heterosexism." In Ellison and Plaskow, *Heterosexism in Contemporary World Religion: Problem and Prospect*, 155-76.

_____. *Fierce Tenderness: A Feminist Theology of Friendship*. New York: Crossroad, 1991.

_____. "New Feminist Catholics: Community and Ministry." In Hunt and Neu, *New Feminist Christianity*, 269-84.

_____. "Same-Sex Marriage and Relational Justice." *Journal of Feminist Studies in Religion* 20, no. 2 (Fall, 2004): 83-92.

Hunt, Mary E., and Diann L. Neu, eds. *New Feminist Christianity: Many Voices, Many Views*. Woodstock, VT: Skylight Paths, 2010.

Isherwood, Lisa. *Introducing Feminist Christologies*. Cleveland, OH: Pilgrim Press, 2002.

Isherwood, Lisa, and Mark D. Jordan. *Dancing Theology in Fetish Boots: Essays in Honour of Marcella Althaus-Reid*. London: SCM Press, 2010.

Jackson, Peter A., and Gerard Sullivan. *Multicultural Queer: Australian Narratives*. Binghamton, NY: Harrington Park Press, 1999.

Jacobs, Alan. *Original Sin: A Cultural History*. New York: HarperOne, 2008.

Jakobsen, Janet R., and Ann Pellegrini. *Love the Sin: Sexual Regulation and the Limits of Religious Tolerance*. New York: New York University Press, 2003.

Jeffery, Steve, Michael Ovey, and Andrew Sach. *Pierced for Our Transgressions: Rediscovering the Glory of Penal Substitution*. Wheaton, IL: Crossway Books, 2007.

Jenkins, Willis. *Ecologies of Grace: Environmental Ethics and Christian Theology*. Oxford, UK: Oxford University Press, 2008.

Jensen, David H., ed. *The Lord and Giver of Life: Perspectives on Constructive Pneumatology*. Louisville, KY: Westminster John Knox Press, 2008.

Jenson, Matt. *The Gravity of Sin: Augustine, Luther, and Barth on* Homo Incurvatus in Se. London: T&T Clark, 2006.

Johnson, Elizabeth A. *She Who Is: The Mystery of God in Feminist Theological Discourse*. New York: Crossroad, 1992.

Johnson, Timothy J., ed. *Bonaventure: Mystic of God's Word*. Hyde Park, NY: New City Press, 1999.

Jones, Serene. *Feminist Theory and Christian Theology: Cartographies of Grace*. Minneapolis, MN: Fortress Press, 2000.

_____. *Trauma and Grace: Theology in a Ruptured World*. Louisville, KY: Westminster John Knox Press, 2009.

Jordan, Mark D. *Telling Truths in Church: Scandal, Flesh, and Christian Speech*. Boston: Beacon Press, 2003.

_____. *The Invention of Sodomy in Christian Theology*. Chicago: University of Chicago Press, 1997.

_____. *The Silence of Sodom: Homosexuality in Modern Catholicism*. Chicago: University of Chicago Press, 2000.

Jorgenson, Allen. "Karl Barth's Christological Treatment of Sin." *Scottish Journal of Theology* 54, no. 4 (2001): 439-62.

Kaminsky, Joel S. *Corporate Responsibility in the Hebrew Bible*. Sheffield, UK: Sheffield Academic Press, 1995.

Kamitsuka, Margaret D. *Feminist Theology and the Challenge of Difference*. New York: Oxford University Press, 2007.

_____, ed. *The Embrace of Eros: Bodies, Desires, and Sexuality in Christianity*. Minneapolis, MN: Fortress Press, 2010.

_____. "Toward a Feminist Postmodern and Postcolonial Interpretation of Sin." *Journal of Religion* 84, no. 2 (April 2004): 179–211.

Kärkkäinen, Veli-Matti. *Christology: A Global Introduction*. Grand Rapids, MI: Baker Academic, 2003.

_____. *One with God: Salvation as Deification and Justification*. Collegeville, MI: Liturgical Press, 2004.

Karla, Virinder S., Raminder Kaur, and John Hutnyk. *Diaspora and Hybridity*. London: SAGE Publications, 2005.

Kaufman, Gershen, and Lev Raphael. *Coming Out of Shame: Transforming Gay and Lesbian Lives*. New York: Doubleday, 1996.

Kaui. "Kaui." In Matzner, *'O Au No Keia*, 90–113.

Kay, Kerwin, Jill Nagle, and Baruch Gould, eds. *Male Lust: Pleasure, Power, and Transformation*. Binghamton, NY: Harrington Park Press, 2000.

Keating, Daniel A. *Deification and Grace*. Ave Maria, FL: Sapientia Press, 2007.

Keller, Catherine, and Laurel C. Schneider, eds. *Polydoxy: Theology of Multiplicity and Relation*. London: Routledge, 2011.

Kelly, Michael Bernard. *Seduced By Grace: Contemporary Spirituality, Gay Experience and Christian Faith*. Melbourne, Australia: Clouds of Magellan Publishing, 2007.

Kelsey, David H. "Whatever Happened to the Doctrine of Sin?" *Theology Today* 50, no. 2 (July 1993): 169–78.

Kemmerer, Lisa, ed. *Sister Species: Women, Animals, and Social Justice*. Urbana, IL: University of Illinois Press, 2011.

Kharlamov, Vladimir, ed. *Theōsis: Deification in Christian Theology*. Volume 2. Eugene, OR: Pickwick Publications, 2011.

Kim, Michael. "Out and About: Coming of Age in a Straight White World." In Han and Hsu, *Asian American X*, 139–48.

Kleinberg, Aviad. *Seven Deadly Sins: A Very Partial List*. Cambridge, MA: Belknap Press, 2008.

Knitter, Paul F. *Introducing Theologies of Religions*. Maryknoll, NY: Orbis Books, 2002.

Kraidy, Marwan M. *Hybridity, or the Cultural Logic of Globalization*. Philadelphia: Temple University Press, 2005.

Kraus, Georg. "Grace." In Beinert and Fiorenza, *Handbook of Catholic Theology*, 302–10.

Kugle, Scott Siraj al-Haqq. *Homosexuality in Islam: Critical Reflection on Gay, Lesbian, and Transgender Muslims*. Oxford, UK: Oneworld Publications, 2010.

Kumashiro, Kevin K., ed. *Restored Selves: Autobiographies of Queer Asian/Pacific American Activists*. Binghamton, NY: Harrington Park Press, 2004.

_____, ed. *Troubling Intersections of Race and Sexuality: Queer Students of Color and Anti-Oppressive Education*. Lanham, MD: Rowman and Littlefield Publishers, 2001.

Kwok Pui-lan. "Asian and Asian American Churches." In Siker, *Homosexuality and Religion*, 59–62.

_____. "Body and Pleasure in Postcoloniality." In Isherwood and Jordan, *Dancing Theology in Fetish Boots*, 31–43.

_____. *Hope Abundant: Third World and Indigenous Women's Theology*. Maryknoll, NY: Orbis Books, 2010.

_____. *Postcolonial Imagination and Feminist Theology*. Louisville, KY: Westminster John Knox Press, 2005.

Lake, Catherine, ed. *Recreations: Religion and Spirituality in the Lives of Queer People*. Toronto, Canada: Queer Press, 1999.

Lee, David C. "All-American Asian." In Kumashiro, *Restored Selves*, 73–80.

Lee, Jung Young. *Marginality: The Key to Multicultural Theology*. Minneapolis, MN: Fortress Press, 1995.

Leong, Russell, ed. *Asian American Sexualities: Dimensions of the Gay and Lesbian Experience*. New York: Routledge, 1996.

Leyland, Winston, ed. *Queer Dharma: Voices of Gay Buddhists*. San Francisco: Gay Sunshine Press, 1998.

Liew, Tat-siong Benny. "(Cor)Responding: A Letter to the Editor." In Stone, *Queer Commentary and the Hebrew Bible*, 182-92.

――――――. "Queering Closets and Perverting Desires: Cross-Examining John's Engendering and Transgendering Word Across Different Worlds." In Bailey, Liew, and Segovia, *They Were All Together in One Place?*, 251-88.

Lim-Hing, Sharon, ed. *The Very Inside: An Anthology of Writing by Asian and Pacific Islander Lesbian and Bisexual Women*. Toronto, Canada: Sister Vision Press, 1994.

Lohse, Bernhard. *A Short History of Christian Doctrine: From the First Century to the Present*. Revised American edition. Philadelphia, PA: Fortress Press, 1985.

Long, Ronald E. *Men, Homosexuality, and the Gods: An Exploration into the Religious Significance of Male Homosexuality in World Perspective*. Binghamton, NY: Harrington Park Press, 2004.

Lorde, Audre. "Uses of the Erotic: The Erotic as Power." In Ellison and Douglas, *Sexuality and the Sacred*, 73-77.

Lowe, Mary E. "Sin from a Queer, Lutheran Perspective." In Streufert, *Transformative Lutheran Theologies*, 71-86.

Luther, Martin. *Lectures on Genesis*. Vol. 3 of *Luther's Works*. Edited by Jaroslav Pelikan. St. Louis, MO: Concordia Publishing House, 1961.

――――――. *Lectures on Romans*. Vol. 25 of *Luther's Works*. Edited by Hilton C. Oswald. St. Louis, MO: Concordia Publishing House, 1972.

Malik, Alexander J. "Confessing Christ in the Islamic Context." In Sugirtharajah, *Asian Faces of Jesus*, 75-84.

Maloney, George A. *The Cosmic Christ: From Paul to Teilhard*. New York: Sheed and Ward, 1968.

Mann, Jeff. "Binding the God." In Evans and Healey, *Queer and Catholic*, 61-72.

Marcus, Eric. *Making Gay History: The Half-Century Fight for Lesbian and Gay Rights*. New York: Harper, 2002.

Martin, Bernard. *John Newton: A Biography*. Melbourne: William Heinemann, 1950.

Masequesmay, Gina, and Sean Metzger, eds. *Embodying Asian/American Sexualities*. Lanham, MD: Lexington Books, 2009.

Matzner, Andrew. *'O Au No Keia: Voices From Hawai'i's Mahu and Transgender Communities*. Bloomington, IN: Xlibris Corporation, 2001.

May, Gerald G. *Addiction and Grace: Love and Spirituality in the Healing of Addictions*. New York: HarperOne, 1988.

May, Larry, and Stacey Hoffman, eds. *Collective Responsibility: Five Decades of Debate in Theoretical and Applied Ethics*. Lanham, MD: Roman and Littlefield Publishers, 1991.

McFague, Sallie. *Models of God: Theology for a Ecological, Nuclear Age*. Philadelphia, PA: Fortress Press, 1987.

――――――. *The Body of God: An Ecological Theology*. Minneapolis, MN: Fortress Press, 1993.

McFarland, Ian A. *In Adam's Fall: A Meditation on the Christian Doctrine of Original Sin*. Malden, MA: Wiley-Blackwell, 2010.

McLaughlin, Eleanor. "Feminist Christologies: Re-Dressing the Tradition." In Stevens, *Reconstructing the Christ Symbol*, 118-49.

McMinn, Mark R. *Sin and Grace in Christian Counseling: An Integrative Paradigm*. Downers Grove, IL: IVP Academic, 2008.

McNally, Terrence. *Corpus Christi: A Play*. New York: Grove Press, 1998.

McNeill, John J. *Freedom, Glorious Freedom: The Spiritual Journey to the Fullness of Life for Gays, Lesbians, and Everybody Else*. Boston: Beacon Press, 1995.

Mecca, Tommi Avicolli, ed. *Smash the Church, Smash the State!: The Early Years of Gay Liberation*. San Francisco: City Lights Books, 2009.

Meem, Deborah T., Michelle A. Gibson, and Jonathan F. Alexander, eds. *Finding Out: An Introduction to LGBT Studies*. Los Angeles: SAGE Publications, 2010.

Mellema, Gregory F. *Collective Responsibility*. Amsterdam, Netherlands: Rodopi, 1997.

Menninger, Karl. *Whatever Became of Sin?* New York: Bantam Books, 1973.

Mercadante, Linda A. *Victims and Sinners: Spiritual Roots of Addiction and Recovery*. Louisville, KY: Westminster John Knox Press, 1996.

Metropolitan Community Church Transgender Ministries. *MCC TRANSFormative Church Ministry Program*. Available at mcctm@mccchurch.net.

Michaelson, Jay. *God vs. Gay?: The Religious Case for Equality*. Boston: Beacon Press, 2011.

Migliore, Daniel L. "Commanding Grace: Karl Barth's Theological Ethics." In Migliore, ed., *Commanding Grace*, 1–25.

_____, ed. *Commanding Grace: Studies in Karl Barth's Ethics*. Grand Rapids, MI: William B. Eerdmans Publishing, 2010.

Miller, Neil. *Out of the Past: Gay and Lesbian History: From 1869 to the Present*. Revised edition. New York: Alyson Books, 2006.

Minns, Denis. *Irenaeus: An Introduction*. London: T&T Clark International, 2010.

Mohammed, Ovey N. "Jesus and Krishna." In Sugirtharajah, *Asian Faces of Jesus*, 9–24.

Mollenkott, Virginia Ramey. *Sensuous Spirituality: Out from Fundamentalism*. New York: Crossroad, 1992.

_____. *Omnigender: A Trans-Religious Approach*. Cleveland, OH: Pilgrim Press, 2001.

Mollenkott, Virginia Ramey, and Vanessa Sheridan. *Transgender Journeys*. Cleveland, OH: Pilgrim Press, 2003.

Montefiore, H.W. "Jesus, The Revelation of God." In Pittenger, *Christ for Us Today*, 101–16.

Moon, Dawne. *God, Sex, and Politics: Homosexuality and Everyday Theologies*. Chicago: University of Chicago Press, 2004.

Moore, Gareth. *A Question of Truth: Christianity and Homosexuality*. London, UK: Continuum, 2003.

Moxnes, Halvor. *Putting Jesus in His Place: A Radical Vision of Household and Kingdom*. Louisville, KY: Westminster John Knox Press, 2003.

Murphy, Jeffrie G. *Punishment and Rehabilitation*. 3rd edition. Belmont, CA: Wadsworth Publishing, 1995.

Nelson, Derek R. *What's Wrong with Sin?: Sin in Individual and Social Perspective from Schleiermacher to Theologies of Liberation*. London: T&T Clark, 2009.

Nelson, James B. "Where Are We?: Seven Sinful Problems and Seven Virtuous Possibilities." In Ellison and Douglas, *Sexuality and the Sacred*, 95–104.

Nelson, James B., and Sandra P. Longfellow, eds. *Sexuality and the Sacred: Sources for Theological Reflection*. Louisville, KY: Westminster/John Knox Press, 1994.

Newton, John. "Amazing Grace." 1779.

Niebuhr, Reinhold. *The Nature and Destiny of Man: A Christian Interpretation*. New York: Charles Scribner's Sons, 1941.

Nimmons, David. *The Soul Beneath the Skin: The Unseen Hearts and Habits of Gay Men*. New York: St. Martin's Griffin, 2002.

Ormerod, Neil. *Creation, Grace, and Redemption*. Maryknoll, NY: Orbis Books, 2007.

Osborn, Eric. *Irenaeus of Lyons*. Cambridge, UK: Cambridge University Press, 2001.

Pagels, Elaine. *Adam, Eve, and the Serpent: Sex and Politics in Early Christianity*. New York: Vintage Books, 1988.

Palmer, Timothy, and Debra W. Haffner. *A Time to Seek: Study Guide on Sexual and Gender Diversity*. Available at http://www.religiousinstitute.org/sites/default/files/study_guides/timetoseek-final.pdf. Accessed on December 11, 2011.

Park, Andrew Sung. *The Wounded Heart of God: The Asian Concept of Han and the Christian Doctrine of Sin*. Nashville, TN: Abingdon Press, 1993.

Park, Pauline. "An Interview with Pauline Park." In Masequesmay and Metzger, *Embodying Asian/American Sexualities*, 105–13.

Paris, Jenell Williams. *The End of Sexual Identity: Why Sex Is Too Important to Define Who We Are*. Downers Grove, IL: IVP Books, 2011.

Perry, Troy. *The Lord Is My Shepherd and He Knows I'm Gay*. Los Angeles: Nash Publishing, 1972.

Peterson, Thomas V. "Gay Men's Spiritual Experience in the Leather Community." In Thumma and Gray, *Gay Religion*, 337-50.

Philo. *On Abraham*. In Philo, *The Works of Philo*, 411-34.

_____. *The Works of Philo*. Edited and translated by C.D. Yonge. New updated edition. Peabody, MA: Hendrickson Publishers, Inc., 1993.

Pinn, Anthony B., and Dwight N. Hopkins, eds. *Loving the Body: Black Religious Studies and the Erotic*. New York: Palgrave Macmillan, 2004.

Pittenger, Norman, ed. *Christ for Us Today*. London: SCM Press, 1968.

Plantinga, Cornelius. *Not the Way It's Supposed to Be: A Breviary of Sin*. Grand Rapids, MI: William B. Eerdmans Publishing, 1995.

Plaskow, Judith. *Sex, Sin and Grace: Women's Experience and the Theologies of Reinhold Niebuhr and Paul Tillich*. Washington, DC: University Press of America, 1980.

Portman, John. *A History of Sin: Its Evolution to Today and Beyond*. Lanham, MD: Rowman and Littlefield Publishers, 2007.

Prabhu, Anjali. *Hybridity: Limits, Transformations, Prospects*. Albany, NY: State University of New York Press, 2007.

Quinn, Philip L., and Charles Taliaferro, eds. *A Companion to Philosophy of Religion*. Malden, MA: Blackwell Publishing, 1997.

Ratti, Rakesh, ed. *A Lotus of Another Color: An Unfolding of the South Asian Gay and Lesbian Experience*. Boston: Alyson Publications, 1993.

Recinos, Harold J., and Hugo Magallanes, eds. *Jesus in the Hispanic Community: Images of Christ from Theology to Popular Religion*. Louisville, KY: Westminster John Knox Press, 2009.

Rees, Geoffrey. *The Romance of Innocent Sexuality*. Eugene, OR: Cascade Books, 2011.

Reynolds, Thomas E. *Vulnerable Communion: A Theology of Disability and Hospitality*. Grand Rapids, MI: Brazos Press, 2008.

Richardson, Alan, and John Bowden, eds. *The Westminster Dictionary of Christian Theology*. Philadelphia, PA: The Westminster Press, 1983.

Robertson, Alexander, and James Donaldson, eds. *Ante-Nicene Fathers*. 10 vols. Reprint ed. Peabody, MA: Hendrickson Publishers, 2004.

Roden, Frederick Roden, ed. *Jewish/Christian/Queer: Crossroads and Identities*. Farnham, UK: Ashgate, 2009.

Rogers, Eugene F. "The Spirit Rests on the Son Paraphysically." In Jensen, *The Lord and Giver of Life*, 87-95.

_____, ed. *Theology and Sexuality: Classic and Contemporary Readings*. Oxford, UK: Blackwell Publishers, 2002.

Rudy, Kathy. *Sex and the Church: Gender, Homosexuality, and the Transformation of Christian Ethics*. Boston: Beacon Press, 1997.

Ruether, Rosemary Radford. *Gaia and God: An Ecofeminist Theology of Earth Healing*. New York: HarperOne, 1992.

_____. *Integrating Ecofeminism, Globalization, and World Religions*. Lanham, MD: Rowman and Littlefield Publishers, 2005.

_____. *Sexism and God-Talk: Toward a Feminist Theology*. Boston: Beacon Press, 1983.

_____. *Women Healing Earth: Third World Women on Ecology, Feminism, and Religion*. Maryknoll, NY: Orbis Books, 1996.

Russell, Norman. *Fellow Workers with God: Orthodox Thinking on Theosis*. Crestwood, NY: St. Vladimir's Seminary Press, 2009.

_____. *The Doctrine of Deification in the Greek Patristic Tradition*. Oxford, UK: Oxford University Press, 2004.

Saiving Goldstein, Valerie. "The Human Situation: A Feminine View." *Journal of Religion* 40, no. 2 (April 1960): 100-12.

Samartha, Stanley J. "The Cross and the Rainbow: Christ in a Multireligious Culture." In Sugirtharajah, *Asian Faces of Jesus*, 104-23.

Sanders, E.P. "Sin, Sinners (NT)." In Freedman, *Anchor Yale Bible Dictionary*, 6:40-47.

Schaff, Philip, ed. *Nicene and Post-Nicene Fathers*. First series. 14 vols. Reprint ed. Peabody, MA: Hendrickson Publishers, 2004.

──────. *The Creeds of Christendom: With a History and Critical Notes*. 6th edition. Grand Rapids, MI: Baker Books, 2007.

──────. *The Greek and Latin Creeds*. Volume 2 of Schaff, *The Creeds of Christendom*.

Schaff, Philip, and Henry Wace, eds. *Nicene and Post-Nicene Fathers*. Second series. 14 vols. Reprint ed. Peabody, MA: Hendrickson Publishers, 2004.

Schmiechen, Peter. *Saving Power: Theories of Atonement and Forms of the Church*. Grand Rapids, MI: William B. Eerdmans Publishing, 2005.

Schneider, Laurel C. "Promiscuous Incarnation." In Kamitsuka, *The Embrace of Eros*, 231-46.

──────. "What If It Is a Choice?: Some Implications of the Homosexuality Debates for Theology." In Ellison and Douglas, *Sexuality and the Sacred*, 197-204.

──────. "What Race Is Your Sex?" In Harvey, Case, and Gorsline, *Disrupting White Supremacy from Within*, 142-62.

Schreiter, Robert J., ed. *Faces of Jesus in Africa*. Maryknoll, NY: Orbis Books, 1991.

Schwager, Raymund. *Must There Be Scapegoats?: Violence and Redemption in the Bible*. Translated by Maria L. Assad. San Francisco: Harper and Row, 1987.

Sedgwick, Eve Kosofsky. *Epistemology of the Closet*. Updated edition. Berkeley, CA: University of California Press, 2008.

Sheldrake, Philip. *Befriending Our Desires*. London: Darton, Longman, and Todd, 2001.

Sheridan, Vanessa. *Crossing Over: Liberating the Transgendered Christian*. Cleveland, OH: Pilgrim Press, 2001.

Shore-Goss, Robert E. "Gay and Lesbian Theologies." In Floyd-Thomas and Pinn, *Liberation Theologies in the United States*, 181-208.

Shrake, Eunai. "Homosexuality and Korean Immigrant Protestant Churches." In Masequesmay and Metzger, *Embodying Asian/American Sexualities*, 145-56.

Shuster, Marguerite. *The Fall and Sin: What We Have Become as Sinners*. Grand Rapids, MI: William B. Eerdmans Publishing, 2004.

Siker, Jeffrey S., ed. *Homosexuality and Religion: An Encyclopedia*. Westport, CT: Greenwood Press, 2007.

Sittler, Joseph. *Evocations of Grace: Writings on Ecology, Theology, and Ethics*. Grand Rapids, MI: William B. Eerdmans Publishing, 2000.

Smedes, Lewis B. *Shame and Grace: Healing the Shame We Don't Deserve*. New York: HarperSanFrancisco, 1993.

Smith, Christine M. "Sin and Evil in Feminist Thought." *Theology Today* 50, no. 2 (July 1993): 208-19.

Smith, David L. *With Willful Intent: A Theology of Sin*. Wheaton, IL: BridgePoint Books, 1993.

Smith, Morton. *Clement of Alexandria and a Secret Gospel of Mark*. Cambridge, MA: Harvard University Press, 1973.

──────. *The Secret Gospel: The Discovery and Interpretation of the Secret Gospel According to Mark*. Middletown, CA: Dawn Horse Press, 1982.

Sneed, Roger A. *Representations of Homosexuality: Black Liberation Theology and Cultural Criticism*. New York: Palgrave Macmillan, 2010.

Sölle, Dorothee. *Thinking About God: An Introduction to Theology*. Harrisburg, PA: Trinity Press International, 1990.

Spencer, Daniel T. *Gay and Gaia: Ethics, Ecology, and the Erotic*. Cleveland, OH: Pilgrim Press, 1996.

Spong, John Shelby. *The Sins of Scripture: Exposing the Bible's Texts of Hate to Reveal the God of Love*. New York: HarperOne, 2005.

Sprinkle, Stephen V. *Unfinished Lives: Reviving the Memories of LGBTQ Hate Crimes Victims*. Eugene, OR: Resource Publications, 2011.

Steenberg, M.C. *Irenaeus on Creation: The Cosmic Christ and the Saga of Redemption*. Leiden, Netherlands: Brill, 2008.

Steinberg, Leo. *The Sexuality of Christ in Renaissance Art and in Modern Oblivion*. 2nd edition. Chicago: University of Chicago Press, 1996.

Stevens, Maryanne, ed. *Reconstructing the Christ Symbol: Essays in Feminist*

Christology. New York: Paulist Press, 1993.

Stinton, Diane B. *Jesus of Africa: Voices of Contemporary African Christology*. Maryknoll, NY: Orbis Books, 2004.

Stone, Ken, ed. *Queer Commentary and the Hebrew Bible*. Cleveland, OH: Pilgrim Press, 2001.

Streufert, Mary J., ed. *Transformative Lutheran Theologies: Feminist, Womanist, and Mujerista Perspectives*. Minneapolis, MN: Fortress Press, 2010.

Stuart, Elizabeth. *Gay and Lesbian Theologies: Repetitions with Critical Difference*. Aldershot, UK: Ashgate, 2003.

——. *Just Good Friends: Towards a Lesbian and Gay Theology of Relationships*. London: Mowbray, 1995.

——. "Salvation." In Stuart, Braunston, Edwards, McMahon, and Morrison, *Religion Is a Queer Thing*, 86–95.

Stuart, Elizabeth, Andy Braunston, Malcolm Edwards, John McMahon, and Tim Morrison, eds. *Religion Is a Queer Thing: A Guide to the Christian Faith for Lesbian, Gay, Bisexual and Transgendered People*. Cleveland, OH: Pilgrim Press, 1997.

Suchocki, Marjorie Hewitt. *The Fall to Violence: Original Sin in Relational Theology*. New York: Continuum, 1994.

Sugirtharajah, R.S., ed. *Asian Faces of Jesus*. Maryknoll, NY: Orbis Books, 1993.

Swidler, Arlene, ed. *Homosexuality and World Religions*. Valley Forge, PA: Trinity Press International, 1993.

"*Symbolum Quicunque*: The Athanasian Creed." In Schaff, *The Greek and Latin Creeds*, 66–71.

Tanis, Justin. *Trans-Gendered: Theology, Ministry, and Communities of Faith*. Cleveland, OH: Pilgrim Press, 2003.

Tashman, Brian. "Robertson: God Will Destroy America for Marriage Equality" (June 27, 2011). Available at http://www.rightwingwatch.org/content/robertson-god-will-destroy-america-marriage-equality. Accessed on December 11, 2011.

Taylor, Barbara Brown. *Speaking of Sin: The Lost Language of Salvation*. Lanham, MD: Cowley Publications, 2000.

Terrell, JoAnne Marie. *Power in the Blood?: The Cross in the African American Experience*. Maryknoll, NY: Orbis Books, 1998.

Thistlethwaite, Susan Brooks. *Dreaming of Eden: American Religion and Politics in a Wired World*. New York: Palgrave Macmillan, 2010.

——. *Sex, Race, and God: Christian Feminism in Black and White*. New York: Crossroad, 1989.

Thomson, Oliver. *A History of Sin*. Edinburgh: Canongate Press, 1993.

Thumma, Scott, and Edward R. Gray, eds. *Gay Religion*. Walnut Creek, CA: AltaMira Press, 2005.

Townes, Emilie M., ed. *A Troubling in My Soul: Womanist Perspectives on Evil and Suffering*. Maryknoll, NY: Orbis Books, 1993.

——. *Womanist Ethics and the Cultural Production of Evil*. New York: Palgrave Macmillan, 2006.

Tran, Diep Khac, Bryan, and Rhode, eds. "Transgender/Transsexual Roundtable." In Eng and Hom, *Q&A*, 227–43.

Tran, William. "GAM4GWM." In Kumashiro, *Troubling Intersections of Race and Sexuality*, 81–82.

Trible, Phyllis. *Texts of Terror: Literary-Feminist Readings of Biblical Narratives*. Philadelphia: Fortress Press, 1984.

Uyeda, Ann Yuri. "All at Once, All Together: One Asian American Lesbian's Account of the 1989 Asian Pacific Lesbian Network Retreat." In Lim-Hing, *The Very Inside*, 109–21.

Verbrugge, Verlyn D., ed. *New International Dictionary of New Testament Theology*. Abridged edition. Grand Rapids, MI: Zondervan, 2000.

Villafañe, Eldin. *Beyond Cheap Grace: A Call to Radical Discipleship, Incarnation and Justice*. Grand Rapids, MI: William B. Eerdmans Publishing, 2006.

Walker, Jon. *Costly Grace: A Contemporary View of Dietrich Bonhoeffer's The Cost of Discipleship*. Abilene, TX: Leafwood Publishers, 2010.

Warner, Michael. *The Trouble with Normal: Sex, Politics, and the Ethics of Queer Life*. Cambridge, MA: Harvard University Press, 1999.

Wat, Eric C. "Preserving the Paradox: Stories From a *Gay-Loh*." In Leong, *Asian American Sexualities*, 71–80.

———. *The Making of a Gay Asian Community: An Oral History of Pre-AIDS Los Angeles*. Lanham, MD: Rowman and Littlefield Publishers, 2002.

Webb, William J. *Slaves, Women and Homosexuals: Exploring the Hermeneutics of Cultural Analysis*. Downers Grove, IL: InterVarsity Press, 2001.

Weiss, Robert. *Cruise Control: Understanding Sex Addiction in Gay Men*. Los Angeles, CA: Alyson Books, 2005.

West, Traci C. "A Space for Faith, Sexual Desire, and Ethical Black Ministerial Practices." In Pinn and Hopkins, *Loving the Body*, 31–50.

———. *Disruptive Christian Ethics: When Racism and Women's Lives Matter*. Louisville, KY: Westminster John Knox Press, 2006.

White, Mel. *Stranger at the Gate: To Be Gay and Christian in America*. New York: Plume, 1994.

Wilchins, Riki. *Queer Theory, Gender Theory: An Instant Primer*. Los Angeles: Alyson Books, 2004.

Wilcox, Melissa M. "Queer Theory and the Study of Religion." In Boisvert and Johnson, *Queer Religion*, 2:227–51.

Wiley, Tatha. *Original Sin: Origins, Developments, Contemporary Meanings*. New York: Paulist Press, 2002.

Williams, Delores S. "Sin, Nature, and Black Women's Bodies." In Adams, *Ecofeminism and the Sacred*, 24–29.

Williams, Robert. *Just as I Am: A Practical Guide to Being Out, Proud and Christian*. New York: HarperPerennial, 1992.

Wilson, Nancy. *Our Tribe: Queer Folks, God, Jesus, and the Bible*. New York: HarperSanFrancisco, 1995.

Wimberly, Edward P. *Moving from Shame to Self-Worth: Preaching and Pastoral Care*. Nashville, TN: Abingdon Press, 1999.

Wood, Robert W. *Christ and the Homosexual (Some Observations)*. New York: Vantage Press, 1960.

Yagi, Seiichi. "Christ and Buddha." In Sugirtharajah, *Asian Faces of Jesus*, 25–45.

Yancey, Philip. *What's So Amazing About Grace?* Grand Rapids, MI: Zondervan, 1997.

Yip, Lai Shan. "Listening to the Passion of Catholic *nu-tongzhi*: Developing a Catholic Lesbian Feminist Theology in Hong Kong." In Boisvert and Johnson, *Queer Religion*, 2:63–80.

Yoshikawa, Yoko. "The Heat Is on *Miss Saigon* Coalition: Organizing Across Race and Sexuality." In Eng and Hom, *Q&A*, 41–56.

Yoshino, Kenji. *Covering: The Hidden Assault on Our Civil Rights*. New York: Random House, 2006.

Zahl, Paul F.M. *Grace in Practice: A Theology of Everyday Life*. Grand Rapids, MI: William B. Eerdmans Publishing, 2007.